中小学幼儿园教师师德修养与师德建设培训教材

根据《教育部关于建立健全中小学教师师德建设长效机制的意见》和教育部关于印发《中小学教师违反职业道德行为处理办法》的通知编写

教师法制教育培训教材

——师德修养师德建设与教育法制

杨春茂 ◎主编

此系列书内容包括师德修养，师德正反典型案例评析，教师教育法规常识，教师职业心理调试，教师考核，教师礼仪等方面，以引导教师立德树人，为人师表，不断提升人格修养和学识修养，努力建设师德高尚、业务精湛、结构合理、充满活力的中小学教师队伍为目的，弘扬高尚师德，弘扬主旋律，增强正能量。

首都师范大学出版社
CAPITAL NORMAL UNIVERSITY PRESS

图书在版编目（CIP）数据

教师法制教育培训教材 / 杨春茂主编.—北京：首都师范大学出版社，2014.1
ISBN 978-7-5656-1763-8

Ⅰ.①教… Ⅱ.①杨… Ⅲ.①师德-法制教育-教材 Ⅳ ①G451.6

中国版本图书馆 CIP 数据核字（2014）第 010532 号

JIAOSHI FAZHIJIAOYU PEIXUNJIAOCAI
教师法制教育培训教材
杨春茂 主编

责任编辑 张慧芳
首都师范大学出版社出版发行
地 址 北京西三环北路105号
邮 编 100048
电 话 68418523（总编室） 68982468（发行部）
网 址 www. cnupn. com. cn
印 刷 北京天正元印务有限公司
经 销 全国新华书店发行
版 次 2014 年 9 月第 1 版
印 次 2014 年 9 月第 1 次印刷
开 本 710mm × 1000mm 1/16
印 张 15
字 数 277 千字
定 价 30.00 元

《中小学幼儿园教师师德修养与师德建设培训教材》编委会

出版说明

我国新一轮课程改革，教育部和各级教育主管部门，非常关注教师和校长的“校本”发展，并寻求更多元、更便捷的方式和途径帮助广大教师实现在职的提高。“十二五”期间我们将把中小学教师校本培训的工作作为重点，并将持续不断地关注这一领域的发展趋势。

教育是一项极为复杂的实践活动，涉及的相关因素是多元化的和多层次的，因而，对于教育工作者来说，不仅需要具备与职业和专业相关的丰富的知识与技能，还需要有较好的悟性、丰富的阅历、奉献的热情、不懈的追求。尽管这些素质的培养不一定全部来自于书本的学习，但有选择地阅读一系列必需的书是非常必要的。

对于教育理论研究工作者而言，虽然其成果的表现形式主要是论文、专著和其他信息产品，但也有一个转变观念和意识的问题。如何从单纯的逻辑推理、理论推演、政策诠释、翻译引进和其他学术探索的惯性中跳出来，与教育第一线鲜活真实的教育存在和教育问题相结合，在实验、实证、实践和广大教师和学生实际参与的行动中验证我们的理论和理想，是教育研究者必须认真思考的问题，也是教育研究如何摆脱困境、适应教育发展实际需求的出路所在。

我国教育法律法规内容丰富，并且在不断地完善，2006 年 6 月 29 日修订的义务教育法，是对我国教育法律法规体系的进一步丰富。随着教育事业的发展，教师、校长、家长，乃至学生越来越感觉到了解相关法律政策知识的必要，近年来，教育部及相关部委为在中小学教育第一线的广大教师和校长更加重视对教育法规和政策的学习和了解，切实做到“依法治教”和“依法执教”，联合出台了有关政策，并规定在中小学设立（兼职）法律副校长，这对发展我国的教育事业和提高教育系统“五五”普法效果将起到了巨大的推动作用。

作为广大教师和校长，除了要了解字面上的法律政策知识外，更要培养自己的法律意识。因为教育者的法律意识会直接影响一个国家、一个民族、一个团体和每一个国民个人的契约和守约意识。制定一部法律就如同制定了一种大家需要共同承诺的契约，每一位相关的社会成员都应该履行这一承诺，维护这一共同制定的规则。如此，国家的发展和社会的稳定才会具备最基本的保障，教育事业才会正常、有序和可持续地发展，中华民族才有可能复兴和腾飞。

作为教师和校长必须要了解的法律和政策知识主要由以下三方面构成：首先包括每一个社会个体都必须掌握的公民基本法律常识，主要涉及国家法律体系构成的基本知识，以及作为公民的最基本的责任、权利和义务；其次，应掌握与其教育职业相关的法规知识，主要是指相关的教育法规和政策，这是教师和校长需要掌握的、专业性很强的法律知识；第三，对学校的教育对象——青少年和儿童有关的各类法规应特别关注，如《未成年人保护法》等，因为这是保障现代教育能否“以人为本”的重要基础。

应该指出，教师和校长学习和了解与教育相关的法律法规并不是为了约束人的，而是帮助人们更好地利用法律的规范和力量保障自身的良性发展并发展教育事业。因此，要特别关注学习法律法规的积极作用，使相关的法律和政策成为促进各项教育工作的保障和导向。为了方便广大教师和校长学习和了解主要的与教育相关的法律政策，我们编辑了这本简要的读本，并针对相关问题做了一些简要的提示，还在书后开列了一些参考书目，为广大读者深人了解相关的知识和信息提供了参考。

编　者

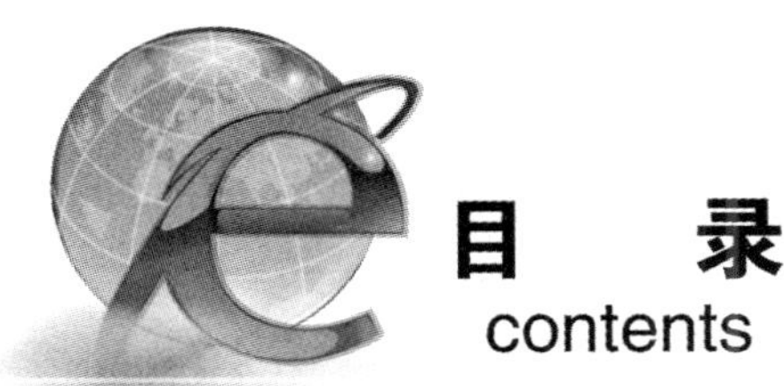

目　录

contents

上篇　国家大法

篇首概述

在了解教育类法律法规时首先要有层次意识，即必须明确一切法律法规和政策都必须遵循根本大法——《宪法》，在《宪法》未经修改之前，其他法律法规和政策都是它的下位法和下位的政策，这是一条基本的原则。一旦发现这些下位的法律和政策与《宪法》相悖时，必须纠正居于下位的法律和政策。

知识点击

文本略读学法

热读一　《中华人民共和国宪法》

热读二　中华人民共和国宪法修正案

知识速查学法

看案学法

文本略读学法

热读一 《中华人民共和国宪法》

（1982 年 12 月 4 日中华人民共和国第五届全国人民代表大会第五次会议通过）

作为中华人民共和国的公民，包括校长、教师、家长和未来的公民——学生，都必须认同这些最基本的原则和观点，并以此为规范言行和从事日常工作及学习的最基本的标准或准则，《宪法》是所有法规，包括各类教育法规的“上位法”，任何在此之下的法律法规都不能违背《宪法》提出的基本精神和原则。为此，校长、教师、家长和学生都必须首先遵从和了解《宪法》。

在《宪法》内容和宪法修正案内容中的黑体部分，都与教育及教育相关事务有着直接和间接的关系。不仅包括实施教育的基本原则、教育的基本方针政策及其依据，也包括教育改革和可持续发展应当遵循的各种法律依据。对于教育相关人员，如各级教育的管理者、举办者、督导者、教师、家长、学生、研究者等，均有重要的规范和指导意义，是国民、政府机构等部门和人群“依法治教”的根本依据。任何与之相违背的“下位法”（包括《教育法》、《教师法》等）和政策规定在宪法本身的相关条文没有修改之前都将被视为违宪，必须予以纠正。我国《宪法》包括“总纲”、“公民基本权利与义务”、“国家机构”和“国旗、国徽、首都”四大部分，是在中华人民共和国国土上每一个人或组织机构都必须无条件遵守的国家大法，即所有法律、法规、政策等都必须与之一致的“上位法”。因此，《宪法》也是制定所有法律、法规、政策等的主要依据。

《宪法》体现的不仅是国民的法律精神，也是一个国家、一个民族生存发展所依据的基本原则，是其赖以处理和协调各方面关系的重要保证。对于每一位公民，特别是各级各类教育工作者而言，既是规定和要求，又是其得以充分发展的支撑。古今中外教育改革和发展的经验告诉我们，只有依法治教才能使教育更加

有效和有保证。《宪法》不仅规定了教育部门的责权利，也规定了全体国民在教育方面的责权利，还指明了与教育相关的各机构的责权利，可以帮助相关的团体和个人找到适宜的法律依据。因此，在关注教育问题时不仅要熟悉教育类的相关法律，也要关注宪法赋予个人和机构的基本责权利。对于每一个个人和机构而言，都应该知法、懂法、执法、护法，以便更好地用法来规范自身，并更加有效地发展。当然，宪法本身也是历史的和阶段性的产物，随着社会的发展也必将继续改善，这些改善需要广大国民的参与和支持，其正规有效的通道即是各级人民代表大会的有关机构。

具体内容请参见法律条文。

热读二　中华人民共和国宪法修正案

一、1988 年 4 月 12 日第七届全国人民代表大会第一次会议通过

第一条宪法第十一条增加规定："国家允许私营经济在法律规定的范围内存在和发展。私营经济是社会主义公有制经济的补充。国家保护私营经济的合法的权利和利益，对私营经济实行引导、监督和管理。"

第二条宪法第十条第四款："任何组织或者个人不得侵占、买卖、出租或者以其他形式非法转让土地。"修改为："任何组织或者个人不得侵占、买卖或者以其他形式非法转让土地。土地的使用权可以依照法律的规定转让。"

二、1993 年 3 月 29 日第八届全国人民代表大会第一次会议通过

第三条宪法序言第七自然段后两句："今后国家的根本任务是集中力量进行社会主义现代化建设。中国各族人民将继续在中国共产党领导下，在马克思列宁主义、毛泽东思想指引下，坚持人民民主专政，坚持社会主义道路，不断完善社会主义的各项制度，发展社会主义民主，健全社会主义法制，自力更生，艰苦奋斗，逐步实现工业、农业、国防和科学技术的现代化，把我国建设成为高度文

明、高度民主的社会主义国家。”修改为：“我国正处于社会主义初级阶段。国家的根本任务是，根据建设中国特色社会主义的理论，集中力量进行社会主义现代化建设。中国各族人民将继续在中国共产党领导下，在马克思列宁主义、毛泽东思想指引下，坚持人民民主专政，坚持社会主义道路，坚持改革开放，不断完善社会主义的各项制度，发展社会主义民主，健全社会主义法制，自力更生，艰苦奋斗，逐步实现工业、农业、国防和科学技术的现代化，把我国建设成为富强、民主、文明的社会主义国家。”

第四条宪法序言第十自然段末尾增加：“中国共产党领导的多党合作和政治协商制度将长期存在和发展。”

第五条宪法第七条：“国营经济是社会主义全民所有制经济，是国民经济中的主导力量。国家保障国营经济的巩固和发展。”修改为：“国有经济，即社会主义全民所有制经济，是国民经济中的主导力量。国家保障国有经济的巩固和发展。”

第六条宪法第八条第一款：“农村人民公社、农业生产合作社和其他生产、供销、信用、消费等各种形式的合作经济，是社会主义劳动群众集体所有制经济。参加农村集体经济组织的劳动者，有权在法律规定的范围内经营自留地、自留山、家庭副业和饲养自留畜。”修改为：“农村中的家庭联产承包为主的责任制和生产、供销、信用、消费等各种形式的合作经济，是社会主义劳动群众集体所有制经济。参加农村集体经济组织的劳动者，有权在法律规定的范围内经营自留地、自留山、家庭副业和饲养自留畜。”

第七条宪法第十五条：“国家在社会主义公有制基础上实行计划经济。国家通过经济计划的综合平衡和市场调节的辅助作用，保证国民经济按比例地协调发展。”“禁止任何组织或者个人扰乱社会经济秩序，破坏国家经济计划。”修改为：“国家实行社会主义市场经济。”“国家加强经济立法，完善宏观调控。”“国家依法禁止任何组织或者个人扰乱社会经济秩序。”

第八条宪法第十六条：“国营企业在服从国家的统一领导和全面完成国家计划的前提下，在法律规定的范围内，有经营管理的自主权。”“国营企业依照法律规定，通过职工代表大会和其他形式，实行民主管理。”修改为：“国有企业在法律规定的范围内有权自主经营。”“国有企业依照法律规定，通过职工代表大会和

其他形式，实行民主管理。”

第九条宪法第十七条：“集体经济组织在接受国家计划指导和遵守有关法律的前提下，有独立进行经济活动的自主权。”“集体经济组织依照法律规定实行民主管理，由它的全体劳动者选举和罢免管理人员，决定经营管理的重大问题。”修改为：“集体经济组织在遵守有关法律的前提下，有独立进行经济活动的自主权。”“集体经济组织实行民主管理，依照法律规定选举和罢免管理人员，决定经营管理的重大问题。”

第十条宪法第四十二条第三款：“劳动是一切有劳动能力的公民的光荣职责。国营企业和城乡集体经济组织的劳动者都应当以国家主人翁的态度对待自己的劳动。国家提倡社会主义劳动竞赛，奖励劳动模范和先进工作者。国家提倡公民从事义务劳动。”修改为：“劳动是一切有劳动能力的公民的光荣职责。国有企业和城乡集体经济组织的劳动者都应当以国家主人翁的态度对待自己的劳动。国家提倡社会主义劳动竞赛，奖励劳动模范和先进工作者。国家提倡公民从事义务劳动。”

第十一条宪法第九十八条：“省、直辖市、设区的市的人民代表大会每届任期五年。县、不设区的市、市辖区、乡、民族乡、镇的人民代表大会每届任期三年。”修改为：“省、直辖市、县、市、市辖区的人民代表大会每届任期五年。乡、民族乡、镇的人民代表大会每届任期三年。”

三、1999 年 3 月 15 日第九届全国人民代表大会第二次会议通过

第十二条宪法序言第七自然段：“中国新民主主义革命的胜利和社会主义事业的成就，都是中国共产党领导中国各族人民，在马克思列宁主义、毛泽东思想的指引下，坚持真理，修正错误，战胜许多艰难险阻而取得的。我国正处于社会主义初级阶段。国家的根本任务是，根据建设中国特色社会主义的理论，集中力量进行社会主义现代化建设。中国各族人民将继续在中国共产党领导下，在马克思列宁主义、毛泽东思想指引下，坚持人民民主专政，坚持社会主义道路，坚持改革开放，不断完善社会主义的各项制度，发展社会主义民主，健全社会主义法制，自力更生，艰苦奋斗，逐步实现工业、农业、国防和科学技术的现代化，把我国建设成为富强、民主、文明的社会主义国家。”修改为：“中国新民主主义革

命的胜利和社会主义事业的成就，是中国共产党领导中国各族人民，在马克思列宁主义、毛泽东思想的指引下，坚持真理，修正错误，战胜许多艰难险阻而取得的。我国将长期处于社会主义初级阶段。国家的根本任务是，沿着建设有中国特色社会主义的道路，集中力量进行社会主义现代化建设。中国各族人民将继续在中国共产党领导下，在马克思列宁主义、毛泽东思想、邓小平理论指引下，坚持人民民主专政，坚持社会主义道路，坚持改革开放，不断完善社会主义的各项制度，发展社会主义市场经济，发展社会主义民主，健全社会主义法制，自力更生，艰苦奋斗，逐步实现工业、农业、国防和科学技术的现代化，把我国建设成为富强、民主、文明的社会主义国家。”

第十三条宪法第五条增加一款，作为第一款，规定：“中华人民共和国实行依法治国，建设社会主义法治国家。”

第十四条宪法第六条：“中华人民共和国的社会主义经济制度的基础是生产资料的社会主义公有制，即全民所有制和劳动群众集体所有制。”“社会主义公有制消灭人剥削人的制度，实行各尽所能，按劳分配的原则。”修改为：“中华人民共和国的社会主义经济制度的基础是生产资料的社会主义公有制，即全民所有制和劳动群众集体所有制。社会主义公有制消灭人剥削人的制度，实行各尽所能、按劳分配的原则。”“国家在社会主义初级阶段，坚持公有制为主体、多种所有制经济共同发展的基本经济制度，坚持按劳分配为主体、多种分配方式并存的分配制度。”

第十五条宪法第八条第一款：“农村中的家庭联产承包为主的责任制和生产、供销、信用、消费等各种形式的合作经济，是社会主义劳动群众集体所有制经济。参加农村集体经济组织的劳动者，有权在法律规定的范围内经营自留地、自留山、家庭副业和饲养自留畜。”修改为：“农村集体经济组织实行家庭承包经营为基础、统分结合的双层经营体制。农村中的生产、供销、信用、消费等各种形式的合作经济，是社会主义劳动群众集体所有制经济。参加农村集体经济组织的劳动者，有权在法律规定的范围内经营自留地、自留山、家庭副业和饲养自留畜。”

第十六条宪法第十一条：“在法律规定范围内的城乡劳动者个体经济，是社会主义公有制经济的补充。国家保护个体经济的合法的权利和利益。”“国家通过

行政管理，指导、帮助和监督个体经济。”“国家允许私营经济在法律规定的范围内存在和发展。私营经济是社会主义公有制经济的补充。国家保护私营经济的合法的权利和利益，对私营经济实行引导、监督和管理。”修改为：“在法律规定范围内的个体经济、私营经济等非公有制经济，是社会主义市场经济的重要组成部分。”“国家保护个体经济、私营经济的合法的权利和利益。国家对个体经济、私营经济实行引导、监督和管理。”

第十七条宪法第二十八条：“国家维护社会秩序，镇压叛国和其他反革命的活动，制裁危害社会治安、破坏社会主义经济和其他犯罪的活动，惩办和改造犯罪分子。”修改为：“国家维护社会秩序，镇压叛国和其他危害国家安全的犯罪活动，制裁危害社会治安、破坏社会主义经济和其他犯罪的活动，惩办和改造犯罪分子。”

四、中华人民共和国宪法修正案

2003 年 3 月 14 日第十届全国人民代表大会第二次会议通过

2004 年 3 月 14 日全国人民代表大会公告公布施行

第十八条宪法序言第七自然段中“在马克思列宁主义、毛泽东思想、邓小平理论指引下”修改为“在马克思列宁主义、毛泽东思想、邓小平理论和‘三个代表’重要思想指引下”，“沿着建设有中国特色社会主义的道路”修改为“沿着中国特色社会主义道路”，“逐步实现工业、农业、国防和科学技术的现代化”之后增加“推动物质文明、政治文明和精神文明协调发展”。这一自然段相应地修改为：“中国新民主主义革命的胜利和社会主义事业的成就，是中国共产党领导中国各族人民，在马克思列宁主义、毛泽东思想的指引下，坚持真理，修正错误，战胜许多艰难险阻而取得的。我国将长期处于社会主义初级阶段。国家的根本任务是，沿着中国特色社会主义道路，集中力量进行社会主义现代化建设。中国各族人民将继续在中国共产党领导下，在马克思列宁主义、毛泽东思想、邓小平理论和‘三个代表’重要思想指引下，坚持人民民主专政，坚持社会主义道路，坚持改革开放，不断完善社会主义的各项制度，发展社会主义市场经济，发展社会主义民主，健全社会主义法制，自力更生，艰苦奋斗，逐步实现工业、农业、国防和科学技术的现代化，推动物质文明、政治文明和精神文明协调发展，把我国

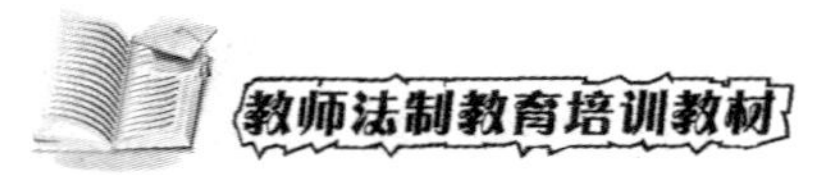

建设成为富强、民主、文明的社会主义国家。”

第十九条宪法序言第十自然段第二句“在长期的革命和建设过程中，已经结成由中国共产党领导的，有各民主党派和各人民团体参加的，包括全体社会主义劳动者、拥护社会主义的爱国者和拥护祖国统一的爱国者的广泛的爱国统一战线，这个统一战线将继续巩固和发展。”修改为：“在长期的革命和建设过程中，已经结成由中国共产党领导的，有各民主党派和各人民团体参加的，包括全体社会主义劳动者、社会主义事业的建设者、拥护社会主义的爱国者和拥护祖国统一的爱国者的广泛的爱国统一战线，这个统一战线将继续巩固和发展。”

第二十条宪法第十条第三款“国家为了公共利益的需要，可以依照法律规定对土地实行征用。”修改为：“国家为了公共利益的需要，可以依照法律规定对土地实行征收或者征用并给予补偿。”

第二十一条宪法第十一条第二款“国家保护个体经济、私营经济的合法的权利和利益。国家对个体经济、私营经济实行引导、监督和管理。修改为：“国家保护个体经济、私营经济等非公有制经济的合法的权利和利益。国家鼓励、支持和引导非公有制经济的发展，并对非公有制经济依法实行监督和管理。”

第二十二条宪法第十三条“国家保护公民的合法的收入、储蓄、房屋和其他合法财产的所有权。”“国家依照法律规定保护公民的私有财产的继承权。”修改为：“公民的合法的私有财产不受侵犯。”“国家依照法律规定保护公民的私有财产权和继承权。”“国家为了公共利益的需要，可以依照法律规定对公民的私有财产实行征收或者征用并给予补偿。”

第二十三条宪法第十四条增加一款，作为第四款：“国家建立健全同经济发展水平相适应的社会保障制度。”

第二十四条宪法第三十三条增加一款，作为第三款：“国家尊重和保障人权。”第三款相应地改为第四款。

第二十五条宪法第五十九条第一款“全国人民代表大会由省、自治区、直辖市和军队选出的代表组成。各少数民族都应当有适当名额的代表。”修改为：“全国人民代表大会由省、自治区、直辖市、特别行政区和军队选出的代表组成。各少数民族都应当有适当名额的代表。”

第二十六条宪法第六十七条全国人民代表大会常务委员会职权第二十项

“（二十）决定全国或者个别省、自治区、直辖市的戒严”修改为“（二十）决定全国或者个别省、自治区、直辖市进入紧急状态”。

第二十七条宪法第八十条“中华人民共和国主席根据全国人民代表大会的决定和全国人民代表大会常务委员会的决定，公布法律，任免国务院总理、副总理、国务委员、各部部长、各委员会主任、审计长、秘书长，授予国家的勋章和荣誉称号，发布特赦令，发布戒严令，宣布战争状态，发布动员令。”修改为：“中华人民共和国主席根据全国人民代表大会的决定和全国人民代表大会常务委员会的决定，公布法律，任免国务院总理、副总理、国务委员、各部部长、各委员会主任、审计长、秘书长，授予国家的勋章和荣誉称号，发布特赦令。宣布进入紧急状态，宣布战争状态，发布动员令。”

第二十八条宪法第八十一条“中华人民共和国主席代表中华人民共和国，接受外国使节；根据全国人民代表大会常务委员会的决定，派遣和召回驻外全权代表，批准和废除同外国缔结的条约和重要协定。”修改为：“中华人民共和国主席代表中华人民共和国，进行国事活动，接受外国使节；根据全国人民代表大会常务委员会的决定，派遣和召回驻外全权代表，批准和废除同外国缔结的条约和重要协定。”

第二十九条宪法第八十九条国务院职权第十六项“（十六）决定省、自治区、直辖市的范围内部分地区的戒严”修改为“（十六）依照法律规定决定省、自治区、直辖市的范围内部分地区进入紧急状态”。

第三十条宪法第九十八条“省、直辖市、县、市、市辖区的人民代表大会每届任期五年。乡、民族乡、镇的人民代表大会每届任期三年。”修改为：“地方各级人民代表大会每届任期五年。”

第三十一条宪法第四章章名“国旗、国徽、首都”修改为“国旗、国歌、国徽、首都”。宪法第一百三十六条增加一款，作为第二款：“中华人民共和国国歌是《义勇军进行曲》。”

五、国务院关于全面推进依法行政的决定（国发［1999］23号）

随着改革的深入，随着对体制性问题的触及，人们越来越清楚地意识到，执法和违法不仅关系到民众个人，也关系到政府机构，各级各类政府部门能否依法行政，不仅直接关系到辖区内国计民生的实际情况，而且影响极大。“依法治教”的责任和义务首先在政府部门。近年来，我们欣喜地看到不仅百姓在涉及教育的相关问题上知法、用法的水平提高了，对政府部门的监督也有了许多很好的尝试，有了政府和民众共同的积极性，国家的教育事业将大有希望。作为政府代表的教育行政人员，以及广大校长和教师，一定要遵循国务院“依法行政”的要求，使我们的教育对象，包括他们的家长首先对教育行政部门及其教育的实施者——校长和教师具有信任感。达到这一基本的要求，受教育者才会有起码的安全感，教育事业的发展才会有更适宜的环境和多方面的配合与支持。

1. 现行的《宪法》概述

我国现行的《宪法》是中华人民共和国成立后颁布的第四部宪法。1982 年颁布的。

2. 中华人民共和国国徽图案

中华人民共和国国徽，中间是五星照耀下的天安门，周围是谷穗和齿轮。

3. 基本的人身权

公民最基本的人身权是生命健康权。

4.《宪法》规定的基本权利

根据我国《宪法》的规定，我国公民可享有基本权利：

（1）平等权利；

（2）政治权利和自由权利；

（3）宗教信仰自由权利；

（4）人身自由权利；

（5）社会经济权利；

（6）文化教育权利；

（7）国家保护华侨的正当权益，保护归侨和侨眷的合法权利。

5. 我国公民基本义务

维护祖国统一和民族团结；遵守宪法和法律，保守国家秘密，爱护公共财产，遵守劳动纪律，遵守公共秩序，尊重社会公德；维护祖国安全荣誉和利益；保卫祖国，依法服兵役和参加民兵组织；依法纳税。

6. 常用报警电话

警匪报警电话是110，火警电话是119，医疗急救电话是120，交通事故报警电话是122。

7. 自行车转弯须注意

自行车转弯须注意减速慢行，向后瞭望，伸手示意，不准突然猛拐。

8. 拘留最长是时间

对违反治安管理的人处以拘留，15天。

9. 证据种类

（1）书证；

（2）物证；

（3）视听资料；

（4）证人证言；

（5）当事人的陈述；

（6）鉴定结论；

（7）勘验笔录。

10. 诉讼种类

刑事诉讼、民事诉讼、行政诉讼三种。

11. 宪法的本质

宪法是规定民主国家根本制度、集中体现各种政治力量对比关系、保障公民基本权利的国家根本法。宪法表现的是上升为国家意志的统治阶级的意志。但统治阶级不能肆意把自己的意志上升为国家意志，而是必须考虑本国各种政治力量的实际对比关系，并以其为依据确定宪法的某些基本内容。因此，宪法是各种政治力量实际对比关系的集中体现。

（1）政治力量对比首要是阶级力量对比。阶级力量对比包括阶级力量的强弱对比关系和阶级力量强弱悬殊程度的对比关系。前者决定宪法的历史类型和宪法的本质，后者决定本质相同的各种宪法之间的形式和内容方面的差异。

（2）宪法所体现的阶级力量对比关系，也表现为宪法随阶级力量对比的变化而产生相应的改变：阶级力量对比的量的变化，只产生宪法形式的改变；阶级力量对比的质的变化，必然引起宪法本质的改变。

（3）政治力量对比并不局限于阶级力量对比。政治力量既包含着与阶级力量有直接联系的同一阶级内的各阶层、各派别的力量，也包含着与阶级力量既有联系又有区别的各种社会集团的力量等。

12. 宪法的基本原则

宪法的基本原则，又称宪法原则，是指宪法中蕴含的、涉及国家根本制度的指导思想和基本要求。目前，通常认为宪法原则主要包括人民主权原则、基本人权原则、法治原则和权力制约原则等内容。

13. 宪法的最高效力

法律效力是指法律所具有的约束力和强制力。宪法的最高法律效力主要包括两个方面的含义：

（1）宪法是制定普通法律的依据，任何普通法律、法规都不得与宪法的原则和精神相违背。对此，我国宪法明确规定，一切法律、行政法规和地方性法规都不得同宪法相抵触。

（2）宪法是一切国家机关、社会团体和全体公民的最高行为准则。对此，我国宪法第5条规定："一切法律、行政法规和地方性法规都不得同宪法相抵触"。"一切国家机关和武装力量、各政党和各社会团体、各企业事业组织都必须遵守宪法和法律。一切违反宪法和法律的行为，必须予以追究"。"任何组织或者个人都不得有超越宪法和法律的特权"。

14. 宪法的分类

根据制定宪法主体的不同，宪法分为钦定宪法、民定宪法和协定宪法。钦定宪法是由君主自上而下地制定并颁布实施的宪法，主要有1814年法国国王路易十八颁布的宪法、1848年意大利宪法、1889年日本明治天皇颁布的《大日本帝国宪法》、1908年中国清末《钦定宪法大纲》；民定宪法是由民选议会、制宪会议、公民投票表决制定的宪法，当今世界绝大多数国家宪法为民定宪法；协定宪法是由君主与人民或民选议会进行协商共同制定的宪法，主要有1689年英国《权利法案》、1830年法国宪法。

15. 宪法的发展史

有关宪法的发展史，考生需熟记的有：(1) 英国是世界上最早制定宪法性文件并实行宪政的国家。1688年，英国发生“光荣革命”。随后，1689年颁布的《权利法案》和1701年颁布的《王位继承法》确立了君主立宪制的宪政体制。(2) 美国1789年宪法是世界上第一部成文宪法。(3) 法国1791年宪法是欧洲大陆第一部成文宪法。(4) 苏俄1918年《俄罗斯社会主义联邦苏维埃共和国宪法(根本法)》是世界上第一部社会主义宪法。(5) 我国1949年制定的起临时宪法作用的《中国人民政治协商会议共同纲领》系一部宪法性文件，1954年宪法才是我国第一部社会主义类型的宪法。

16. 宪法与宪政的关系

宪政是以宪法为前提，以民主政治为核心，以法治为基石，以保障人权为目的的政治形态或政治过程。宪法是宪政的前提，宪政则是宪法的生命。宪法是静态的宪政，宪政是动态的宪法。因此，宪法的内容直接决定宪政的内容，立宪的目的就是宪政的目的；没有宪法就谈不上宪政，而离开了宪政，宪法则成了一纸空文。近现代的“宪政”也称“民主宪政”，其核心是限制国家权力、保障公民权利。无论是限制国家权力，还是保障公民权利，都必须以宪法的形式，予以法律上的确认和规范。

17. 中国共产党领导下的政治协商制度

中国人民政治协商会议是具有广泛代表性的爱国统一战线的组织形式，是实现中国共产党领导下的多党合作和政治协商制度的重要组织形式。政协按照其性质，既不属于国家机构，也不同于一般的人民团体，而是各党派、各人民团体、各界代表人物团结协作、参政议政的重要场所，同我国国家权力机关的活动有着极为密切的联系。中国人民政治协商会议的主要职能是政治协商、民主监督和参政议政。

18. 我国的多党合作制度

中国共产党领导的多党合作制度的基本内容为：(1) 多党合作的政治基础是坚持中国共产党的领导，坚持四项基本原则。中国共产党对各民主党派的领导是政治领导，即政治原则、政治方向和重大方针、政策的领导。故 A 项论述错误。(2) 多党合作的基本方针是“长期共存、互相监督、肝胆相照、荣辱与共”。(3) 多党合作的主要内容是参政议政、互相监督。(4) 各政党的共同奋斗目标是坚持社会主义初级阶段的基本路线，把我国建设成为富强、民主、文明的社会主义现代化国家和统一祖国，振兴中华。(5) 各政党的根本活动准则是宪法。

19. 国家的专属所有的自然资源

《宪法》第 9 条：“矿藏、水流、森林、山岭、草原、荒地、滩涂等自然资源，都属于国家所有，即全民所有；由法律规定属于集体所有的森林和山岭、草原、荒地、滩涂除外。国家保护自然资源的合理利用，保护珍贵的动物和植物。禁止任何组织或者个人用任何手段侵占或者破坏自然资源。”《物权法》第 47 条：“城市的土地，属于国家所有。法律规定属于国家所有的农村和城市郊区的土地，属于国家所有”。根据法律的规定，森林、山岭、草原、荒地、滩涂等自然资源均可属集体所有，但是矿藏、水流以及城市的土地在任何情况下都属于国家所有。

20. 2004 年宪法修正案

宪法修正案：

第二十二条　宪法第十三条“国家保护公民的合法的收入、储蓄、房屋和其他合法财产的所有权。”“国家依照法律规定保护公民的私有财产的继承权。”修改为：“公民的合法的私有财产不受侵犯。”“国家依照法律规定保护公民的私有财产权和继承权。”“国家为了公共利益的需要，可以依照法律规定对公民的私有财产实行征收或者征用并给予补偿。”

第二十三条　宪法第十四条增加一款，作为第四款：“国家建立健全同经济发展水平相适应的社会保障制度。”

第二十四条　宪法第三十三条增加一款，作为第三款：“国家尊重和保障人权。”第三款相应地改为第四款

21. 直接选举人大候选人的提名

《选举法》第 29 条：“全国和地方各级人民代表大会的代表候选人，按选区或者选举单位提名产生。各政党、各人民团体，可以联合或者单独推荐代表候选人。选民或者代表，十人以上联名，也可以推荐代表候选人。推荐者应向选举委员会或者大会主席团介绍候选人的情况。”

22. 直接选举代表当选的条件

《选举法》第 40 条第 1 款：“每次选举所投的票数，多于投票人数的无效，等于或者少于投票人数的有效。”《选举法》第 41 条第 1 款：“在选民直接选举人民代表大会代表时，选区全体选民的过半数参加投票，选举有效。代表候选人获得参加投票的选民过半数的选票时，始得当选。”

23. 精神病患者选举权

《选举法》第 3 条第 1 款：“中华人民共和国年满十八周岁的公民，不分民族、种族、性别、职业、家庭出身、宗教信仰、教育程度、财产状况和居住期限，都有选举权和被选举权”。第 26 条第 2 款：“精神病患者不能行使选举权利的，经选举委员会确认，不列入选民名单”。

根据法律规定，精神病患者享有选举权，但由于精神上的实际情况而暂不行使。但要注意，精神病人没有提到享有被选举权的问题。选项 BCD 的内容完全符合法律的立法原意，故为正确选项。

24. 选举制度

我国实行直接选举和间接选举并用的原则，即全国人大代表、省、自治区、直辖市、设区的市、自治州人大代表，由下一级人民代表大会选举产生；不设区的市、市辖区、县、自治县、乡、民族乡、镇人大代表，由选民直接选举。第 38 条规定：“选民如果在选举期间外出，经选举委员会同意，可以书面委托其他选民代为投票。每一选民接受的委托不得超过三人。”第 30 条规定：“全国和地方各级人民代表大会代表候选人的名额，应多于应选代表的名额”，“由选民直接选举的代表候选人名额，应多于应选代表名额三分之一至一倍；由地方各级人民代表大会选举上一级人民代表大会代表候选人的名额，应多于应选代表名额五分之一至二分之一”。

25. 对破坏选举的制裁

《选举法》第 52 条规定：“为保障选民和代表自由行使选举权和被选举权，对有下列违法行为的，应当依法给予行政处分或者刑事处分：（1）用暴力、威胁、欺骗、贿赂等非法手段破坏选举或者妨碍选民和代表自由行使选举权和被选举权的；（2）伪造选举文件，虚报选举票数或者有其他违法行为的；（3）对于控告、检举选举中违法行为的人，或者对于提出要求罢免代表的人进行压制、报复的”。

《选举法》第 36 条第 2 款规定：“选民如果是文盲或者因残疾不能写选票的，可以委托他信任的人代写。”故替他人填写选票的，如果是经该他人委托的，是合法的。

26. 主持选举的组织机构

《选举法》第 7 条规定：

全国人民代表大会常务委员会主持全国人民代表大会代表的选举。省、自治区、直辖市、设区的市、自治州的人民代表大会常务委员会主持本级人民代表大会代表的选举。

不设区的市、市辖区、县、自治县、乡、民族乡、镇设立选举委员会，主持本级人民代表大会代表的选举。不设区的市、市辖区、县、自治县的选举委员会受本级人民代表大会常务委员会的领导。乡、民族乡、镇的选举委员会受不设区的市、市辖区、县、自治县的人民代表大会常务委员会的领导。

省、自治区、直辖市、设区的市、自治州的人民代表大会常务委员会指导本行政区域内县级以下人民代表大会代表的选举工作。

根据该条的规定，县级要设立选举委员会，县级人大常委会并不主持选择，而是领导本级及下级选举委员会。

27. 直接选举代表当选的条件

《选举法》第 2 条第 2 款：“不设区的市、市辖区、县、自治县、乡、民族乡、镇的人民代表大会的代表，由选民直接选举”。第 40 条第 1 款：“每次选举所投的票数，多于投票人数的无效，等于或者少于投票人数的有效。”第 41 条第 1 款：“在选民直接选举人民代表大会代表时，选区全体选民的过半数参加投票，

选举有效。代表候选人获得参加投票的选民过半数的选票时，始得当选。”选举中，未有过半数的选民参加投票，故选举无效。

28. 我国选举制度的基本原则

我国选举制度的基本原则包括：选举权的普遍性原则、选举权的平等性原则、直接选举和间接选举并用原则和秘密投票原则。

选举权的普遍性原则并不表明公民只要年满18周岁就当然地享有选举权利，因为若其被剥夺政治权利，则不享有选举权利。

选举权的平等性原则并不意味着各级人大每一代表所代表的人口数都是相等的，比如根据《选举法》第12～14条以及第16条的规定，农村代表和城市代表所代表的人口数是不同的。在间接选举时，人大代表就不是由选民直接选举。选民是文盲的，可以委托其信任的人代写选票，这是变通规定，有利于选民选举权的保障，没有违背秘密投票原则。

29. 选举权的享有与剥夺

《宪法》第34条规定：“中华人民共和国年满十八周岁的公民，不分民族、种族、性第九页别、职业、家庭出身、宗教信仰、教育程度、财产状况、居住期限、都有选举权和被选举权；但是依照法律被剥夺政治权利的人除外。”由此可知，我国公民的选举权的条件是：（1）年满18周岁；（2）未被依法剥夺政治权利。

《全国人民代表大会常务委员会关于县级以下人民代表大会直接选举的若干规定》第5条规定：“下列人员准予行使选举权利：（一）被判处有期徒刑、拘役、管制而没有附加剥夺政治权利的；（二）被羁押，正在受侦查、起诉、审判，人民检察院或者人民法院没有决定停止行使选举权利的；（三）正在取保候审或者被监视居住的；（四）正在被劳动教养的；（五）正在受拘留处罚的。以上所列人员参加选举，由选举委员会和执行监禁、羁押、拘留或者劳动教养的机关共同决定，可以在流动票箱投票，或者委托有选举权的亲属或者其他选民代为投票。被判处拘役、受拘留处罚或者被劳动教养的人也可以在选举日回原选区参加选举”。

精神病患者由于不具有行为能力，可以不列入选民名单，但并不意味着因此失去选举权，他只是暂时不能行使选举权，并不是没有选举权。

30. 公民的文化教育权利及政治权利

《宪法》第 47 条规定："中华人民共和国公民有进行科学研究、文学艺术创作和其他文化活动的自由。"公民的文化教育权利包括公民受教育的权利和义务，公民进行科学研究、文艺创作和其他文化活动的自由。其中公民进行科学研究、文艺创作和其他文化活动的自由包括公民的科学研究自由、公民的文化艺术活动自由（包括公民的文艺创作自由、欣赏自由等自由和权利）。

《宪法》第 35 条规定："中华人民共和国公民有言论、出版，集会、结社、游行、示威的自由。"公民的出版自由属于公民的政治权利和自由。公民的政治权利和自由还包括言论自由，集会、游行、结社、示威的自由和公民的选举权和被选举权。

31. 公民基本权利的宪法保护

《宪法》第 13 条："国家保护公民的合法的收入、储蓄、房屋和其他合法财产的所有权。国家依照法律规定保护公民的私有财产的继承权。"

第 34 条："中华人民共和国年满十八周岁的公民，不分民族、种族、性别、职业、家庭出身、宗教信仰、教育程度、财产状况、居住期限、都有选举权和被选举权；但是依照法律被剥夺政治权利的人除外。"

第 43 条："中华人民共和国劳动者有休息的权利。国家发展劳动者休息和休养的设施，规定职工的工作时间和休假制度。"

第 50 条："中华人民共和国保护华侨的正当的权利和利益，保护归侨和侨眷的合法的权利和利益。"

32. 物质帮助权

所谓物质帮助权是指公民在年老、疾病或丧失劳动能力的时候，获得物质帮助的权利。在实现物质帮助权的过程中，发展社会保障制度是一种重要形式。目前，我国的社会保障主要包括养老保险、医疗保险、疾病保险、伤残保险、失业保险、生育保险等。

《宪法》第 45 条规定："中华人民共和国公民在年老、疾病或者丧失劳动能力的情况下，有从国家和社会获得物质帮助的权利。国家发展为公民享受这些权

利所需要的社会保险、社会救济和医疗卫生事业。

国家和社会保障残废军人的生活，抚恤烈士家属，优待军人家属。

国家和社会帮助安排盲、聋、哑和其他有残疾的公民的劳动、生活和教育。”

33. 公民的监督权、申诉、控告、检举权及依法获得赔偿权

《宪法》第41条规定：“中华人民共和国公民对于任何国家机关和国家工作人员，有提出批评和建议的权利；对于任何国家机关和国家工作人员的违法失职行为，有向有关国家机关提出申诉、控告或者检举的权利，但是不得捏造或者歪曲事实进行诬告陷害。对于公民的申诉、控告或者检举，有关国家机关必须查清事实，负责处理。任何人：不得压制和打击报复。由于国家机关和国家工作人员侵犯公民权利而受到损失的人，有依照法律规定取得赔偿的权利。”因此，在接到公民提出的申诉、控告或者检举后，必须查清事实，负责处理的是有关国家机关而不是任何国家机关。

34. 平等权

“公民在法律面前一律平等”一般指法律实施上的平等，不包括立法上的平等。主要内容有：(1) 所有公民平等地享有权利和平等地履行义务，在我国，任何公民都受宪法和法律约束，不允许有超越法律规定的任何特权；(2) 所有公民在司法上一律平等，即实施法律、执行法律和使用法律上平等；(3) 法律面前人人平等是指法律赋予公民权利能力上的平等，同等条件下公民具有获得相同权利的资格，并不表示行为能力上的平等；(4) 平等权是以法律为尺度，不同于平均主义，不主张绝对的均等。

35. 全国人民代表大会的监督权

《宪法》第69条规定：“全国人民代表大会常务委员会对全国人民代表大会负责并报告工作。”第92条规定：“国务院对全国人民代表大会负责并报告工作；在全国人民代表大会闭会期间，对全国人民代表大会常务委员会负责并报告工作。”第94条规定：“中央军事委员会主席对全国人民代表大会和全国人民代表大会常务委员会负责。”因此，全国人民代表大会常务委员会、国务院、中央军事委员会主席都向其负责，但是只有全国人民代表大会常务委员会和国务院另行负有报告工作的法定义务。

中华人民共和国主席是国家的象征，行使礼仪性、程序性的职权，无须向全国人大负责。

中国人民政治协商会议是爱国统一战线的组织，它是一种政党合作制度，不是国家机关，无须向全国人大负责。

36. 法律保留事项

《立法法》第 8 条规定："下列事项只能制定法律：（1）国家主权的事项；（2）各级人民代表大会、人民政府、人民法院和人民检察院的产生、组织和职权；（3）民族区域自治制度、特别行政区制度、基层群众自治制度；（4）犯罪和刑罚；（5）对公民政治权利的剥夺、限制人身自由的强制措施和处罚；（6）对非国有财产的征收；（7）民事基本制度；（8）基本经济制度以及财政、税收、海关、金融和外贸的基本制度；（9）诉讼和仲裁制度；（10）必须由全国人民代表大会及其常务委员会制定法律的其他事项。"

37. 全国人民代表大会代表的权利

全国人大代表的权利主要包括：

（1）出席全国人大会议，参加各项选举活动，审议有关议案和报告。

（2）依法定程序向全国人大提出属于全国人大职权范围内的议案。

（3）依法定程序提出对各方面工作的建议、批评和意见。

（4）提出质询案和进行询问。在全国人大会议期间，30 名以上的全国人大代表可以书面提出对国务院及其各部、委，最高人民法院、最高人民检察院的质询案。全国人大代表还可以向有关国家机关提出询问，由有关国家机关派人在代表团全体会议或者代表团小组会上进行说明。

（5）提议组成特定问题调查委员会。在全国人大会议期间，1/10 以上代表联名，可以提议组成特定问题调查委员会，由大会主席团提请大会全体会议决定。

（6）人身特别保护权。在全国人大会议期间，全国人大代表非经全国人大主席团许可，在全国人大闭会期间，非经全国人大常委会许可，不受逮捕或者刑事审判。如因系现行犯被拘留，执行拘留的机关应当立即向全国人大主席团或者全国人大常委会报告。

（7）言论免责权。全国人大代表在全国人大各种会议上的发言、表决以及在

列席原选举单位的人大各种会议上的发言，不受法律追究。

38. 改变或者撤销法律、行政法规、地方性法规、自治条例和单行条例、规章的权限

《立法法》第88条规定，改变或者撤销法律、行政法规、地方性法规、自治条例和单行条例、规章的权限是：

（1）全国人民代表大会有权改变或者撤销它的常务委员会制定的不适当的法律，有权撤销全国人民代表大会常务委员会批准的违背宪法和本法第六十六条第二款规定的自治条例和单行条例；

（2）全国人民代表大会常务委员会有权撤销同宪法和法律相抵触的行政法规，有权撤销同宪法、法律和行政法规相抵触的地方性法规，有权撤销省、自治区、直辖市的人民代表大会常务委员会批准的违背宪法和本法第六十六条第二款规定的自治条例和单行条例；

（3）国务院有权改变或者撤销不适当的部门规章和地方政府规章；

（4）省、自治区、直辖市的人民代表大会有权改变或者撤销它的常务委员会制定的和批准的不适当的地方性法规；

（5）地方人民代表大会常务委员会有权撤销本级人民政府制定的不适当的规章；

（6）省、自治区的人民政府有权改变或者撤销下一级人民政府制定的不适当的规章；

（7）授权机关有权撤销被授权机关制定的超越授权范围或者违背授权目的的法规，必要时可以撤销授权。

特别总结：

（1）自治条例和单行条例、经授权制定的法规，只能撤销；

（2）全国人大常委会对地方性法规只能撤销；

（3）同系统的（即领导关系）可以改变和撤销，不是同系统的（即监督关系）只能撤销而不能改变。

39. 法律、法规的生效与备案

《宪法》第116条规定：民族自治地方的人民代表大会有权依照当地民族的

政治、经济和文化的特点，制定自治条例和单行条例。自治区的自治条例和单行条例，报全国人民代表大会常务委员会批准后生效。自治州、自治县的自治条例和单行条例，报省或者自治区的人民代表大会常务委员会批准后生效，并报全国人民代表大会常务委员会备案。

《立法法》第 89 条规定：行政法规、地方性法规、自治条例和单行条例、规章应当在公布后的三十日内依照下列规定报有关机关备案：

（一）行政法规报全国人民代表大会常务委员会备案；

（二）省、自治区、直辖市的人民代表大会及其常务委员会制定的地方性法规，报全国人民代表大会常务委员会和国务院备案；较大的市的人民代表大会及其常务委员会制定的地方性法规，由省、自治区的人民代表大会常务委员会报全国人民代表大会常务委员会和国务院备案；

（三）自治州、自治县制定的自治条例和单行条例，由省、自治区、直辖市的人民代表大会常务委员会报全国人民代表大会常务委员会和国务院备案；

（四）部门规章和地方政府规章报国务院备案；地方政府规章应当同时报本级人民代表大会常务委员会备案；较大的市的人民政府制定的规章应当同时报省、自治区的人民代表大会常务委员会和人民政府备案；

（五）根据授权制定的法规应当报授权决定规定的机关备案。故此，只有自治区的自治条例和单行条例，才需报全国人民代表大会常务委员会批准后生效。

40. 法律法规的冲突问题

《立法法》第 86 条规定，地方性法规、规章之间不一致时，由有关机关依照下列规定的权限作出裁决：

（一）“同一机关制定的新的一般规定与旧的特别规定不一致时，由制定机关裁决”。故此，只有同一机关制定的新的一般规定与旧的特别规定不一致时，由制定机关裁决；同一机关制定的新的特别规定与旧的一般规定不一致时，直接适用新的特别规定即可，选项 A 错误。

（二）“地方性法规与部门规章之间对同一事项的规定不一致，不能确定如何适用时，由国务院提出意见，国务院认为应当适用地方性法规的，应当决定在该地方适用地方性法规的规定；认为应当适用部门规章的，应当提请全国人民代表

大会常务委员会裁决”。

（三）“部门规章之间、部门规章与地方政府规章之间对同一事项的规定不一致时，由国务院裁决”。

41. 立法权限

根据《立法法》规定，国务院各部、委员会、中国人民银行、审计署和具有行政管理职能的直属机构，可以根据法律和国务院的行政法规、决定、命令，在本部门的权限范围内，制定规章；省、自治区、直辖市人民政府及省、自治区人民政府所在地的市、经济特区所在地的市和经国务院批准的较大市的人民政府，可以根据法律、行政法规和本省、自治区、直辖市的地方性法规，制定规章。《立法法》第 63 条第 4 款规定：“本法所称较大的市是指省、自治区的人民政府所在地的市，经济特区所在地的市和经国务院批准的较大的市”。具体来讲，国务院批准的“较大的城市”主要包括：（1）1984 年批准的 13 个城市：唐山、大同、包头、大连、鞍山、抚顺、吉林、齐齐哈尔、青岛、无锡、淮南、重庆、洛阳；（2）1988 年批准的 1 个城市：宁波；（3）1992 年批准的 3 个城市：淄博、邯郸、本溪；（4）1993 年批准的 2 个城市：苏州、徐州。

42. 立法权

《宪法》第 58 条规定：“全国人民代表大会和全国人民代表大会常务委员会行使国家立法权。”行使国家立法权的只能是全国人民代表大会和全国人大常委会，所以选项 A 的表述是正确的，B 的表述是错误的。

《宪法》第 116 条规定：“民族自治地方的人民代表大会有权依照当地民族的政治、经济和文化的特点，制定自治条例和单行条例。自治区的自治条例和单行条例，报全国人民代表大会常务委员会批准后生效。自治州、自治县的自治条例和单行条例，报省或者自治区的人民代表大会常务委员会批准后生效，并报全国人民代表大会常务委员会备案”。

《立法法》第 66 条规定：“民族自治地方的人民代表大会有权依照当地民族的政治、经济和文化的特点，制定自治条例和单行条例。自治区的自治条例和单行条例，报全国人民代表大会常务委员会批准后生效。自治州、自治县的自治条例和单行条例，报省、自治区、直辖市的人民代表大会常务委员会批准后生效。

自治条例和单行条例可以依照当地民族的特点，对法律和行政法规的规定作出变通规定，但不得违背法律或者行政法规的基本原则，不得对宪法和民族区域自治法的规定以及其他有关法律、行政法规专门就民族自治地方所作的规定作出变通规定。”所以民族自治地方只有自治地方的人民代表大会才有立法权，人大常委会没有立法权，并且应当注意没有民族立法权的说法。

43. 全国人大常委会的法律监督权

根据《宪法》第条73规定：“全国人民代表大会代表在全国人民代表大会开会期间：全国人民代表大会常务委员会组成人员在常务委员会开会期间，有权依照法律规定的程序提出对国务院或者国务院各部、各委员会的质询案。受质询的机关必须负责答复。”

根据《全国人民代表大会常务委员会议事规则》第25条规定：“在常务委员会会议期间，常务委员合组成人员lO人以上联名，可以向常务委员会书面提出对国务院及国务院各部、各委员会和最高人民法院、最高人民检察院的质询案。”

国家主席和中央军事委员会不向全国人大及其常委会负责，不必接受全国人大及其常委会的监督。

44. 全国人民代表大会专门委员会

根据《宪法》第70条和《全国人民代表大会组织法》第35条、第36条、第37条的规定，全国人民代表大会专门委员会是全国人大的常设性机构，受全国人大的领导。专门委员会由主任委员、副主任委员和委员若干人组成，由主席团在代表中提名，大会通过而产生。它的工作事项除了审议与其职权相关的法律草案外，还要审议全国人大交付的被认为同宪法、法律相抵触的国务院的行政法规、决定和命令，国务院各部委的规章以及地方性法规和地方规章；除了审议全国人民代表大会主席团交付的议案，还要审议全国人大常委会交付的议案。

45. 人大代表资格的终止与暂时停止

《选举法》第40条规定，“代表有下列情形之一的，暂时停止执行代表职务：（一）因刑事案件被羁押正在受侦查、起诉、审判的；（二）依法被判处管制、拘役或者有期徒刑而没有附加剥夺政治权利，正在服刑的。前款所列情形在代表任期内消失后，恢复其执行代表职务，但代表资格终止者除外。”

第 41 条规定："代表有下列情形之一的，其代表资格终止：（一）地方各级人民代表大会代表迁出或者调离本行政区域的；（二）辞职被接受；（三）未经批准两次不出席本级人民代表大会会议的；（四）被罢免的；（五）丧失中华人民共和国国籍的；（六）依照法律被剥夺政治权利的。"

46. 民族自治地方的自治权

《宪法》第 115 条规定："自治区、自治州、自治县的自治机关行使宪法第三章第五节规定的地方国家机关的职权，同时依照宪法、民族区域自治法和其他法律规定的权限行使自治权，根据本地方实际情况贯彻执行国家的法律、政策。"第 116 条规定："民族自治地方的人民代表大会有权依照当地的民族的政治、经济和文化的特点，制定自治条例和单行条例。"第 120 条规定："民族自治地方的自治机关依照国家的军事制度和当地的实际需要，经国务院批准，可以组织本地方维护社会治安的公安部队。"

实际上，民族自治地方在执行和贯彻国家法律和政策时，根据本地实际情况，对上级国家机关的决定、命令和指示可以变通执行或者停止执行。

47. 地方性法规的立法权限

《立法法》第 8 条规定："下列事项只能制定法律：（一）国家主权的事项；（二）各级人民代 表大会会、人民政府、人民法院和人民检察院的产生、组织和职权；（三）民族区域自治制度、特别行政区制度、基层群众自治制度；（四）犯罪和刑罚；（五）对公民政治权利的剥夺、限制人身自由的强制措施和处罚；（六）对非国有财产的征收；（七）民事基本制度；（八）基本经济制度以及财政、税收、海关、金融和外贸的基本制度；（九）诉讼和仲裁制度；（十）必须由全国人民代表大会及其常务委员会制定法律的其他事项。"《立法法》第 64 条第 1 款规定："地方性法规可以就下列事项作出规定：（一）为执行法律、行政法规的规定。需要根据本行政区域的实际情况作具体规定的事项；（二）属于地方性事务需要制定地方性法规的事项。"

对传染病人的强制隔离措施属第 8 条第 5 项的规定，外资企业的财产征收制度属第 8 条第 8 项的规定，本行政区内乡政府的产生、组织和职权的规定属《立法法》第 8 条第 2 项的规定，因此只能由法律来规定。

48. 民族自治地方的范围

《宪法》第30条第3款："自治区、自治州、自治县都是民族自治地方。"

民族乡不属于民族自治地方，不享有宪法和法律规定的有关自治权，是在相当于乡、镇的少数民族聚居的地方设置的行政区域。

49. 民族自治地方的范围和自治机关的概念

《宪法》第30条第3款："自治区、自治州、自治县都是民族自治地方。"《宪法》第112条规定："民族自治地方的自治机关是自治区、自治州、自治县的人民代表大会和人民政府。"

所以人民检察院、人民法院，均不是自治机关，选项BC合题意。又因为民族乡不是民族自治地方，故乡级人民代表大会和乡政府都不是自治机关。

50. 自治机关的组成特点

《宪法》第113条规定："自治区、自治州、自治县的人民代表大会中，除实行区域自治的民族的代表外，其他居住在本行政区域内的民族也应当有适当名额的代表。

自治区、自治州、自治县的人民代表大会常务委员会中应当有实行区域自治的民族的公民担任主任或者副主任。"

《宪法》第114条规定："自治区主席、自治州州长、自治县县长由实行区域自治的民族的公民担任。"

自治机关的组成特点：

(1) 民族自治地方的人民代表大会中，除实行区域自治的民族的代表外，其他居住在本行政区域内的民族也应有适当名额的代表；

(2) 人大常委会中应当有实行区域自治的民族的公民担任主任或副主任；

(3) 自治区主席、自治州州长、自治县县长由实行区域自治的民族的公民担任；

(4) 自治机关组成人员中要尽量配备实行民族区域自治的民族和其他少数民族的人员。

51. 特别行政区自治权的内容

《香港特别行政区基本法》第2条规定："全国人民代表大会授权香港特别行

政区依照本法的规定实行高度自治，享有行政管理权、立法权、独立的司法权和终审权。”又《澳门特别行政区基本法》第 2 条规定：“中华人民共和国全国人民代表大会授权澳门特别行政区依照本法的规定实行高度自治，享有行政管理权、立法权、独立的司法权和终审权。”

《香港特别行政区基本法》第 13 条规定：“中央人民政府负责管理与香港特别行政区有关的外交事务。中华人民共和国外交部在香港设立机构处理外交事务。中华人民共和国授权香港特别行政区依照本法自行处理有关的对外事务。”又《澳门特别行政区基本法》第 13 条规定：“中央人民政府负责管理与澳门特别行政区有关的外交事务。中华人民共和国外交部在澳门设立机构处理外交事务。中央人民政府授权澳门特别行政区依照本法自行处理有关的对外事务。”

由此，特别行政区自治权包括：

（1）人事方面，行政机关，立法机关由当地永久性居民组成，法官由行政长官任命；

（2）社会制度方面，实行资本主义制度；

（3）财政独立，货币体系独立；

（4）司法独立，有自己的法律制度；

（5）有自己的区旗，区徽；

（6）有一定的外事权，可以自己名主义参加国际组织和国际会议，注意并不是外交权。

52. 澳门居民享有的自由

《澳门特别行政区基本法》第 27 条规定：“澳门居民享有言论、新闻、出版的自由，结社、集会、游行、示威的自由，组织和参加工会、罢工的权利和自由。”

第 33 条规定：“澳门居民有在澳门境内迁徙的自由，有移居其他国家和地区的自由。澳门居民有旅行和出入境的自由，有依照法律取得各种旅行证件的权利。有效旅行证件持有人，除非受到法律制止，可自由离开澳门，无需特别批准。”

第 34 条规定：“澳门居民有信仰的自由。澳门居民有宗教信仰的自由，有公开传教和举行、参加宗教活动的自由。”

第 35 条规定："澳门居民有选择职业和工作的自由。"

53. 澳门行政长官的任职条件

《澳门特别行政区基本法》第 46 条规定："澳门行政长官由年满 40 周岁，在澳门通常居住连续满 20 年的澳门永久性居民中的中国公民担任。"

由此，澳门行政长官的任职条件并没有"在外国无居留权"的限制。注意与香港行政长官的任职条件对比记忆。《香港特别行政区基本法》第 44 条规定："香港特别行政区行政长官由年满四十周岁，在香港通常居住连续满二十年并在外国无居留权的香港特别行政区永久性居民中的中国公民担任。"

54. 全国人大常委会对特别行政区立法权的监督

《香港特别行政区基本法》第 17 条规定："香港特别行政区享有立法权。香港特别行政区的立法机关制定的法律须报全国人民代表大会常务委员会备案。备案不影响该法律的生效。全国人民代表大会常务委员会在征询其所属的香港特别行政区基本法委员会后，如认为香港特别行政区立法机关制定的任何法律不符合本法关于中央管理的事务及中央和香港特别行政区的关系的条款，可将有关法律发回，但不作修改。经全国人民代表大会常务委员会发回的法律立即失效。该法律的失效，除香港特别行政区的法律另有规定外，无溯及力。"

《澳门特别行政区基本法》第 17 条规定："澳门享有立法权。澳门的立法机关制定的法律须报全国人民代表大会常务委员会备案。备案不影响该法律的生效。全国人民代表大会常务委员会在征询其所属的澳门基本法委员会的意见后，如认为澳门立法机关制定的任何法律不符合本法关于中央管理的事务及中央和澳门关系的条款，可将有关法律发回，但不作修改。经全国人民代表大会常务委员会发回的法律立即失效。该法律的失效，除澳门的法律另有规定外，无溯及力。"

55. 香港特别行政区法院的设置

《香港特别行政区基本法》第 81 条规定："香港特别行政区设立终审法院、高等法院、区域法院、裁判署法庭和其他专门法庭。高等法院设上诉法庭和原讼法庭。"

应当注意将香港和澳门的法院设置对比记忆，根据《澳门特别行政区基本法》第 84 条规定，澳门设立初级法院、中级法院和终审法院。

56. 国家主席的性质、地位和职权

《宪法》第79条第3款规定："中华人民共和国主席、副主席每届任期同全国人民代表大会每届任期相同，连续任职不得超过两届。"

《宪法》第80条"中华人民共和国主席根据全国人民代表大会的决定和全国人民代表大会常务委员会的决定，公布法律，任免国务院总理、副总理、国务委员、各部部长、各委员会主任、审计长、秘书长，授予国家的勋章和荣誉称号，发布特赦令，宣布进入紧急状态，宣布战争状态，发布动员令。"

《宪法》第81条规定："中华人民共和国主席代表中华人民共和国，进行国事活动，接受外国使节；根据全国人民代表大会常务委员会的决定，派遣和召回驻外全权代表，批准和废除同外国缔结的条约和重要协定。"

《宪法》第84条规定："中华人民共和国主席缺位的时候，由副主席继任主席的职位。

中华人民共和国副主席缺位的时候，由全国人民代表大会补选。

中华人民共和国主席、副主席都缺位的时候，由全国人民代表大会补选；在补选以前，由全国人民代表大会常务委员会委员长暂时代理主席职位。"

57. 人民法院、人民检察院的性质和领导体制

人民法院是国家的审判机关。各级人民法院对产生它的国家权力机关负责。最高人民法院是国家最高审判机关，监督地方各级人民法院和专门人民法院的审判工作，上级人民法院监督下级人民法院的审判工作。

人民检察院是国家的法律监督机关，依法独立行使检察权，不受行政机关、社会团体和个人的干涉。最高人民检察院是国家最高检察机关，领导地方各级人民检察院和专门人民检察院的工作。上级人民检察院领导下级人民检察院的工作。最高人民检察院对全国人大及其常委会负责。地方各级人民检察院对产生它的国家权力机关和上级人民检察院负责。

58. 基层群众性自治组织

《宪法》第111条规定："城市和农村按居民居住地区设立的居民委员会或者村民委员会是基层群众性自治组织。居民委员会、村民委员会的主任、副主任和委员由居民选举。居民委员会、村民委员会同基层政权的相互关系由法律规定。

居民委员会、村民委员会设人民调解、治安保卫、公共卫生等委员会，办理本居住地区的公共事务和公益事业，调解民间纠纷，协助维护社会治安，并且向人民政府反映群众的意见、要求和提出建议。”村民委员会和居民委员会是按村民或居民的居住状况设立的自我管理、自我教育、自我服务的基层群众自治性组织。城市的街道办事处是则相应的地方人民政府的派出机关。

59. 国籍

《国籍法》第 4 条的规定：“父母双方或一方为中国公民，本人出生在中国的，具有中国国籍。”

《国籍法》第 5 条的规定：“父母双方或一方为中国公民，本人出生在外国的，具有中国国籍；但如果父母双方或一方为中国公民并定居在国外，本人出生时具有外国国籍的，不具有中国国籍。”如，李某的父母虽然在美国，但其是在美国攻读博士学位，并未定居于美国，李某出生时也不具有美国国籍，所以，其具有中国国籍。

《国籍法》第 6 条“父母无国籍或国籍不明，定居在中国，本人出生在中国，具有中国国籍”。如果某人虽然出生于中国，但由于其父母均为英国公民，所以其不具有中国国籍。

60. 全国人大立法解释的对象

《立法法》第 42 条规定：“法律解释权属于全国人民代表大会常务委员会。法律有以下情况之一的，由全国人民代表大会常务委员会解释：（一）法律的规定需要进一步明确具体含义的；（二）法律制定后出现新的情况，需要明确适用法律依据的。”

第 83 条规定：“同一机关制定的法律、行政法规、地方性法规、自治条例和单行条例、规章，特别规定与一般规定不一致的，适用特别规定；新的规定与旧的规定不一致的，适用新的规定。”第 85 条规定：“法律之间对同一事项的新的一般规定与旧的特别规定不一致，不能确定如何适用时，由全国人民代表大会常务委员会裁决。”执法过程中具体适用法律的疑难问题由最高人民法院、最高人民检察院进行解释。

61. 全国人大的性质和组成

现行《宪法》规定：“中华人民共和国全国人民代表大会是最高国家权力机关”；“全国人民代表大会和全国人民代表大会常务委员会行使国家立法权”。这表明全国人民代表大会的性质及其在整个国家机构中的地位，即全国人民代表大会是最高国家权力机关，其他任何国家机关都不能超越全国人大及其常务委员会之上，也不能与之平行。

全国人民代表大会代表是由省、自治区、直辖市、特别行政区和军队选出的代表组成。全国人民代表大会的代表制基本是地域代表制与职业代表制（军队）相结合，而以地域代表制为主的代表制。

62. 全国人大的职权

（1）立法权

全国人大的立法权包括两个方面：

1）修改宪法。

2）制定和修改基本法律。

（2）人事任免权

全国人民代表大会作为最高国家权力机关，享有广泛的人事任免权。根据宪法规定，全国人民代表大会有权选举全国人民代表大会常务委员会的组成人员；选举中华人民共和国主席、副主席；根据国家主席的提名，决定国务院总理的人选；根据国务院总理的提名，决定国务院其他组成人员的人选；选举中央军事委员会主席；根据中央军事委员会主席的提名，决定中央军事委员会其他组成人员的人选；选举最高人民法院院长和最高人民检察院检察长。对以上人员，全国人大有权依法定程序予以罢免。

（3）国家重大问题的决定权

全国人民代表大会作为最高国家权力机关，享有就国家的重大事情作出决定的权力。全国人大享有下列方面的决定权：审查和批准国家的预算及其执行情况的报告。有权批准省、自治区和直辖市的建制；决定特别行政区的设立及其制度。全国人民代表大会还有权决定战争与和平的问题。

（4）监督权

全国人民代表大会对国家生活行使最高监督权。依据现行宪法和法律的规定，全国人大监督宪法的实施；全国人大对全国人大常委会、国务院、中央军事委员会、最高人民法院、最高人民检察院实行监督。

（5）应当行使的其他职权

由于国家生活复杂多变，很难预料可能出现的新问题。所以，宪法不能列举穷尽全国人民代表大会的职权。这一概括性条款能为人大处理一些新问题提供宪法依据，也表明了全国人大至高无上的法律地位。

63. 全国人大常委会的性质、任期和组成有哪些内容？

答：全国人民代表大会常务委员会是全国人民代表大会的常设机关，是经常性的国家最高权力机关。全国人民代表大会闭会期间，国务院、中央军事委员会、最高人民法院和最高人民检察院都向全国人大常委会负责，接受其监督。全国人大常委会也是国家的立法机关，其所通过的决议和制定的法律，其他国家机关和全国人民都必须遵守。全国人民代表大会常务委员会与全国人民代表大会是隶属关系。全国人民代表大会常务委员会必须服从全国人民代表大会。

全国人民代表大会常务委员会的任期与全国人民代表大会相同，均为5年。但全国人民代表大会常务委员会与全国人民代表大会在任期结束的时间上又略有不同。新一届全国人民代表大会第一次会议开始时，上届全国人民代表大会的任期即告结束。但上届全国人民代表大会产生的常务委员会则需在本届全国人民代表大会选举产生新的常务委员会后，才能结束。相应的，本届全国人大常委会要负责召集下一届全国人民代表大会第一次会议，这样才能使全国人民代表大会的工作衔接起来，不致因为交接而中断。

全国人民代表大会常务委员会由全国人民代表大会选举委员长、副委员长若干人、秘书长和委员若干人组成。这些组成人员必须是全国人民代表大会代表，并由每届全国人民代表大会第一次会议选举产生。宪法还规定，在全国人民代表大会常务委员会的组成人员中，应当有适当名额的少数民族代表。

64. 宪法是国家根本法

（1）在内容上宪法规定了国家最根本、最重要的问题。宪法规定了国家的根

本制度、根本任务，规定了基本政治制度、基本经济制度、基本文化制度，规定了公民的基本权利和义务等。

（2）在法律效力上，宪法的法律效力是最高的。其他法律与宪法相抵触，其内容一律无效。

（3）在制定和修改程序上，宪法比其他法律更为严格。我国宪法规定，宪法的修改由全国人大常委会和五分之一以上的全国人大代表提议，并由全国人大以全体代表的三分之二以上的多数通过。而其他法律的通过只需要二分之一即可。

65. 宪法具有最高法律效力的表现

（1）我国宪法关于宪法效力的规定。

（2）宪法与法律的关系。

（3）宪法与一切组织和个人的关系。

66. 宪法是公民权利的保障书

（1）各国宪法不论长短都是两大部分，即国家机构和公民基本权利。

（2）国家机构设置的基本出发点和组织原则在于保障公民基本权利。

（3）国家权力存在和运行的目的在于保障公民基本权利。

（4）宪法对于公民基本权利的规定显然在于保障的意义。

可见，宪法是公民基本权利的保障书。

67. 非公有制经济地位规定变化的意义

（1）由社会主义公有制经济补充地位变化为与社会主义公有制地位平等地位，即是社会主义市场经济的重要组成部分。

（2）我国目前处于社会主义初级阶段，除公有制经济外，还必须有非公有制经济的存在和发展。1982 年宪法只规定了个体经济，1988 年宪法修正案增加规定了私营经济。

（3）非公有制经济对社会发展的积极意义和作用。

（4）非公有制经济在国民经济中的成分。

（5）非公有制经济存在的问题，需要通过国家的指导、帮助而予以克服。

68. 我国宪法体现人民主权原则

（1）建国以来，我国历部宪法都明确规定，国家的一切权力属于人民。

（2）我国宪法关于国家性质的规定。

（3）我国宪法关于人民代表大会制度的规定。

（4）我国宪法关于基本经济制度的规定。

（5）我国宪法关于选举制度的规定。

（6）我国宪法关于国家机构原则和宗旨的规定。

（7）我国宪法关于公民基本权利的规定。

（8）我国宪法关于人民主权原则规定的特点。

69. 我国宪法是体现法治原则的

（1）法治原则的基本含义。

（2）宪法序言关于宪法地位的规定。

（3）宪法第五条关于宪法与法律文件、宪法与组织和个人关系的规定。

（4）1999 年宪法修正案关于法治国家的规定。

（5）宪法关于公民权利的规定。

（6）宪法关于平等原则的规定。

（7）宪法关于法院和检察院依法独立行使职权的规定。

70. 我国宪法是体现权力制约原则的

（1）权力制约原则的基本含义。

（2）宪法关于选民与代表关系的规定。

（3）宪法关于公民批评、建议、检举、控告权的规定。

（4）宪法关于人民代表大会与人大常委会关系的规定。

（5）宪法关于人大常委会与“一府两院”之间关系的规定。

（6）宪法关于公安机关、检察机关、法院三者之间关系的规定。

71. 以修正案方式对宪法进行修改的意义

（1）以修正案方式对宪法进行修改由美国首创。我国 1988 年、1993 年、1999 年三次对宪法进行修改采用了这一方式。

（2）宪法修正案方式的含义。

（3）优点。

（4）缺点。

72. 国体与政体的关系

(1) 国体的概念、政体的概念。

(2) 国体决定政体。但同时受其他因素的影响。

(3) 政体反作用于国体。

(4) 我国的国体是人民民主专政制度,我国的政体是人民代表大会制度。

73. 人民代表大会制度的基本内容

(1) 人民代表大会制度的含义。

(2) 人民与人民代表大会的关系。

(3) 人民代表大会与其他国家机关的关系。

(4) 人民与其他国家机关的关系。

(5) 人民代表大会制度的最终目的。

(6) 人民代表大会制度的基本原则。

74. 人民代表大会制度是我国适宜的基本政治制度

(1) 我国的国体。与这一国体相适宜的基本政治制度是人民代表大会制度。

(2) 从人民代表大会的组成。

(3) 从人民代表大会的职权。

(4) 从人民代表大会的责任。

75. 人大与人大常委会与党组织的关系

(1) 宪法规定了四项基本原则,其中包括坚持共产党的领导。包括人大及人大常委会在内的国家机关都要坚持党的领导。

(2) 人大及人大常委会是代表人民行使国家权力的机关。

(3) 党应当尊重和维护人大及人大常委会的地位和权力。

(4) 党要善于将党的意志变为国家的意志。

76. 人大常委会与法院和检察院的关系

(1) 人大常委会的性质。

(2) 人大常委会与法院和检察院的一般关系。

(3) 人大常委会对法院和检察院进行宏观监督。

（4）人大常委会对法院和检察院的个案进行监督。

（5）人大常委会对个案进行监督的目的、原则与法院和检察院依法独立行使职权的关系。

77. 我国选举权的普遍性原则

（1）选举权普遍性原则的含义。

（2）对选举权的正当限制外，没有其他限制。

（3）被羁押状态的人的选举权问题：并没有因为处于被羁押状态而停止所有人的选举权。已决犯中，被判处有期徒刑、拘役和管制而没有被附加剥夺政治权利的人有选举权；未决犯中除被检察院和法院决定停止行使选举权的人外都有选举权；其他被行政机关限制人身自由的人都有选举权，如行政拘留、劳动教养。

（4）华侨在选举期间在国内的，可参加原籍地或者出国前居住地选举。

78. 我国选举权的平等性原则

（1）选举权平等性原则的含义。

（2）我国选举权平等性的表现：一人一票；每一个代表都代表一定的人口数。

（3）我国选举权不平等的表现：城乡之间不平等；汉族与少数民族的不平等。但这种不平等的规定，是为了保证实质意义上的平等而作的规定。

79. 城乡之间代表人口数的差别与平等的关系

（1）我国选举法关于城乡之间代表人口数的规定：关于这一规定的变化。

（2）城乡之间的规定是不平等的，但这种不平等的规定属于合理的差别。在平等原则下承认合理的差别。

（3）城乡之间不平等规定的根据是：我国的国家性质、我国工人阶级的人口数、我国社会的发展方向。

（4）这种不平等是形式上的不平等，是为了保证实质上的平等。

（5）未来将根据社会的发展缩小以至消灭这种差别。

80. 汉族与少数民族在代表人口数上的差别与平等的关系

（1）我国选举法关于汉族与少数民族代表人口数的规定。

（2）上述规定的根据：我国是统一的多民族国家，各民族都应当有代表参与

国家的管理，参与地方事务的管理，而少数民族在人数上比汉族要少，需要作照顾性规定。

（3）上述规定的根据属于合理的范畴，因此并不违反平等原则。

81. 我国单一制的基本特征

（1）单一制的含义。我国是单一制国家。

（2）单一制的基本特征。

（3）我国是统一的多民族国家，除具备这些特征外，还以民族区域自治处理民族关系、以特别行政区制度处理历史问题。

82. 中央与特别行政区的关系

（1）中央与特别行政区的关系属于中央与地方的关系。

（2）中央管理与特别行政区有关的体现国家主权的事务。

（3）中央管理特别行政区作为地方的事务。

（4）特别行政区享有的高度自治权是中央依法授予的。

（5）特别行政区是一个特殊的行政区域。

83. 特别行政区与单一制的关系

（1）特别行政区享有高度自治权，高度自治权的内容。

（2）特别行政区的高度自治权是中央通过法律授予的，而不是自身所固有的。

（3）特别行政区是一个具有高度自治权的地方，特别行政区政权是直属于中央政府的一个地方政府。

（4）特别行政区的建立并没有改变我国的单一制国家的性质，而只是丰富了我国单一制的内容。

84. 特别行政区与我国一般行政区域和民族自治地方比较

（1）三者的共同点都属于中华人民共和国内的地方范畴。

（2）特别行政区与一般行政区域比较具有高度自治权。

（3）特别行政区与民族自治地方比较，相同点都具有自治权，但自治权的程度不同。

（4）中央对特别行政区和一般行政区域、民族自治地方的管理不同。

85.1982年宪法结构变化的意义

（1）世界上绝大多数国家宪法关于公民权利的规定在国家机构之前。

（2）宪法的核心是保障公民基本权利。

（3）国家机构的设置、国家权力的存在是为了保障公民基本权利的。

（4）宪法是调整国家与公民之间关系的法，在这一关系中，公民是第一位的，国家是第二位的。

（5）改变我国文化大革命中漠视公民权利的观念。

86. 我国公民宗教信仰自由的基本内容。

（1）宗教信仰自由的含义。

（2）宗教信仰自由是个人的私事。

（3）宗教不得破坏国家的教育制度。

（4）宗教团体和宗教事务不受外国势力的干涉。

（5）承认宗教信仰自由，但反对邪教。

87. 劳动既为权利又为义务

（1）宪法关于劳动的规定。

（2）作为社会权的劳动的意义。劳动权对其他公民权利实现的意义。

（3）劳动作为社会义务，既不是义务劳动，也不同于强制劳动，是在国家作为劳动权的义务主体履行了义务后，有劳动能力的劳动者所承担的法律义务。同时，社会和国家的存在及发展，有赖于全体有劳动能力的公民的劳动成果。

88. 受教育既为权利也为义务

（1）宪法关于受教育的规定。

（2）作为社会权的受教育权的意义。人作为人的生活状态，除物质需求外，还需要有精神生活，受教育权就是作为公民精神生活的基础作出的规定。

（3）作为义务的受教育的意义。社会的存在和发展，国家的富强，都有赖于每一个公民的素质。因此，国家有责任要求每一个公民接受一定程度的教育。

89. 民主集中制原则在国家机构中的表现

（1）人民与人民代表大会的关系。

（2）人民代表大会与其他国家机关的关系。

（3）中央与地方的关系。

（4）国家机关内部的关系。

90. 民主集中制原则与首长个人负责制的关系

（1）民主集中制原则的含义。

（2）首长个人负责制的含义。

（3）首长个人负责制的民主基础：首长个人负责制通常适用于行政机关，行政机关属于执行机关，其执行的法律是在民主基础上制定的；首长在决策过程中仍然要听取群众的意见；首长的决策要受到人民和人民代表大会的监督。

（4）首长个人负责制是民主集中制的表现形式之一。

91. 法治原则在我国国家机构中的表现

（1）法治原则的含义。

（2）人民代表大会由选民在民主基础上按照法定程序选举产生：并按照法定程序行使国家权力。选民对代表进行监督并罢免代表，人民监督人民代表大会，人大监督人大常委会。

（3）国家行政机关由人民代表大会按照法定程序产生：并按照法律进行行政管理。人大及人大常委会监督政府，法院通过行政诉讼监督行政机关的工作，检察院对行政机关及其工作人员进行法律监督：相对人认为行政机关的行为违法，可以申请行政复议，提起行政诉讼，并可以要求国家赔偿。

（4）人民法院依法独立行使职权。人大及人大常委会监督法院的工作，检察院对法院的工作进行法律监督：当事人认为法院的判决和裁定违法，可以要求国家赔偿。

（5）人民检察院依法独立行使职权。人大及人大常委会监督检察院的工作，当事人认为检察院的决定违法，可以要求国家赔偿。

92. 有人说个人负责制容易形成个人专断，集体负责制能够发挥集体的智慧，还是集体负责制好？

（1）个人负责制的确存在容易形成个人专断的缺陷，但个人负责制同样也存在优点，即能够保证较高的效率，而集体负责制则做不到这一点：集体负责制的确能够发挥集体的智慧，能够集思广益，但也容易议而不决、贻误时机，影响效率。因此，个人负责制和集体负责制两者之间各有利弊，各有所长、各有所短，很难说哪个好、哪个不好。

（2）国家机关中，有的国家机关需要发挥集体的智慧，需要稳妥，如立法机关的任务是制定规范，而规范要影响到每一个公民的合法的权利和利益，就需要通过吸收各方面的意见，考虑各种政治力量的要求；而有的国家机关作为执行机关，就需要具有相当的效率，否则就收不到应有的效果。前者就应当采用集体负责制，后者就应当采用个人负责制。

（3）我国宪法根据各国家机关行使权力的特点和性质，规定人民代表大会及其常委会、人民法院、人民检察院实行集体负责制，而各级行政机关和中央军事委员会采用个人负责制。这是符合这些国家机关的特点和性质的。

93. 上下级法院之间为审判监督关系，而上下级检察院之间为领导关系，其原因是什么

（1）宪法规定，人民法院是我国的国家审判机关，最高人民法院是最高审判机关，地方各级人民法院为地方的审判机关；人民检察院是我国的法律监督机关，最高人民检察院是我国的最高法律监督机关，地方各级人民检察院是地方的法律监督机关。

（2）人民法院所行使的是审判权，审判权的特点是判断：根据宪法和人民法院组织法的规定，人民法院实行两审终审制。人民法院系统之所以实行两审终审制，原因就在于通过两级人民法院的分别审理，使案件得到公正的结果。因此，每一个人民法院在行使审判权时，都应当是独立的，这样才能作出独立的判断。如果上级人民法院可以对下级人民法院的审判工作发号施令，命令和指示下级人民法院作出这种或者那种判决，那么，人民法院内部的两审终审即形同虚设，就起不到应有的作用。上级人民法院只能通过审理具体案件，才能对下级人民法院所审理的案件发表意见。

（3）人民检察院所行使的是法律监督权，它监督所有的国家机关，包括人民法院、行政机关等国家机关及其工作人员是否依照法律进行工作、行使职权。这就要求上下级人民检察院之间协同一致，齐心合力，共同做好法律监督工作。在刑事诉讼法、民事诉讼法及行政诉讼法中，以及在人民检察院组织法中，都明确

规定，上下级人民检察院在对人民法院所办理的案件认为有错误或者违法时，下级人民检察院征得上级人民检察院的同意，可以提请上级人民检察院向同级人民法院提出抗诉。

案例背景

不能取笑强强

强强是小学三年级的学生，因智力发育得较晚，尽管学习很努力，但成绩却总是很差。一次考试，他又考了全班的最后一名。班主任教师当着全班同学的面，对强强说：”你怎么那么笨，多简单的题呀还答不对，你是不是长了猪脑子啊！“同学们哄堂大笑。下课了。好几个同学围着强强叫”猪脑子“。强强羞愧极了，回家大哭了一场，说什么也不愿意再上学了。强强的父母问明原因，找到学校。校长在弄清楚情况后，严肃地批评了强强的班主任，要求他在班上给强强道歉，并教育全班同学要互相尊重，不能取笑强强。

任务驱动

请谈谈你对这件事的看法？

案例分析

《中华人民共和国宪法》第 38 条规定：中华人民共和国公民的人格尊严不受侵犯。禁止用任何方法对公民进行侮辱、诽谤和诬告侵害。

《中华人民共和国民法通则》第 101 条规定：公民、法人享有名誉权，公民的人格尊严受法律保护，禁止用侮辱、诽谤等方式损害公民、法人的荣誉。

案例背景

波波的嗓子已经哭哑

波波很贪玩，经常不完成作业。一天，波波又没做作业，班主任张老师很生气，放学后把他单独留在教室里补作业。这时，张老师突然想起家里有事要办。

看见波波还没有补完作业，张老师说：“补完作业才能回家，我一会儿回来检查”。为防止波波自己偷偷跑了，临走时张老师把教室的门上了锁。由于家里的事很多，后来张老师就把波波的事忘了。天越来越晚，波波一个人在教室里越来越害怕。他想出去，但是门被锁上了，窗户上有铁栏杆。他拼命地大喊，但学校里的人都走了，没人听得见。波波急得大哭了起来，天很晚了，波波的爸爸才找到学校，当他和张老师一起打开教室门的时候，波波的嗓子已经哭哑了。

任务驱动

请问张老师的做法对吗？

案例分析

不对。《中华人民共和国宪法》第37条规定：中华人民共和国公民的人身自由不受侵犯。任何公民非经人民检察院批准或者决定或者人民法院决定，并由公安机关执行，不受逮捕。禁止非法拘禁和以其他方法非法剥夺或者限制公民的人身自由，禁止非法搜查公民的身体。

少年儿童的人身自由同样受到法律的保护，无论是学校、老师，还是其他任何组织、个人都没有权利剥夺、侵犯未成年人的人身自由。张老师的行为实际上已经构成了非法拘禁，只是因为情节比较轻微，也没有造成严重后果，可以通过道歉的方式弥补，否则的话，非法拘禁他人要负刑事责任的。

案例背景

没有带领学生上山灭火

某县一所完全中学对面的山坡上发生森林火灾。校长要求全体师生上山灭火，抢救国家财产。有一初三年级的班主任没有带领学生上山灭火。事后，校长在全体教工会上点名批评了该班主任。

任务驱动

校长的这种做法是否正确？请用相关法律说明。

案例分析

校长的做法是不正确的。该校校长违反了《宪法》的相关规定。该校校长事后“在全体教工会上点名批评”“没有带领学生上山灭火”的班主任。（《宪法》

第37条规定："中华人民共和国公民的人身自由不受侵犯。"）救森林火灾本应是公民自愿的事情，校长不应强制全体师生上山灭火，更不应该点名批评这位班主任。没有发生人身安全的事故是好事，一旦发生这样的事故，这位班主任没有带领学生上山灭火是正确的选择。

案例背景

破坏社会主义制度

王某在初中读书时，由于好打架斗殴，不思证书，成绩不佳，多次被老师批评，1985年初中毕业没有考上高中，在家住闲。此期间，其父因犯强奸罪被判刑。1986年其父托人将他送入职中，因为其父犯罪，使他受连累，同学骂他是杂种。同时，又因学习不好、好斗，老师也歧视他。这使他心理受压抑而不满，乃至怨恨这个社会不公平。于是他偷偷写了一张攻击社会主义的大字报，并连夜贴在县政府大门口的墙上，3天后被捕。

任务驱动

为什么会被被捕?

案例分析

王某由于家庭和个人的问题，由怨恨而牵怒于政府，进而仇视社会主义。中华人民共和国宪法第一章第一条规定："社会主义制度是中华人民共和国的根本制度。禁止任何组织或个人破坏社会主义制度。"王某的攻击社会主义制度的行为，构成的破坏社会主义制度的行为，为了维护宪法的尊严和保卫社会主义制度，王某理应受到法律的惩罚。

案例背景

破坏国空制度和国家机构

案例：孙某，男，19岁，运输公司工人。

杨某，男，20岁，红星变压器厂工人。

高某，男，21岁，仪表厂工人。

孙某、杨某、高某从1984年4月起，多次共谋策动劫持飞机，准备外逃投敌。7月25日，他们利用骗取的介绍信，购买了机票，携带炸药、匕首、指南针、民航示意图混上飞机。当飞机抵无锡上空时，他们手持凶器，身绑炸药，冲进驾驶舱，威逼机组人员改变航向劫机外逃，并刺伤机组人员和旅客，叫嚣要杀死共产党员，呼喊批革命口号。经机组人员和旅客奋起搏斗，罪犯当场被抓获。

任务驱动

为什么当场被抓获？

案例分析

宪法第一条规定："中华人民共和国是工人阶级领导的，以工农联盟为基础的人民民主专政的社会主义国家。社会主义制度是中华人民共和国的根本制度。禁止任何组织或者个人破坏社会主义制度。"孙某等劫机投敌的行为，是仇视人民民主专政的政权和仇视社会主义制度的严重犯罪行为，并且手持凶器，身绑炸药，威逼驾驶员改变航向，呼喊反革命口号，叫嚣要杀死共产党员，实施了危害中华人民共和国的行为。这种行为实属对国家和对人民危害特别严重，我国司法机关对其必将依法惩处。

案例背景

破坏民族团结

林甲，男，17岁，汉族，河北省某县中高三年级学生。

林乙，男，15岁，汉族，河北省某县中高二年级学生。

林甲、林乙二人系同乡同村同姓叔伯兄弟，在县中读书，并住校。1988年春的一天，林甲因个人卫生不好，被班级同学、班卫生委员田某（回民）指出，并要求他在三天内将个人卫生搞好，要求他不要因为一个人影响班级评比。林甲对此很不满，认为田某故意使其难堪，不买账，待田某离开林甲宿舍后，大骂田某，并有侮辱回民的言论。林甲辱骂田某的事，当天晚上就传到田某的耳朵里，田某火冒三丈，立即去责问林甲，于是两人大吵起来，后被同学们劝住，从此两人结下仇。田某因为是班干部，过后没有把这件事放在心上。林甲则不然，过后时时想报复。于是他去找林乙，两人商讨报复的方法。两面三刀个经过一番密

谋，由林乙放哨，林甲找来一块熟猪肉皮，给田某的饭碗擦上猪油。田某吃饭时总觉得味道不对，但头一、二次他没有在意，第三次觉得对劲，于是田某就暗中留意，在某天下午课外活动时间，他发现了林甲、林乙两人鬼鬼祟祟的溜进宿舍，直往饭碗上抹什么东西，他立即冲进去，看见二林正在拿猪肉皮擦他的碗。田某怒发冲冠，冲上去有力打了林甲一拳，于是二对一的撕打起来。田某吃了亏，又发现二林是侮辱回族，他跑到各年级，把回民同学叫在一起，并把二林侮辱回族的言行叙述一遍。回民的激情奋起，立即去找二林，找把二林痛打一顿。当天晚上同宿舍的同学，发现林甲鼻青脸肿，就问他是谁打的。林甲添油加醋的说是田某带领全校的回民打的。于是有几个好斗的“仗义之士”出头联络汉族同学，并煽动说：“回回结伙打老汉”，一些不明真相的学生，一哄而起，追打回民同学。第二天回民同学罢课，并要求学校保护回民。学校经过调查，是因为林甲、林乙的行为造成的，学校给了他们应有的处罚。

任务驱动

谁破坏了民族团结?

案例分析

林甲、林乙两个人由于对田某同学不满进而发展成为歧视回民，谩骂回民和向田某饭碗上抹猪油是侵犯他人信仰自由的行为。中华人民共和国宪法的第四条规定：“禁止破坏民族团结和制造民族分裂的行为。”林甲、林乙两个人的言论和行为，在主观动机和客观效果上都构成了破坏民族团结的行为，应受到必要的处罚。

案例背景

破坏自然资源

毛甲，男，15 岁，汉族，陕西省某县某乡中学学生。

毛乙，男，15 岁，汉族，陕西省某县某乡中学学生。

卞某，男，14 岁，汉族，陕西省某县某乡中学学生。

毛甲、毛乙、卞某三个人于 1982 年 11 月某日放学回家，路过一条山沟，突然发现一只小熊猫，三个人不顾一切的去追扑，不多时，便追上了熊猫。小熊猫用力反抗，于是三个人用石头、木棍一顿乱打，把熊猫打昏了，于是用藤条将熊猫捆起来，并用木棍往家里抬。由于小熊猫被三个人打昏，捆梆不得法，致使小熊猫在半路上就死了。三个人将熊猫抬回家交给父母，父母将熊猫皮剥掉，肉煮吃了。

任务驱动

谁破坏自然资源?

案例分析

熊猫属于国家一类保护动物，属于国家极为珍贵的自然资源。中华人民共和国宪法第九条规定："国家保障自然资源的合理利用，保护珍贵的动物和植物。禁止任何组织和个人用任何手段侵占或者破坏自然资源。"毛乙、毛甲、卞某三个人的行为破坏了国家保护的珍贵动物，属于违反宪法和法律的行为，应受到必要的处罚。

案例背景

破坏国家财产

苗某，男，16岁，汉族，安徽省合肥市某中学学生。

昌某，男，16岁，汉族，安徽省合肥市某中学学生。

苗某、昌某在同一所学校同一个班级学习，由于受社会不良风气影响，学会吸烟和赌钱，经常旷课。1988年秋的一天，两人又想赌钱，但手头又没有钱，于是两个人一商量，乘天黑没有人注意，把马路上的下水井盖搬走，拿去卖废铁。苗、昌二人一连干了三个晚上，砸破了六个下水井盖子，后来被人发现抓获。

任务驱动

苗某、昌某的行为是否属于破坏国家财产的行为?

案例分析

苗某、昌某两个人，为赌博玩乐，偷搬马路下水井盖子，砸碎卖废铁实属违法行为。中华人民共和国宪法第十二条规定："禁止任何组织和个人用任何手段侵占或者破坏国家和集体的财产。"苗福生、昌会民偷马路下水井盖的行为，属于破坏国家财产的行为，应受到相应惩罚。

案例背景

破坏集体财产

尤某，男，17 岁，汉族，河北省某市郊区某乡中学学生。

尤某由于受拜金主义思想的影响，瞧着别人发财，吃喝玩乐，他也想发财。1988 年春的一天晚上 10 点，偷偷爬墙溜进本村电线厂，偷出铜线 10 公斤，并于第二天拿出去卖时被查获。

任务驱动

谁破坏集体财产?

案例分析

尤某由于对金钱的贪欲，乘黑夜到村办工厂偷盗铜线的行为属于违法行为。中华人民共和国宪法第十二条规定：“禁止任何组织或者个人用任何手段侵占或才破坏国家的和集体的财产。”尤某的偷盗行为，不仅是违法犯罪行为，也是违宪行为，理应受到处罚。

案例背景

破坏国家林木

武甲，男，16 岁，汉族，山西省某县中学学生。

武乙，男，16 岁，汉族，山西省某县中学学生。

武甲、武乙两个人为同宗叔伯兄弟，同在一个学校读书。1989 年冬天放假，两人相约一同上山打柴。两人打柴时，发现死树很少，于是两个人将林中胳膊粗的小树砍倒一片当柴背回家，并在回家的路上被一村民发现，报告村委会，村委会派人上山检查属实，于是村委会决定对武甲、武乙实行经济处罚。

任务驱动

谁破坏国家林木?

案例分析

武甲、武乙两个人借上山打柴之机，砍伐树木属违法行为。中华人民共和国宪法第二十六条规定：“国家组织和鼓励植树造林，保护林木。”宪法第九条规定：“禁止任何组织或者个人用任何手段侵占或者破坏自然资源。”武甲、武乙的行为违反了宪法关于保护林木的法律规定，砍伐树木是属于破坏林木的行为，应受到处罚。

案例背景

溺杀残疾婴儿

青年工人何某与女工李某自由恋爱结婚。婚后不久，李某告诉何某自己已怀孕，何某乐不可支。谁知李某分娩后，发现婴儿患唇裂。夫妻俩嫌弃生的是女孩，并且患有先天性疾病，于是何某主张把婴儿“弄死”，李某问：“弄死不犯法?”何某说：“弄死畸形和残疾的婴儿不犯法。”于是二人共同把婴儿溺杀。

任务驱动

谁溺杀了残疾婴儿?

案例分析

《中华人民共和国宪法》第 49 条规定：“婚姻、家庭、母亲和儿童受国家保护；”“禁止破坏婚姻自由、禁止虐待老人、妇女和儿童。”婚姻法第 15 条规定：“禁止溺婴和其他残害婴儿的行为。”我国法律禁止任何虐待、遗弃、残害和溺杀婴儿和儿童和行为。出于人道主义，对于那些残疾和畸形的婴儿和儿童，更应给予特殊的照顾和保护。因为他们缺乏一般儿童应有的身心健康，为了保证这些儿童和其他儿童享有同样的权利，社会、家庭都应更加精心的抚育和照顾。本案中的何、李二人，以婴儿先天畸形和残疾为由，而加以残害的行为，是严重的违法行为。溺婴和用其他手段杀死婴儿的行为，属于刑法规定的故意杀人的行为，根据我国刑法第 232 条规定：“故意杀人的，处死刑、无期徒刑或者十年以上有期徒刑；情节较轻的，处三年以上十年以下有期徒刑。”所以说，何、李二人溺杀婴儿的行为不仅“犯法”而且是犯罪，应该受到法律的制裁。

案例背景

强迫公民信仰宗教

汉族青年谢某与一回族发青年马某相恋。不久两人到婚姻登记机关领取了结

婚证。正当他们准备举行婚礼的时候，马某和马某的父兄向谢某提出一个要求，要谢某必须信仰伊斯兰教。谢某不答应，马某的弟弟就要纠集一些族内的人“好好教育”一下谢某，一时搞得剑拔弩张，难以收场。

任务驱动

谁强迫公民信仰宗教？

案例分析

《中华人民共和国宪法》第36条规定：“任何国家机关、社会团体和个人不得强制公民信仰宗教或者不信仰宗教，不得歧视信仰宗教的公民和不信仰宗教的公民。”《婚姻法》第2条和第9条也分别规定：“实行婚姻自由、一夫一妻、男女平等的婚姻制度”；“夫妻在家庭中的地位平等”。依照我国婚姻自由的原则，法律并不限制不同民族男女之间的婚姻。但是，由于民族风俗习惯和宗教信仰的不同，作为非少数民族一方，应尊重少数民族一方的风俗习惯和宗教信仰；同样，作为少数民族一方，也应尊重非少数民族一方的习惯和自由，而不能因双方结婚就强迫对方信仰某种宗教。双方应从有利于民族团结、家庭和睦出发，互谅互让、求同存异，创造和谐的婚姻家庭关系。所以说，马某及其父兄强迫谢某信仰伊斯兰教的作法是错误的，是违反宪法精神的。

案例背景

侵犯妇女权益

纪某，男，某厂车间干部。陈某，女，某大学的电话员。纪、陈二人经人介绍相识并结婚。婚后，夫妻俩本该恩恩爱爱地生活，可是纪某是封建夫权思想严重的人，他一直用“三从四德”的一套来管束妻子。他不但要求妻子工资、奖金全部交给他，而且，每日还要为他温酒、炒菜，送到眼前，稍不如意，便非打即骂，甚至有时把陈某关在门外，不准进家。陈某受不了纪某的虐待，只好向法院起诉，要求处理。

任务驱动

试分析该侵犯妇女权益案。

案例分析

《中华人民共和国宪法》第48条规定：“中华人民共和国妇女在政治的、经济的、文化的、社会的和家庭的生活享有同男子平等的权利。”我国婚姻法第9条也规定：“夫妻在家庭中的地位平等。”作为夫妻，本应互敬互爱、互帮互助，共同操持家务，建立一个平等和睦的婚姻家庭关系。但是，纪某由于受封建的男尊女卑、夫权思想的影响，把妻子看成是自己的仆人和奴隶，一切要听从自己的支配，稍不如意，便拳脚相加，严重地侵犯了陈某的人身权利，损害了陈某的身心健康，所以，陈某可以向纪某所在单位和其他组织反映情况，要求对纪某进行批评教育。同时，若纪某虐待妻子手段和情节恶劣时，陈某可以向人民法院提出控告，也可以提出离婚请求，人民法院将根据有关的法律规定，作出切实保障妇女权益的判决和调解。

案例背景

破坏计划生育

男青年唐某与女青年于某婚后连续生了3个女孩。唐某是独生子，为了不断“香火”，他便想让妻子再生一个男孩。当于某再次怀孕后，村妇女主任找到唐某，要他协助动员妻子去流产时，唐某却说：“计划生育是女人的事，你别找我们‘老爷们’。”而在背后却坚决阻止妻子流产，以达到超生的目的。

任务驱动

谁在破坏计划生育？

案例分析

《中华人民共和国宪法》第49条规定：“婚姻、家庭、母亲和儿童受国家的保护。夫妻双方都有实行计划生育的义务。”婚姻法第22条也规定：“夫妻双方都有实行计划生育的义务”。但是，长期以来，由于封建的养儿“传守接代”和“多子多福”等宗法思想的影响，严重地阻碍了计划生育政策的落实。特别是一些男同志，看到妻子生了女孩，就埋怨妻子断了他家“香火”，要么坚持再生，要么提出离婚。当向其宣传计划生育政策时，又不屑一顾地把责任推向女方。案例中的唐某就是这样的代表。生儿育女、计划生育，不只是丈夫或妻子个人的事，而是夫妻共同的责任。所以说，唐某所谓的“计划生育是女人的事”是非常错误的，是违反宪法精神的。

案例背景

公民享有权利同履行义务是统一的

方成、方莹系兄妹。在方成14岁、方莹11岁的时候，母亲不幸去世。父亲为了再娶，视他俩为包袱，经常打骂，不给饭吃，不让回家。兄妹俩不堪父亲的虐待，经常不回家，父亲不但不把孩子找回来，索性把家门锁上，永远不让孩子回来。兄妹俩有家能归，无奈便离家出走，靠乞讨和捡破烂为生。现在方成兄妹长大成人，他们靠劳动致富，不仅盖上了新房，而且还买来了高档家电和家具，日子过得很富裕。方成父亲见子女日子过得挺红火，就要求方成兄妹俩每月付给30元赡养费，并说，如果不给，就到法院告他们虐待老人。

任务驱动

公民享有权利同履行义务是统一的吗?

案例分析

《中华人民共和国宪法》第33条规定："任何公民享有宪法和法律规定的权利，同时必须履行宪法和法律规定的义务。"婚姻法第15条规定："父母对子女有抚养教育的义务，子女对父母有赡养扶助的义务。"我国宪法和婚姻法等有关条文，都明确地规定了公民权利义务的一致性，这是正确处理权利义务关系的根本指导原则。只讲权利，不尽义务或只尽义务，不证明权利都是不正确的，即便在婚姻家庭关系中，也不能废除这样的原则。方成的父亲在子女幼小，需要抚养教育，而他又有抚养能力的情况下，本应依法履行抚养义务。但方父为了自己再娶，嫌弃子女，经常打骂，逼迫子女离家出走，沿街行乞。这种行为不仅应受到道德的谴责，而且应受到法律的制裁。方父自己有抚养子女的能力，而故意不履行抚养子女的法律义务，却要求子女付给他赡养费。这种要求不符合权利义务一致性的原则，也不符合我国婚姻法的立法精神。因而他的请求，法院是不会支持的。

案例背景

黑龙江省的第一大赔偿

转业9天的石东玉，因一起毫不相干的凶杀案被判死刑，缓期二年执行。未婚妻因此改嫁他人，大姐精神恍惚探监时被火车撞死，小妹出走他乡。6年后，伊春市公民局友好分局终于查清此案。1995年4月22日，石东玉被无罪释放。黑龙江省及伊春市很快给石东玉赔偿人民币6万余元，二室一厅居室一套，并安排了工作，使黑龙江第一大赔偿案划上了句号。

任务驱动

为什么要赔偿?

案例分析

《中华人民共和国宪法》第41条规定："由于国家机关和国家要作人员侵犯了公民权利而受到损失的人，有依照法律规定取得赔偿的权利。"《中华人民共和国国家赔偿法》第二条规定："国家机关要作人员违法行使职权侵犯公民、法人和其他组织的合法权益造成损害的，受害人有依照本法取得国家赔偿的权利。"

本案中的石东玉因一起毫不相干的凶杀案被判死缓，冤枉坐牢6年，致使其本人，亲属人仅精神上遭受打击，经济站也造成巨大损失。所以，有关部门在清查错案的同时，及时给予赔偿是完全应当的，合进合法的。

案例背景

在法律面前人人平等

近年来，中央把反腐败斗争摆在党风建设的特殊地位，采取了一系列措施，不同程度地取得了阶段性成果。1994年全国纪检监察机关共查检案件135112件，受处分的人数共131703人，其中县处级干部3528人，地厅级干部308人，省部级干部17人，军队干部11人。95年上半年查办案件75445件，受处分人数47560人，比94年同期上升7.4%。说明反腐败力度在加大，94年开除党籍的是23226人，占党纪处分总数26.09%，开除工作籍的5959人，占政纪处分的11.03%，受刑事处分的1691人。如原省公安厅厅长郭正民利用职权违反规定，借为外商办理来往港澳的通行证之机索贿，而且任命港商为副年级干部，从中受贿170000元，被开除党籍并判处死刑，这充分显示党和国家反腐倡廉的决心。

任务驱动

在法律面前人人平等?

案例分析

《中华人民共和国宪法》第33条规定："中华人民共和国公民在法律面前一律平等。"第5条规定："一切国家机关和武装力量，各政党和各社会团体，各企业事业组织都必须遵守宪法和法律，一切违反宪法和法律的行为，必须予以追究。任何组织或个人都不得有超越宪法和法律的特权。"这些规定具体体现了我国公民权利义务平等性的特点。这一特点主要表现在三个方面：(1) 任何公民既平等地享受权利，又平等地履行义务；(2) 任何公民在享受权利和适用法律上一律平等；(3) 宪法明确规定反对特权，有利于平等原则的贯彻执行。腐败现象严重损害党和国家的肌体，破坏我党和政府的声誉。中央加大反腐力度，下决心查处大案要案，并取得显著成效，贯彻、执行了"法律面前人人平等"的宪法原则，增强了全党和全国人民长期坚持反腐败斗争的信心，使反腐败斗争保持了健康发展的势态。

案例背景

分裂祖国是违宪违法行为

1989年3月在西藏拉萨市发生了一系列骚乱事件。这些事件，既不是民族、宗教问题，也不是人权问题，而是少数分裂分子预谋和蓄意制造的分裂祖国的暴力活动。在事件中，一些人利用游行、示威的形式，打起了"西藏独立"的旗号，破坏拉萨的正常社会秩序和宗教活动，造成了当地人民生命财产的损失，妄图达到分裂祖国的目的。

任务驱动

什么是分裂祖国是违宪违法行为？

案例分析

《中华人民共和国宪法》序言指出："中华人民共和国是全国各族人民共同缔造的统一的多民族国家。"第4条规定："禁止破坏民族团结和制造民族分裂的行为。"第5条规定："中华人民共和国公民有维护国家统一和全国各民族团结的义务。"少数分裂主义分子预谋和蓄意制造分裂祖国的暴力活动，直接违背了宪法的有关规定，违害了国家的统一，主权和领土完整，损害了国家的利益，应当受到法律严厉制裁。

案例背景

宪法赋予的选举权不容破坏

某地选举的民代表时，张某在三次讨论候选人提名过程中，对群众提出的候选人都没有表示反对，也没有提出新的候选人。在正式选举中，张到会场对一些选民说："我们不选他们（指两个候选人），我要选就选我自己。"他先向两名没有带笔的选民索要选票。因为这些选民没有听到张说："要选自己"的话，以为他为人代笔，便把选票交给他代写。就这样张共收了33张选票，在未征求选举人同意的情况下，把两个候选人的名字上打了"×"，在另选人栏下填上自己的名字。经检查，这些选民都不同意选张某。由于他的破坏，两名候选人的选票都没有超过半数，造成选举无效的严重后果。

任务背景

选举权是怎样被破坏的？

案例分析

《中华人民共和国宪法》第34条规定："中华人民共和国年满18周岁的公民，人分民族、种族、性别、职业、家庭出身、宗教信仰、教育程度、财产状况、居住期限，都人选举和被选举权；但是依照法律被剥夺政治权利的人除外。"选举权和被选举权，是宪法赋予公民的最基本的政治权利自由。破坏或妨碍公民的选举，不仅直接影响公民民主权利的行使，而且可能使一些人混进国家政权机关，危害国家和人民的利益，影响国家机关的威信。因此，为了保障公民行使当家作主的神圣权利，不仅选举法专章规定了对各种破坏选举或妨碍选民自由行使选举权的违法犯罪行为的制裁，刑法也进一步规定了破坏选举罪，并规定对这种犯罪行为要依法追究刑事责任，这些规定为保障选举的顺利进行和选民权利的实现提供了法律上的保障。本案中的张某非法煽动选取民不选候选人，以欺骗的手段索取了33张选票并擅自填写上自己的名字，造成选举无效，妨害了选民自由行使选举权和被选举权。因此，张某的行为违反了宪法和有关法律的规定，构成破坏选举罪，应依法对其进行制裁。

案例背景

践踏民主，非法选举

1987 年 4 月，云南大姚县第十届人民代表大会召开第一次会议。大会主席团根据县委提出的候选人建议名单通过后，提交全体代表讨论酝酿，50 多名代表讨论中明确表示不赞成名单里提出的县长和人大常委会主任做候选人，提出了新的候选人名单，并向主席团要求实行差额选举。在这种情况下，依照组织法的规定，应提出新的县长和人大常委会主任候选人名单。但人大主席团部分成员和县委个别领导却置代表们的意见和要求于不顾，强行决定只拿出一名候选人，用等额选举的办法进行选举。选举结果公布后，许多代表认为，这种作法是对民主的践踏，这种选举是非法的。中共楚雄彝族自治州州委和州人大常委会了解实情后，对这次违法选举迅速作出决定，宣布此选举结果无效，重新选举县长和县人大常委会主任。这一决定受到了广大群众的赞扬。

任务驱动

为什么说他们践踏民主，非法选举呢?

案例分析

人民代表大会制度是我国的基本政治制度，是人民行使国家权力，管理国家事务的根本保证。我国宪法《总纲》第 2 条规定："中华人民共和国；的一切权力属于人民。人民行使国家权力的机关报全国人民代表大会和地方各级人民代表大会。"宪法第 101 条规定："地方各级人民代表大会分别选举并且有权罢免本级人民政府的省长和副省长、市长和副市长、县长和副县长、区长和副区长、乡长和副乡长、镇长和副镇长。"第 103 第规定："县级以上的地方人民代表大会选举并有权罢免本级人民代表大会常务委员会的组成人员。"据此，大姚县的县长和县人大常委会主任只能由大姚县人民代表大会选举产生，而不能由任何组织或个人强行确定。根据《中华人民共和国全国人民代表大会和地方各级人民代表大会选举法》规定："选民或者代表，十人以上联合，也可以推荐代表候选人。推荐者应向选举委员会或者大会主席团介绍候选人情况。"大姚县选举时已有 50 名代表提出了新候选人的名单，但大姚县人大大会主席团的部分人不按宪法办事，不尊重人民代表意志，而只按长官意见办事，这是严重违反宪法的。宪法第 104 条规定："县级以上的地方各级人民代表大会常务委员会有权撤销下一级人民代表大会的不适当的决议。”因此，楚雄州委，州人大常委会依法宣布大姚县这次选举无效是完全正确的。

案例背景

确保国有资产不流失

1992年4月，泸州老窖股份有限公司（原泸州老窖酒厂），以该公司驻成都办事处的名义，向成都市成华区工商注册成立了泸州老窖酒成都经销公司，并由当时的泸州老窖酒厂划拨50万元人民币作为经销公司的注册资金。尔后，为了扶持其发展，原泸州老窖酒厂抽经销公司提供了大量特批优价酒，使其在短时间内发展成为有较强实力的企业。1992年2月，成都经销公司在西南航空港经济开发区征地40亩。但在经营活动中，泸州老窖成都经销公司经理唐某未经请示就与另外的企业、个人签订了《关于集资联办泸州老窖成都经销公司的协议》，使泸州老窖股份有限公司国有资产流失。泸州老窖股份有限公司向成都市中级人民法院提起诉讼，请求法院确认成都经销公司是其分支机构，其财产属国家所有。1995年12月24日，市中级人民法院依法判决泸州老窖股份有限公司在泸州老窖酒成都经销公司投资及投资收益形成的资产归泸州老窖股份公司所有。

任务驱动

关于确保国有资产不流失有哪些规定?

案例分析

《中华人民共和国宪法》第7条规定：“国有经济是社会主义全民所有制经济，是国民经济中的主导力量，国家保障国有经济的巩固和发展。”国家国有资产管理局有关文件规定：“完全用国有资产开办登记注册为集体所有制性质的企业或经营单位，由国家投资及投资的经营收益所形成的资产属国家所有。”这就为国有经济的巩固和发展提供了重要的法律保障。本案被告泸州老窖成都经销公司是原泸州老窖酒厂决定以驻成都办理处名义组建和申办的，原泸州老窖酒厂以拨款的方式投入注册资金人民币50万元，工商登记为集体所有制性质的企业，场所地为原泸州老窖酒厂驻成都办事年场所地，并由原泸州老窖酒厂提供特批优价酒进行营销。根据有关法律，成都经销公司是完全用原泸州老窖酒厂国有资产

开办的，其资产应属泸州老窖公司所有，市中院的判决是正确的。人民法院运用法律为社会主义经济建设保驾护航，充分保障了国有经济的巩固和发展。

案例背景

依法纳税是每个公民的应尽的义务

1995年10月17日，四川省成都市苏坡税务所的数名税务干部前往红碾村进行税务检查。在检查到张少平所开的皮鞋生产作坊时，张阻止税务干部进入其生产场所进行检查，并用下流语言辱骂税务干部。在税务干部多次耐心地向其宣传依法纳税的义务无效的情况下，税务干部依照国家税法的有关规定对其作坊进行强行检查。当发现张少平自己今年5月开办皮鞋生产作坊以来，多次拒绝向税务所申报纳税，欠税总额4859.92元的违法事实时，张少平恼羞成怒，居然公开用铁锤威胁并欲殴打税务干部，并引起不明真象围观群众的起哄和抓扯，致使数名税务干部受伤。在联防队和派出所干警的制止下才平息了事态。

任务驱动

怎样理解依法纳税是每个公民的应尽的义务？

案例分析

《中华人民共和国宪法》第56条规定："中华人民共和国公民有依照法律纳税的义务。"依法纳税是每个纳税企业和个人对国家应尽的光荣义务，是支援祖国建设的实际行动，是爱国的表现。但是，现实生活中，也有个别企业和个人由于法制观念淡薄，存在着偷税、漏税和抗税的现象。像本案中的张少平，以暴力、威胁方法拒不缴纳税款，就是一种严重违法的抗税行为，理应受到法律制裁。《中华人民共和国税收征收管理法》第45条明确规定："以暴力、威胁方法拒不缴纳税款的，是抗税，除由税务机关追缴其拒缴的税款外，依照关于惩治偷税、抗税犯罪的补充规定的第六条第一款的规定处罚；情节轻微，未构成犯罪的，由税务机关追缴其拒缴的税款，处以拒缴税款五倍的罚款。以暴力方法抗税，致人重伤或者死亡的，按照伤害罪、杀人罪从重处罚；并依照关于惩治偷税、抗税犯罪的补充规定的第六条第二款的规定处以罚金。

案例背景

非法搜查

某村文件站丢失了一台彩色电视机。这台彩电是村党支部书记冯某为了活跃群众文化生活而建议购置的，花了两千多元，不知被哪个盗贼窃走了。本来，自冯某任支书以来，村风有了很大好转，怎能容忍又发生这样的事呢？冯某在发案次日就向乡派出所报了案。为尽快查个水落石出，他又和村长召开了党支部及村民委员会会议，决定对全村进行普遍搜查。他们动员乡中学的160名学生，由冯和村长带领，挨家挨户地搜查了三百多个村民家庭。冯某为了及早查出彩电的下落，却因不懂法，犯了非法搜查罪，受到了法律制裁。

任务驱动

非法搜查要负什么样的责任？

案例分析

《中华人民共和国宪法》第39条明确规定："中华人民共和国公民的住宅不受侵犯。禁止非法搜查或者非法侵入公民的住宅。"搜查，是公安机关、人民检察院在办理刑事案件过程中的采取的一种侦查措施。它必须按照法律规定的程序进行。我国刑法245条规定："非法搜查他人身体、住宅，或者非法侵入他人住宅的，处三个以下有期徒刑或者拘役。"冯某虽身为村党支部书记，但他无权对村民进行搜查。作为村干部，只能支配合公安机关的工作，而无权行使法律赋予公安机关的权力。从此案中我们可以看出，如果不懂法律，特别是当干部的如果连法律的基本常识都不知道，不得干不好工作，甚至好心还会办出错事。人们应从冯某的行为中吸取教训。

案例背景

非法拘禁

空荡荡的碾房内，几个青年被五花大绑地捆着，互相依偎着蜷缩在墙角里，他们蓬头垢面，满身血迹，在寒冷的秋风中被冻的瑟瑟发抖。这几名青年原是附近村中的农民，他们在一个晚上听说这个村中放映电影，便结伴前来。在看电影时，因为争位子和村中的青年发生了争吵，结果被村治保主任刁某带人抓了起

来，经过审问拷打后，又被关进了这间空碾房中，后来，村治保主任因犯非法拘禁罪，被人民法院判处有期徒刑 3 年。

任务驱动

非法拘禁有什么样的后果?

案例分析

《中华人民共和国宪法》第 37 条规定："中华人民共和国公民的人身自由不受侵犯。任何公民，非经人民检察院批准或者决定或者人民法院决定，并由公安机关执行，不受逮捕。禁止非法拘禁和以其他方法非法剥夺或者限制公民的人身自由，禁止非法搜查公民的身体。"这几名青年因为看电影争位子而与人发生争吵固然不对，但是村治保主任因此而关押审问他们，却是法律所不允许的。治保委员会只是我国基层维护社会治安的群众组织，它虽然负有协助公安机关维护社会治安的责任，但其本身并不是国家司法机关，没有逮捕和拘留权，因此，村治保主任关押审问那几名青年的行为是非法的，严重侵犯了公民的人身自由。刑法第 238 条规定："非法拘禁他人或者以其他方法非法剥夺他人人身自由的，处三年以下有期徒刑、拘役或者剥夺政治权利；具有殴打、侮辱情节的，从重处罚。""犯前款罪，致人重伤的，处三年以上十年以下有期徒刑；致人死亡的，处十年以上有期徒刑。……"据此，村治保主任刁某的行为已构成非法拘禁罪，应受法律惩处。

案例背景

非法侵入他人住宅

农村姑娘小张与同村青年小李，两人自小青梅竹马，两小无猜。条大后，他们在朝夕相处中逐渐萌发了爱慕之情。但是小张的父亲嫌小李家人口多，经济条件不好，坚决不同意这门亲事，并托人另外给小张找了人家。为了反抗包办婚姻，追求幸福生活，小张在一天晚上偷偷从家中跑出，找到了小李，两人乘夜深人静，悄悄离开了村子出走了。第二天，小张的父亲四处寻找，不见女儿的踪影，便恼羞成怒，带领自己的儿子、侄子等一伙人闯入李家，逼迫李家交人，致使李八十多岁的奶奶又惊又吓，竟一病不起，一个多月后就去世了。张某带人私闯民宅的行为，已构成了非法侵入他人住宅罪。人民法院依法判处其有期徒刑二年。

任务驱动

非法侵入他人住宅应负什么样的责任?

案例分析

《中华人民共和国宪法》第39条规定:“中华人民共和国公民的住宅不受侵犯。禁止非法搜查或者非法侵入住宅。”住宅是公民居住、生活和休息的场所,非法侵入住宅,必然要影响公民的人身安全和生活安宁。为保障公民的人身权利,维护社会秩序,对非法侵入他人住宅的行为,必须采取法律制裁手段。我国刑法245条规定:“非法搜查他人身体、住宅,或者非法侵入他人住宅的,处三年以下有期徒刑或者拘役。”凡是没有权力进入他人住宅的人而闯入他人住宅的,都可能构成犯罪。张某没有正当理由而非法闯入李家,并造成了不应有的危害,应承担相应的法律责任。

案例背景

女大学生服毒自杀

陈萍萍服毒的消息很快传遍了光明机构厂,人们都震惊了。小陈是进厂才一年的大学毕业生,平时兢兢业业、勤勤恳恳地工作,受到领导的好评和同事的尊敬。可是,她为什么要自杀呢?直到领导发现小陈留下的遗书,上面写着:“一个人的名誉比生命还重要,我是清白的……”这才找到事实的原因。

小陈大学毕业分配到光明机构厂技术科工作时,与化验员黄新在一个办公室上班。时间一长,黄新对小陈产生了好感,当他向小陈提出建立恋爱关系时,被拒绝了。这下可大伤了黄新的自尊心。他出于个人恩怨,捏造事实,造谣诽谤,散布陈萍萍与李某某有不正当两性关系的谣言,并导演了一场“捉奸”的闹剧。他逢人便说:“小陈还想拉我下水,以图私利。”这些流言蜚语传遍了全厂,诚实、文静的小陈无端受到这种打击,好象身上被人泼了污水,精神十分痛苦,整日沉默不语。她一时想不开,服敌敌畏自杀了。当法院传讯黄新时,他还不以为然,分辩道:“只听说杀人偿命,却从未听说过毁人名誉而坐牢的。”黄新的说法对不对?回答是否定的。最后,某区人民法院以诽谤罪判处被告人黄新有期徒刑一年。

任务驱动

女大学生服毒自杀责任谁担？

案例分析

《中华人民共和国宪法》第38条规定："中华人民共和国公民的人格尊严不受侵犯。禁止用任何方法对公民进行侮辱、诽谤和诬告陷害。"宪法具有最高的法律效力。它用专条规定了保护人格的内容，足以说明国家对保护人格尊严的重视。公民的人格、名誉是人身权利的组成部分。人们为了从事正常的社会活动，不仅要求保障自己的生命健康和自由，而且还要求维护自己的人格、名誉。互相尊重人格、名誉，也是我国社会基本的道德要求。侵犯他人的人格、名誉，不仅违背共产主义道德准则，更重要的还会对被害人的身心健康、精神状态，产生极大的影响，甚至会造成他人自杀，神经失常等后果。十年内乱期间，用大字报、小字报或者其他手段侮辱、诽谤他人的行为，被荒谬的认为的"革命行动"，致广大人民身受其害，遗患无穷。所以，我国宪法第38条特别规定保护公民的人格尊严。《中华人民共和国刑法》第246条规定："以暴力或者其他方法，公然侮辱他人或者捏造事实诽谤他人，情节严重的，处三年以下有期徒刑、拘役、管制或者剥夺政治权利。"本案被告人黄新由于报复动机，有意捏造事实，散布谣言，目的就是诋毁、损害陈萍萍，导致陈自杀身亡，因此黄新的行为已构成诽谤罪，应依法对其追究刑事责任。

案例背景

女会计投江自杀

江南二月的一个深夜，凄冷的月色中，一个瘦弱的姑娘正在江边徘徊着，当一片浮云遮住了月色的时候，她终于狠了狠心，一头扎向江中……。"机构厂会计小陈自杀了"的消息震动了整个县城。人们在惋惜之余，不禁止要问：这个正值妙龄的姑娘，为什么要走上绝路呢？事还得从半年前说起。

刚从财会学校毕业的小陈被分配到机构厂当会计。工作了一段时间后，她逐渐发现厂长高某不遵守财经制度，随意花钱，滥发奖金，经常用公款请客送礼，大吃大喝。工作认真负责的小陈向高某严肃的提出了严格财经制度的建议，并向上级机关反映了高某的经济问题。高某为此对小陈怀恨在心，寻机报复。他利用职权在各种会议上指责小陈有个人野心，吃里扒外。在工作中也对小陈百般进行刁难。二个月前，小陈因病休息了十天，他竟诬蔑小陈故意怠工，撤了小陈的会计职务，派人封了小陈的办公桌。小陈上班后，他又一直不给安排工作。这一系列的打击使小陈精神上受到了极大的压力，终于走投无路，投水自尽。这是一起引起社会轰动的案件，高某的行为已构成了报复陷害罪，被依法判处有期徒刑5年。

任务驱动

女会计投江自杀的思考。

案例分析

《中华人民共和国宪法》第41条规定："中华人民共和国公民对于任何国家机关和国家工作人员，有提出批评和建议的权利；对于任何国家机关和国家工作人员的违法失职行为，有向有关国家机关提出申诉、控告或检举的权利，但是不得捏造或者歪曲事实进行诬告陷害。对于公民的申诉、控告或者检举，有关国家机关必须查清事实、负责处理。任何人不得压制和打击报复。"我国刑法第254条明确规定："国家机关工作人员滥用职权、假公济私，对控告人、申诉人、批评人、举报人实行报复陷害的，处二年以下有期徒刑或者拘役；情节严重的，处二年以上七年以下有期徒刑。"本案被告人高某因小陈向厂里提出了严格财经制度的建议并向上级机关反映了他的经济问题，就利用职权、假公济私对小陈进行种种报复，造成了小陈被迫自杀的严重后果，必须依法予以严惩。

案例背景

侵犯公民宗教信仰的自由

1990年11月，被告人彭土华所在乡村的一部分信奉伊斯兰教的回民，集体申请整修再建已破烂不堪的清真寺。作为该村治保干部的彭拒不同意。后这部分回民自己集资整修。彭闻知后，极为不悦，责令回民们停工。回民不从，彭大骂说："老子叫他们修不成，今天就是准搞这些鬼玩艺！"回民向其恳求，彭不理不睬，并带了二十多个汉族村民把回民所修复的圣坛捣毁。回民对之极为不满。该村同另外两个村的回民知道后，联合起来，游行到县人大常委办公室，要求保护他们的宗教信仰自由。经县领导做工作，才平息事态。彭土华的行为造成了很坏的影响，严重伤害了民族感情和民族团结。

任务驱动

侵犯公民宗教信仰的自由应负什么样的责任？

案例分析

宗教是在一定的历史阶段产生和存在的社会现象。在它赖以生存的根源、基础消灭之前，要强制消灭宗教是不可能的。同时，在多民族的我国，由于政治、经济、民族习惯等多方面的原因，宗教问题往往同民族问题联系在一起。因此，我国宪法第 36 条规定："中华人民共和国公民有宗教信仰的自由。"任何人不能违反宪法和其他法令，非法剥夺公民的宗教信仰自由。否则，就会伤害民族感情，危害民族团结和国家统一。为了保障人民信仰自由的民主权利，增强人民内部的民族团结，调动一切积极因素，进行社会主义现代化建设，我国刑法第 251 条规定："国家机关工作人员非法剥夺公民的宗教信仰自由和侵犯少数民族的风俗习惯，情节严重的，处二年以下有期徒刑或者拘役。"本案中被告人彭某身为国家干部，应该了解国家的法律和政策，对于回民集资修复清真寺，进行正常的宗教活动，不仅予以制止，而且还亲自带人捣毁圣坛，严重违反了国家关于宗教信仰自由的法律、政策，侵犯了公民的宗教信仰自由权，造成了极坏的影响。其行为已构成非法剥夺宗教信仰自由罪，应依法予以制裁。

案例背景

公民的通信自由不可侵犯

某厂车间技术员李某多次到传达室信架上窃取三名女青年职工的信件，私自开折，阅后又在信纸的背面或空白处画上女人裸体像，男女生殖器等到，并写了一些极为低极下流的污言秽语，装进信封，放回信架，让女职工取走，李还多次私折其他职工的信件，影响极坏，结果受到法律的惩处。

任务驱动

侵犯公民的通信自由有什么后果？

案例分析

《中华人民共和国宪法》第 40 条规定："中华人民共和国公民的通信自由和通信秘密受法律的保护，除国家安全或者追查刑事犯罪的需要，由公安机关或者检察机关依照法律规定的程序对通信进行检查外，任何组织或者个人不得以任何理由侵犯公民的通信自由和通信秘密。”通信是人们日常生活中不中不可缺少的联系方法。通信自由是公民的一项基本的民主权利，受到法律的保护。隐匿、毁弃、非法拆开他人信件是对公民民主权利的侵犯，破坏和影响了人民内部交往和团结。对于这种行为，除要给予行政处理外，其中情节严重的，按照我国刑法第252条关于侵犯公民通信自由罪的规定：要判处一年以下有期徒刑或者拘役。本案的被告人李某，私自开拆他人信件，侮辱女青年的人格，手段卑鄙，性质恶劣，造成了很坏的影响，其行为已构成侵犯公民通信自由罪，理应受到法律的制裁。

案例背景

逃避服兵役

施某，男，20岁，上海市南汇县书院乡村民。施某为1992年冬季征兵的应征公民，在乡、村干部动员其报名应征时，态度不端正，不愿履行兵役义务。后经乡村干部耐心做工作后，勉强参加了应征体检，施身体合格，经乡、县政治审查，施某合格。施本应无条件服从征兵命令，参加解放军。但施某无视征兵命令，于同年11月外出无踪影，逃避了征役。为此，南汇县政府征兵办公室根据有关法规，于1993年2月25日作出“给予一次性罚款1500元”，“劳动部门两年内不予以开具招工证明，乡政府、村民委员会3年内不安排其进乡、村办企业工作”等四项处罚决定。施某在法定期间，既不申请复议，又不向法院起诉，也不履行处罚决定。为此，征兵办公室依法向法院申请强制执行。

任务驱动

逃避服兵役的后果是什么？

案例分析

宪法第五十五条规定：“保卫祖国、抵抗侵略是中华人民共和国每一个公民的神圣职责。依照法律服兵役和参加民兵组织是中华人民共和国公民的光荣任务。”社会主义现代化建设必须有一个安定的社会环境。人民军队是巩固国防、为四建设保驾护航的重要力量。每个适龄青年应依法服兵役，履行自己的义务。施某作为适龄青年，身体合格，政治审查也合格，但不顾有关组织多次做工作，逃避征役，是

对宪法的破坏，是对公民应尽的义务的践踏，必须受到严肃的处理。

案例背景

泄露国家机密

米某，男，18岁，汉族，北京某大学学生。米某家住北京，其父为中央某部领导干部，家中的办公室常有国家机密文件。米继先于1986年考入北京某大学读工科。1989年春，一天下午，他没有课就回家了，在父亲的桌子上看见了制造飞机的图纸，并照图纸做出模形，在学校展览，结果把新型飞机式样泄露出去给国家造成损失。

任务驱动

泄露国家机密案应承担什么后果？

案例分析

米某在家中无意看见了新型飞机图纸，并造了模形，在学校航空模型展览泄密。中华人民共和国宪法第五十三条规定，中华人民共和国公民必须保守国家机密。米继先的行为属于泄露国家机密并违反宪法，应当追究其泄密责任。

案例背景

谎报案情扰乱社会秩序

安某，男，15岁，汉族，山东省某市某中学学生。

元某，男，15岁，汉族，山东省某市某中学学生。

安某、元某二人同在一个学校，好搞恶作剧，不思学习，每天放学就在车站、市场乱转。1993年春节前夕，安、元二人又想起了一个搞恶作剧的“妙法”。于是两个人给火车站派出所发去一封匿名的举报信。信中说：“最近有人备了几公斤炸药，准备炸火车站。”火车站派出所接到报案，立即报告区公安分局，区公安分局又报告了市公安局，市公安局下令从即日起，加强火车站、长途汽车站的监视检查，并在全市进行戒备，并派出刑警队进行立案侦察。十天时间的侦查，最后发现是安某、元某二人在搞鬼。

任务驱动

谎报案情扰乱社会秩序应承担什么后果？

案例分析

安某、元某二人在主观上出于故意，以举报的形式，在社会上制造恐怖，严重扰乱了社会秩序。中华人民共和国宪法第五十三知规定，公民应遵守公共秩序，尊重社会公德。第五十四条规定，公民维护祖国安全，不得危害祖国的安全。安、元二人的假举报，制造假案，谎报情况，危害了国家的安全，破坏了社会公共秩序，是一种违反宪法的行为，应受到应有的处罚。

案例背景

偷税漏税

刁某，男，20岁，汉族，河北省某大学中文系学生。刁某于1990年考入河北省某大学中文系读书。在1992年上半年全国出现全民经商热的时候，他也想赚大钱，二是他利用父亲在钢铁公司任业务经理关系，做中介人，收取服务费。1992年10月他从唐山钢铁公司批出盘条1000吨，以每吨收取中介费50元，将钢铁卖给某建材公司，从中获中介费5万元。1995年11月又通过关系，从邯郸钢铁公司搞到螺纹钢1500吨，每吨收取中介费50元，卖给建材公司，获中介费7.5万元。先后两次共得中介费12.5万元人民币。但刁某并没有向税务局报告中介服务收入，没有缴纳所得税。

任务驱动

偷税漏税应承担什么样的法律后果?

案例分析

刁某在1992年下半年全国经商热潮冲击下，下海经商，作信息服务，所得收入应纳个人收入调节税。中华人民共和国宪法第五十六条规定，中华人民共和国公民有依法纳税的义务。刁有才在下海经商所得中介服务费，不申报、不纳税，是一种违反宪法的行为，应当受到经济处罚。

案例背景

民事诉讼法与仲裁法

1996年7月，石家庄市奥龙健身房与广州市健身器械公司签订了一份购销

合同。合同中的仲裁条款规定："因履行合同发生的争议，由双方地商解决；无法协商解决的，由仲裁机构仲裁。"1996 年 9 月，双方发生争议，奥龙健身房向其所在地的石家庄市仲裁委员会递交了仲裁申请书，但健身器械公司拒绝答辩。同年 11 月，双方经过协商，重新签订了一份仲裁协议，并商定将此合同争议提交该健身器械公司所在地的广州市仲裁委员会仲裁。事后奥龙健身房担心广州市仲裁委员会实行地方保护主义，偏袒健身器械公司，故未申请仲裁，崦向合同履行地人民法院提起诉讼，且起诉时说明此前两次约这仲裁的情况，法院受理此案，并向健身器械公司送达了起诉状副本，该器械公司向法院提交了答辩状。法院经审理判决被告某健身器械公司败诉，被告不服，理由是双方事先有仲裁协议，法院判决无效。

任务驱动

(1) 购销合同中的仲裁条款是否有效？请说明理由。

(2) 争议发生后，双方签订的协议是否有效？为什么？

(3) 原告奥龙健身房向法院提起诉讼正确与否？为什么？

(4) 人民法院审理本案是否正确，为什么？

(5) 被告健身器械公司的上诉理由是否正确，为什么？

(6) 被告是否具有上诉权？为什么？

案例分析

(1) 仲裁条款无效。因为该仲裁条款未指明具体的仲裁委员会，致使无法履行而无效。

(2) 双方重新签订的仲裁协议有效。因为该协议指明了具体的仲裁委员会。

(3) 起诉不正确。因为双方的仲裁协议有效，就排除了法院的管辖权。

(4) 人民法院的审理合法。因为原告起诉后，被告未提出管辖权异议，视为人民法院有管辖权。

(5) 上诉理由不成立。因为本案中人民法院的审理和判决都是有效的。

(6) 被告享有上诉权。因为无论上诉理由是否正确，被告享有上诉权并不受影响。

(1) 购销合同中的仲裁条款无效。因为《仲裁法》第 16 条第 2 款规定："仲裁协议应当具有下列内容；（一）请求仲裁的意思表示；（二）仲裁事项；（三）

选定的仲裁委员会。”本案中双方当事人签订的合同中的仲裁条款并未指明具体的仲裁委员会，属于内容不明确，因此该仲裁条款无法履行，是无效的。(2) 争议发生后，双方重新签订的仲裁协议是有效的。因为《仲裁法》第 18 条规定："仲裁协议对仲裁事项或者仲裁委员会没有约定或者约定不明确的，当事人可以补充协议。”奥龙健身房与健身器械公司重新签订的仲裁协议指明了具体的仲裁委员会，因此是有效的。(3) 奥龙健身高度向人民法院的起诉是不正确的。《仲裁法》第 5 条规定："当事人达成仲裁协议，一方向人民法院真心的的，人民法院不予受理，但仲裁协议无效的除外。”本案中，双方当事人重新签订的仲裁协议是有效的。因此奥龙健身房的起诉是不正确的。(4) 人民法院审理本案是合法的。国为《仲裁法》第 26 条规定："当事人达成仲裁协议，一方向人民法院起诉未声明有仲裁协议，人民法院受理后，另一方在首次开庭前提交仲裁协议的，人民法院应当驳回起诉，但仲裁协议无效的除外；另一方在首次开庭前未对人民法院受理该案提出异议的，视为放弃仲裁协议，人民法院应当继续审理。”本案中，奥龙健身房向法院起诉时，未声明有仲裁协议，人民法院受理该案后，健身器械公司又应诉答辩了，因此应当视为人民法院有管辖权。(5) 被告的上诉理由不成立。因为在法院受理该案后，被告未提出异议，且应诉答辩，则人民法院的审理和判决都是有效的。(6) 被告在法定期限内有权提起上诉，这是当事人的诉讼权利。无论上诉理由是否成立，上诉权均不受影响。

中篇　与教师职业相关的法律法规

篇首概述

在教育类法规中，《教育法》是根本大法，居于其下位的其他类的法规和政策需要服从这一根本大法的精神和原则。根据《教育法》的规范再按层次分，包括《义务教育法》、《高等教育法》、《终身（成人）教育法》、《职业教育法》、《幼儿教育法》等；按问题领域分，包括《教师法》、《学校法》、《考试法》、《教育投入法》、《婚姻法》、《国旗法》、《残疾人保障法》、《国家通用语言文字法》、《未成年人保护法》、《考试法》、《民办教育促进法》等。在相关的法律之下还有实施细则、条例、地方立法和主管部门的政策做支撑。其中有的是专门法规，有的是行政法规，有的是行政规章，有的是间接相关的法律法规，他们各自的权限和特点都不相同，但其间有非常复杂的联系。除此之外，为了真正实现依法治教的理念，政府督导、各级人民代表大会和政协的监督、民众的信访和舆论的评议、教育行业组织的认证与评价，特别是受教育者（包括学生和家长）的感受反馈等，也是必要的保障。如果缺少了这些外在的力量，教育法的实施是会遇到诸多困难的。

文本略读学法

热读一　《中华人民共和国教育法》

热读二　《中华人民共和国义务教育法》

热读三　《中华人民共和国义务教育法实施细则》

热读四　《中华人民共和国教师法》

热读五　教师资格条例

热读六　教学成果奖励条例

热读七　中华人民共和国民办教育促进法

热读八　中华人民共和国民办教育促进法实施条例

热读九　小学管理规程

热读十　学校体育工作条例

热读十一　学校艺术教育工作规程

热读十二　学校卫生工作条例

热读十三　中小学校电化教育规程

热读十四　中小学德育工作规程

热读十五　教育行政处罚暂行实施办法

热读十六　残疾人教育条例

知识速查学法

看案学法

文本略读学法

热读一　《中华人民共和国教育法》

（1995 年 3 月 18 日第八届全国人民代表大会第三次会议通过）

《中华人民共和国教育法》是中国教育界必须遵循的行业基本法，也是对宪法赋予国民的教育权和受教育权及其相关责权利的进一步细化的法律规定，更是政府和民众“依法治教”的主要法律依据和必须遵循的基本原则。因此，有人说这是教育界的根本大法。据此，可以为教育事业注入活力，落实教育优先发展的战略地位，推动教育的进一步改革和发展，维护受教育者、教师和学校的合法权益。应该强调，《中华人民共和国教育法》的制定是以宪法为依据的，因此，它是宪法的下位法，其基本立法原则是以宪法规定的原则立场相一致的。其中涉及的教育方针、指导思想、优先发展地位、教育制度、管理系统、教育经费、教育扶持政策、教育研究和教育内容等规定，都是宪法精神在教育事业中进一步细化的表现。

与其他教育类法规相比，《中华人民共和国教育法》则是上位法，即其他类教育类法规必须以《中华人民共和国教育法》为依据和准绳。因此，当我们依照法律审视各类教育问题时，必须要了解《中华人民共和国教育法》的相关规定的基本精神。

《中华人民共和国教育法》是由我国最高权力机构审议通过的，随着社会的发展和变化，其中需要修改和完善的部分也要经过我国最高权力机构——全国人民代表大会审议通过才能生效。在此之前，《中华人民共和国教育法》对于教育界而言，是神圣不可违背的，一切政策措施必须与其保持一致。而对其有不同意见者可通过正常渠道反映。

具体内容请参见法律条文，围绕着该法的相关附件简介如下，以便速查：

一、教育部关于加强教育法制建设的意见（教育部 1999 年 12 月 2 日）

随着世界各国综合国力竞争的加剧，人才培养成为各国的首要任务。我国的教育领域必须发生重大的变革，才能应对新形式，迎接新挑战。实施素质教育，必须把德育、智育、体育、美育等有机地统一在教育活动中的各个环节中。教师的质量是全面推进素质教育的基本保证，教师要热爱教育事业，有正确的教育观、质量观和人才观，增强实施素质教育的自觉性，有过硬的业务水平和终身学习的自觉性，在工作中因材施教，尊重学生人格，保护学生的合法权益。教师在评价学生时要改变单一地以智育评判学生的做法，要全面考察学生的综合素质。而教育部门应把提高教师实施素质教育的能力和水平作为师资培养、培训的重点。依法治国，建设社会主义法治国家，是党的十五大和宪法确立的党领导人民治理国家的基本方略。为在教育领域贯彻实施这一基本方略，加强教育法制建设，全面推进依法治教，提出了具体意见。

二、面向 21 世纪教育振兴行动计划（教育部 1998 年 12 月 24 日）

中国共产党第十五次全国代表大会提出了跨世纪社会现代化建设的宏伟目标与任务，对落实科教兴国战略做出了全面部署。为了实现党的十五大所确定的目标与任务，落实科教兴国战略，全面推进教育的改革和发展，提高全民族的素质和创新能力，特制定本行动计划。

在改革开放和现代化建设新时期，邓小平同志反复强调，实现社会主义现代化，科技是关键，教育是基础。在世纪之交的重要时刻，江泽民同志又深刻指出，“当今世界，以信息技术为主要标志的科技进步日新月异，高科技成果向现实生产力的转化越来越快，初见端倪的知识经济预示人类的经济社会生活将发生新的巨大变化。”在即将到来的 21 世纪，以高新技术为核心的知识经济将占主导地位，国家的综合国力和国际竞争能力将越来越取决于教育发展、科学技术和知识创新的水平，教育将始终处于优先发展的战略地位，现代信息技术在教育中广泛应用并导致教育系统发生深刻的变化，终身教育将是教育发展与社会进步的共同要求。当前，许多国家政府都把振兴教育作为面向新世纪的基本国策，这些动向预示未来教育将发生深刻的变革，我们应当及早准备，迎接新的挑战。

党的十一届三中全会以来，我国的教育事业取得了显著成就，普及九年义务教育和扫除青壮年文盲的工作取得历史性进展；职业教育和成人教育迅速发展；高等教育规模稳步扩大；教育体制和教学改革逐步深化，办学条件和教育质量有了提高；教育法规体系基本框架已初步形成，所有这些为21世纪教育事业的振兴奠定了坚实基础。但是，我国教育发展水平仍然偏低，教育结构和体制、教育观念和方法以及人才培养模式尚不能适应现代化建设的需要。在当前及今后一个时期，缺少具有国际领先水平的创造性人才，已经成为制约我国创新能力和竞争能。力的主要因素之一。因此，顺应时代要求，振兴我国教育事业，是实现社会主义现代化目标和中华民族伟大复兴的客观需要。我们要高举邓小平理论伟大旗帜，认真遵循邓小平同志关于"教育要面向现代化，面向世界，面向未来"的战略指导方针，抓住机遇，深化改革，锐意进取，把充满生机活力的中国教育推向21世纪。

《面向21世纪教育振，兴行动计划》，是在贯彻落实《教育法》及《中国教育改革和发展纲要》的基础上提出的跨世纪教育改革和发展的施工蓝图。要全面规划，突出重点，抓住关键，重在落实。行动计划的主要目标是：到2000年，全国基本普及九年义务教育，基本扫除青壮年文盲，大力推进素质教育；完善职业教育培训和继续教育制度，城乡新增劳动力和在职人员能够普遍接受各种层次和形式的教育与培训；积极稳步发展高等教育，高等教育入学率达到11%左右；瞄准国家创新体系的目标，培养造就一批高水平的具有创新能力的人才；加强科学研究并使高校高新技术产业为培育经济发展新的增长点做贡献；深化改革，建立起教育新体制的基本框架，主动适应经济社会发展。到2010年，在全面实现"两基"目标的基础上，城市和经济发达地区有步骤地普及高中阶段教育，全国人口受教育年限达到发展中国家的先进水平；高等教育规模有较大扩展，入学率接近15%，若干所高校和一批重点学科进入或接近世界一流水平；基本建立起终身学习体系，为国家知识创新体系以及现代化建设提供充足的人才支持和知识贡献。

三、关于深化教育改革全面推进素质教育的决定（教育部1999年6月13日）

当今世界，科学技术突飞猛进，知识经济已见端倪，国力竞争日趋激烈。教育在综合国力的形成中处于基础地位，国力的强弱越来越取决于劳动者的素质，取决于各类人才的质量和数量，这对于培养和造就我国二十一世纪的一代新人提出了更加迫切的要求。我国正处在建立社会主义市场经济体制和实现现代化建设战略目标的关键时期。新中国成立50年来特别是改革开放以来，教育事业的改革与发展取得了令人瞩目的巨大成就。但面对新的形势，由于主观和客观等方面的原因，我们的教育观念、教育体制、教育结构、人才培养模式、教育内容和教学方法相对滞后，影响了青少年的全面发展，不能适应提高国民素质的需要。全党、全社会必须从我国社会主义事业兴旺发达和中华民族伟大复兴的大局出发，以邓小平理论为指导，全面贯彻落实党的十五大精神，深化教育改革，全面推进素质教育，构建一个充满生机的有中国特色社会主义教育体系，为实施科教兴国战略奠定坚实的人才和知识基础。

热读二　《中华人民共和国义务教育法》

（1986年4月12日第六届全国人民代表大会第四次会议通过
2006年6月29日第十届全国人民代表大会常务委员会第二十二次会议修订）

《中华人民共和国义务教育法》是依照国家《宪法》和《教育法》的基本原则制定的关于我国义务教育发展问题的专项法律法规，也是中国教育法律中最为重要的法律之一。人类历史发展到今天，享受基本的教育已成为人类最基本的需求之一，与人们的生存和发展紧密相连。在世界范围内，不少发达国家早在几个世纪以前就已经开始相关的实践探索，我国在20世纪初也已经提出过类似的主张。但是，只有在今天的国情国力的基础上，这一理想才有可能实现。所谓“义务教育”在早期主要是“强迫教育”，即儿童少年在义务教育年龄阶段不得做工，必须由家长送其到学校读书，否则将被视为违法。随着社会的发展，随着公民权益日益受到社会的广泛重视，义务教育的另一个原则得到了强调，即国家有义务对公民提供必需的义务教育条件和经费，保证每一位公民及其子女有学习的机会。为了这一目标的实现，全世界都在做着不懈的努力，我国政府也做出了巨大

的贡献。通过《中华人民共和国义务教育法》就是最有代表性的标志。

应该承认，我国是一个发展中的人口大国，经济基础比较薄弱，教育基础也相当单薄。“穷国办大教育”是我国推进教育事业发展的真实写照。为此，推进义务教育不应仅仅是教育界的事，而应是全社会的责任和义务，特别是政府部门，应该转变思想和角色，起到积极的主导作用。而广大民众也应该充分认识《中华人民共和国义务教育法》的重要意义，以及我们每一个人的责任和义务。对于学校和地方教育主管部门而言，积极贯彻《中华人民共和国义务教育法》是最为重要的责任和义务，除了为学校办学提供必需的场地、资金、用品、教师工资外，还应协调地方社会各方面的关系，为实施《中华人民共和国义务教育法》提出的要求创造良好的氛围和条件。同时，还要有效地避免学生辍学、使用童工、教育经费被侵占挪用等现象的发生，使广大民众的受教育需求能够得到基本的满足。

近年来，我国在义务教育方面遇到的困难和问题都比较多，包括经费不到位和短缺、教师待遇差和缺少进修机遇，特别在广大的中西部地区贫困一直困扰着义务教育的有效发展。对此，国家给予了充分的关注，制定了一系列的方针和措施，在近年内，有关义务教育的投资法规将要出台，对中西部广大地区的扶持政策也会陆续到位。在基本解决经费和物质条件的同时，国家对已经基本达到《中华人民共和国义务教育法》规定要求的地区和学校也提出了新的标准和要求，对教师的继续学习提高也在积极创造条件。人们越来越清醒地意识到，在贯彻《中华人民共和国义务教育法》的过程中，国家、地方政府、广大民众都有明确对应的责权利，因而也就都有相应的守法或违法问题，近些年来浮出水面的部分“政府部门违法问题”就引起了社会的广泛关注。对政府行为监督加强是社会的进步，也是依法治教不可缺少的重要方面。

总之，学习和贯彻新修订的《中华人民共和国义务教育法》还是一个复杂和长期的工作，牵扯到多方面的关系和问题，为此，应该广泛宣传《中华人民共和国义务教育法》的思想和意义，理清各类重要关系，使义务教育在相关法律法规的保障之下得到充分和有效的发展。

目录

第三章　学校

第四章　教师

第五章　教育教学

第六章　经费保障

第七章　法律责任

第八章　附则

具体内容请参见法律条文，围绕着该法的相关附件简单列举如下，以便速查：

一、教育部副部长陈小娅谈义务教育法修订草案

2006年6月29日，全国人大常委会办公厅举行新闻发布会，邀请教育部副部长陈小娅就义务教育法修订草案的有关情况答记者问。

内容简介如下：

亮点一：确定问责制

教育部副部长陈小娅指出：哪个部门违反了义务教育法关于经费的规定，就应当依法追究其责任。国家首先要求将义务教育全面纳入财政保障的范围，由国务院和地方各级人民政府给予保障。这里说明两点：一是国务院和各级人民政府共同分担；二是省级政府要统筹规划落实好经费；三是关于农村教育，专门提出各级地方政府要按照国务院的规定分项目、按比例保证落实。以上内容对于国务院有关部门以及各级人民政府都规定得非常清楚，问责制应当可以依法落实。

亮点二：解决义务教育均衡发展

教育部副部长陈小娅指出，首先要求各级政府合理配置教育资源，包括经费、课程、教学质量、办学基本条件、教师问题。这些在义务教育法修订草案中规定得非常清楚。其次，法律中明确提出要缩小学校之间的办学差距，要加强对薄弱学校的改造，并且提出在义务教育阶段不分重点学校和非重点学校，这些都是从法律层面保障义务教育向更加均衡的方向发展。

此外，义务教育法修订草案对农民工子女以及进城务工人员的子女提供平等的教育条件提出了明确的要求，规定要对特殊学校的学生给予更多的关注，要求城镇教师支援农村。本法还规定农村的经费要按照国务院的要求，由中央和地方

政府分项目、按比例分担。有了法律的保障，各级政府将把义务教育均衡发展，做为今后新时期义务教育发展的一个新方向。

亮点三：免杂费

教育部副部长陈小娅指出，从今年开始，国务院已经对西部农村所有中小学生实施了免杂费的工作，从今年春季学期开始到现在为止，中央和省两级财政已经安排了近75亿资金，其中中央财政占65亿。西部农村4900万义务教育阶段学生已享受到免杂费，按照国务院的规定，中部地区还要再选择一些省实施免杂费的规定，因为中西部的差距比较大，在试点的基础上，两年内中部地区的免杂费工作将全部完成。

关于城市的免杂费问题，陈小娅指出，浙江、天津、上海、广东等一些东部发达地区在9月份已经开始对城市学生免杂费，免杂费：工作城市比农村的情况更复杂。

亮点四：治理乱收费有法可依

教育部副部长陈小娅说，修改的义务教育法明确规定可以收取的费用为：一是教材费，即国家规定的课程教学用书费用，二是作业本费。这两项收取的费用，如果不是给予困难学生的免费政策，学校为了教育教学的需要，可以收取以上两种费用。另外，在部分学校中，可以向一些边远地区或者是寄宿学生收取一定的寄宿费，这要经过当地物价部门的批准。学校不能变相地推销商品等，比如学生不想在学校吃中午饭，如果学校非要强制学生，这就是变相推销。此外，国家严禁推销教辅材料，更不能推销各种商品。

二、部分专家谈义务教育法修订草案（全国人大常委会2006年6月24日）

2006年6月24日，全国人大常委会第22次会议开始审议《义务教育法（修订草案）》。经全国人大常委会同年2月和4月的两次审议，“草案”已臻于完善。此次交付三读的“草案”共八章63条，总字数7000余字，内容与规模都大大拓展。无论从整体结构还是条款内容看，几乎是重修一部法律。相关评价如下：

1. 一部“免费义务教育法”

很多人把此次通过的“草案”形象地称作“免费义务教育法”，其原因主要是其中正式明确了这样一点："实施义务教育不收学费、杂费"，此次"草案"第六章用了14条、1800字左右，规定义务教育的经费保障。为了确保义务教育经费不被挪用，"草案"更明确规定，"地方各级人民政府应当在财政预算中将义务教育经费单列"。这就使得地方政府在分配各项教育投入时，必须优先保证义务教育，把其经费全部纳入财政预算。

2. 淡化意识形态色彩

此次"草案"与前两次审议稿相比，有一处明显的修改，是对义务教育培养目标的表述。

"草案"中首次明确：义务教育的目标是培养"四有公民"，不再保留前两次审议草案中关于"社会主义事业建设者和接班人"的表述。"草案"总则中第三条规定：义务教育"为培养有理想、有道德、有文化、有纪律的公民奠定基础"。而前两次的审议稿中，在此之外还特别提到培养"德智体全面发展的社会主义事业建设者和接班人"。全国人大教科文卫委员会有关人士表示，作出这处修改，主要是为了与《宪法》和中共十六大报告的相关表述保持一致。义务教育是面向全体适龄公民的教育，"社会主义事业建设者和接班人"的表述不能涵盖全部的义务教育对象。修改后的表述更准确，也少了"一些政治性和意识形态色彩"。

3. 关注教育公平

对于社会广泛关注的教育公平问题，此次"草案"也规定，"缩小学校之间办学条件的差距，不得将学校分为重点学校和非重点学校，不得设置重点班和非重点班"。对于擅自设立重点学校、重点班的，"由县级人民政府或者上级人民政府教育行政部门责令改正、通报批评；情节严重的，对直接负责的主管人员和其他直接责任人员依法给予处分"。但是有教育专家指出，中国目前城乡之间、城市内部学校之间，确实存在着严重的义务教育资源分配失衡。这些问题有着复杂的政治、经济和社会背景，很难在短时间内改变。这次"草案"规定，义务教育阶段不得设立重点校、重点班等，并不可能根本解决"择校"等问题。对于社会高度关注的流动人口子女入学问题，此次"草案"第十二条明确规定，当地人民政府应当为流动人口子女提供平等接受义务教育的条件，"具体办法由省、自治区、直辖市规定"。对此，专家指出，这一条款并未突破现有、政策和国务院文

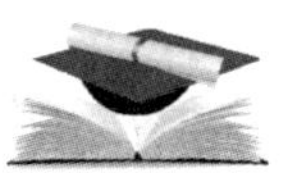

件的表述，而且过于原则，操作性不强；且把具体办法的制定权下放到省级政府，效能就更会大打折扣。教育专家指出，此次义务教育“修法”意义重大，但仍受制于中国特殊的政治经济体制，其贯彻执行必然受到行政管理体制、户籍制度等改革滞后的影响，不可期望过高。

热读三　《中华人民共和国义务教育法实施细则》

（1993 年 3 月 14 日国务院批准，1992 年 3 月 14 日国家教育委员会令第 19 号发布）

《中华人民共和国义务教育法实施细则》是为全面落实《中华人民共和国义务教育法》精神的保障性法律条例，也是有利于各级政府和民众贯彻《中华人民共和国义务教育法》的更具体的要求。较之前者，《实施细则》在适宜人群、实施步骤、就学原则、教育教学、保障体系、管理监督、责罚条款等方面，有了更加明确和具体细致的规定。在一定程度上，《实施细则》具有与《中华人民共和国义务教育法》同等的法律效力，是对《中华人民共和国义务教育法》的权威解释。尽管如此，《实施细则》在最后部分仍设有《附则》，规定由国家教育主管部门对仍不明确的和值得探讨的内容“负责解释”。《实施细则》所做的规定仍然是最基本的要求，最低的保障底线，对于大多数达到或超过这些规定的地区和学校而言，应该在更高的水平上做更为积极的努力。

综观《实施细则》，重要的内容都与中小学校和中小学教师的日常工作有关。因此，对于中小学及其教师而言，学习和了解《实施细则》的内容是非常重要的，这是中小学实施教育的最主要的依据。从《实施细则》中我们还可以感受到，《实施细则》所规定的内容不仅与上位法——宪法和教育法有关，还与行政法、经济法、税法、用工法、儿童保护法、教师法、治安法、刑法等有十分紧密的联系，可见，义务教育的问题并不是简单和单一的教育问题，也是与社会有广泛关联的综合性问题。为此，作为学校和教师，不仅要了解校园之内的事情，还要了解众多与教育有关的社会问题，以便使学校和教师的工作更加切合实际，争取各方面的理解和支持。

具体内容请参见法律条文，围绕着该法的相关附件列举如下，以便速查：

一、普及义务教育评估验收暂行办法（教育部1994年9月24日）

为保障本世纪末在全国普及初等义务教育和在大部分地区普及九年义务教育，根据《中华人民共和国义务教育法》及其实施细则的规定，国家教育委员会决定对普及九年或初等义务教育的县（市、市辖区，下同）进行评估验收。为此，特制定本办法。

二、国务院办公厅关于完善农村义务教育管理体制的通知（国务院2002年6月24日）

完善农村义务教育管理体制，是实践江泽民同志“三个代表”重要思想、实施科教兴国战略的重要内容；是进一步落实地方政府举办义务教育的责任，加强农村义务教育管理，保证经费投入，减轻农民负担，促进农村义务教育持续健康发展的治本之策；是提高农村人口素质，推动我国农村经济和社会长远发展的重大举措。党中央、国务院高度重视农村义务教育发展和完善农村义务教育管理体制问题，《国务院关于基础教育改革与发展的决定》（国发〔2001〕21号）明确提出，加强农村义务教育是涉及农村经济社会发展全局的一项战略任务，各级人民政府要牢固树立实施科教兴国战略必须首先落实到义务教育上来的思想，完善管理体制，保障经费投入，推进农村义务教育持续健康发展。各级人民政府要进一步增强责任感和紧迫感，严格执行《中华人民共和国教育法》、《中华人民共和国义务教育法》等有关法律法规，认真贯彻落实《国务院关于基础教育改革与发展的决定》，确保新的农村义务教育管理体制在2002年全面运行。为此，经国务院批准，现就完善农村义务教育管理体制有关问题作了具体通知。

三、国务院关于基础教育改革与发展的决定（国务院2001年5月29日）

改革开放以来，我国基础教育取得了辉煌成就。基本普及九年义务教育和基本扫除青壮年文盲（简称“两基”）的目标初步实现，素质教育全面推进。但我国基础教育总体水平还不高，发展不平衡，一些地方对基础教育重视不够。进入

新世纪，基础教育面临着新的挑战，改革与发展的任务仍十分艰巨。为了切实贯彻《中华人民共和国教育法》、《中华人民共和国义务教育法》、《中华人民共和国教师法》、《中华人民共和国未成年人保护法》等有关法律，实施《中华人民共和国国民经济和社会发展第十个五年计划纲要》，全面贯彻党的教育方针，大力推进基础教育的改革和健康发展，特作此决定。

热读四　《中华人民共和国教师法》

（1993 年 10 月 31 日第八届全国人民代表大会常务委员会第四次会议通过）

《中华人民共和国教师法》是一部保护教师合法权益，规范教师在教育活动中行为的法律，从法律的层面对教师的地位、作用给予充分肯定。该法律对教师的权利和义务、资格任用、培养和培训、考核、待遇、奖励及法律责任等方面进行了规定。《教师法》的颁布既有利于教师素质和教育质量的提高，也充分保护了教师的合法权益，为依法治教提供了法律依据。

教师作为教育活动的主体，其合法权益应该受到法律的保护，除了要遵守宪法和其他法律外，还应该遵守职业道德，为人师表，成为学生遵纪守法的表率。教师有义务培养学生的法律意识和对学生进行法制教育，制止有害于学生的行为或者其他，侵犯学生合法权益的行为，批评和抵制有害于学生健康成长的现象。

由于教师是履行教育教学职责的专业人员，承担着教书育人和培养社会发展所需人才的重任，所以对其任职资格应有严格的规定，该法律对教师的思想水平和教学能力方面做了具体的规定，针对不同层次的教师在学历上做了不同的要求，通过教师资格认定对教师的教学能力提供了制度保障。

教师享有参加培养和培训的权利，各级人民政府及有关部门应该为教师的培养和培训提供各方面的支持。各级教育主管部门不仅做好教师的培养和培训计划，还要监督各级学校或者其他教育机构对教师的政治思想、业务水平、工作态度和工作成绩进行考核。

在待遇方面，教师的平均工资水平应当不低于或者高于国家公务员的平均工资水平，享受教龄津贴和其他津贴，到少数民族地区和边远贫困地区从事教育教学工作的教师还应享有一定的补贴。在住房上享受优先和优惠的政策，在医疗上同当地国家公务员享受同等的待遇，退休或者退职后，享受国家规定的退休或者退职待遇。对于成绩显著或有特殊贡献的教师还应得到相应的奖励。

侮辱、殴打和打击报复教师的行为要受到法律的制裁，教师对学校或者其他教育机构侵犯其合法权益的，或者对学校或者其他教育机构作出的处理不服的，可以向教育行政部门提出申诉。地方人民政府要保证教师的工资和其他合法权益。同时，作为一名教师，对于自己的行为也要承担法律责任，比如故意不完成教育教学任务给教育教学工作造成损失的；体罚学生或侮辱学生，影响恶劣的行为都将受到教育部门的行政处分，情节严重的还要依法追究刑事责任。

《教师法》属于《宪法》和《教育法》的下位法，当与之发生冲突的时候，要服从于《宪法》和《教育法》。另外对于教师资格认定以及培养和培训、考核、待遇、奖励及法律责任等方面的详细内容可参考各相关具体的法律条文及条例。

具体内容请参见法律条文，围绕着该法的相关附件简单列举如下，以便速查：

一、国务院办公厅关于保障教师工资按时发放有关问题的通知(国务院 1997 年 8 月 15 日)

为了保护广大教师的合法权益，削弱体制性问题给教师和教育工作造成的困难，国务院颁布了此项通知。这是对《教师法》和相关法律条款落实的进一步促进，也是推进政府管理体制改革的重要依据。特别是广大农村地区的教师和学校领导，应以此为依据合理维护自己的权益，保证教育工作有一个良好的政策环境，使教师待遇得到切实的改善。

近年来，由于党中央、国务院领导同志的关心和重视，各级人民政府及全社会的共同努力，以“数额大、范围广、时间长”为特征的拖欠教师工资的严峻形势一度得到一定程度遏制。但是，目前许多地区又出现了新的拖欠，并且出现了教师工资“拖欠又克扣”等新问题，已经影响到教师生活、教学秩序和政府的形象。为保障教师工资按时发放，经国务院同意，现将有关问题作了具体通知。

二、国务院办公厅关于解决民办教师问题的通知（国务院 1997 年 9 月 7 日）

民办教师是我国中小学教师队伍的重要组成部分。长期以来，广大民办教师为发展我国农村教育事业做出了重大贡献。党中央、国务院十分重视和关心民办教师，提出了“争取到 20 世纪末基本解决民办教师问题”的目标．这是党中央、国务院推进农村教育发展的一项重大决策，是加强农村学校教师队伍建设、保“两基”、促“两全”的重大举措。为保证这一目标的顺利实现，经国务院同意，现将有关问题作了具体通知。

三、国家教委、全国教育工会关于加强教师休养工作的意见（国家教委、全国教师工会 1997 年 9 月 30 日）

《教师法》第六章第二十九条规定：要“因地制宜地安排教师进行休养”，使广大教师的休养权利以法律的形式得到确认。组织教师开展休养活动是贯彻落实《教师法》，保障教师权益的一项具体措施。教师的休养有利于提高教师工作积极性，在紧张的工作之后得到身心的休息。组织教师参加休养活动以自愿参加为原则，经费以个人负担为主，各地可以根据当地实际情况给予补助。

《教师法》第六章第二十九条规定：要“因地制宜地安排教师进行休养”，使广大教师的休养权利以法律的形式得到确认，充分体现了党和政府对知识分子的关怀。

教师利用假期外出参观、休养是由他们工作的性质决定的，针对教师职业特别有组织地安排休养活动已经形成传统，国家领导人和有关部门对此历来都十分重视。教育部和全国教育工会于 1979 年共同在北戴河组织了 23 个省自治区、直辖市优秀教师参加的暑期活动。1980 年，两家又联合下发了“关于组织优秀教师暑期休养的联合通知”。各地积极响应，普遍开展了这项工作。近年来，随着人民生活水平的提高，广大教师要求参加休养的愿望和要求更加强烈。不少地区教育行政部门和教育工会都积极安排本地区、本单位的教师在假期休养参观，受到普遍欢迎。通过休养参观使广大教师在紧张工作之余得到身心休息，有利于他们以更加充沛的精力投入教育教学工作；通过参观和社会考察使他们开阔眼界，增长知识，丰富阅历，对调动他们教书育人的积极性、提高教育教学质量也有积极作用；通过参观，还能使广大教师陶冶情操，增强民族自豪感和爱国主义精神、有利于社会主义精神文明的建设。

为了更好地贯彻落实《教师法》的有关规定，满足广大教师的要求，国家教委和全国教育工会对这项工作提出具体几点意见。

热读五　教师资格条例

（国务院 1995 年 12 月 12 日）

教师资格是由国家规定的从事教育、教学工作人员应具备的特定条件，是国家对教师实行的一种法定的职业许可制度，对于明确担任教师工作的条件、职责、权利和义务，拓宽教师来源渠道，提高教师队伍的思想政治和业务素质，调动教师教书育人的积极性，推动全社会进一步认识教师的社会地位，形成尊师重教的良好风尚，具有十分重大的意义。

按照国务院此条例的规定，教育部于 2000 年 9 月又发布《〈教师资格条例〉实施办法》对相关问题做了更细致的规定，凡通过国家，举办的教师资格考试取得教师资格的人，无论其过去的“身份”如何，都可以被招聘或录用从事教师工作。《教师资格条例》的颁布对于学校在人才管理上起到了指导性的作用。获取教师资格是教师走向工作岗位必须具备的条件。首先，要符合国家规定的从事教育教学工作的身体条件。其次，还应当具备相应学历，在《教师法》第十一条中有详细的规定。对于不具备教师法规定的教师资格学历的公民，申请获得教师资格，需通过国家举办的或者认可的教师资格考试。

本条例规定的内容不仅涉及获取教师资格的条件，对于教师资格考试和资格认定程序以及申请所需的材料等都做了详细的规定。对于违反此条例的行为和个人，教育行政部门要依法给予行政处分；构成犯罪的，还要依法追究刑事责任。

具体内容请参见法律条文，围绕该法的相关附件列举如下，以便速查：

一、中小学教师职业道德规范（国管教委全国教育工会 1991 年 8 月 13 日；1997 年 8 月 7 日修订）

教师职业道德是一般社会道德或一般职业道德在教师职业生活中的具体体现，是教师在教育工作中必须遵循的行为准则。教师职业道德素质高低，直接关系到青少年学生的健康成长，加强教师职业道德建设，提高教师思想道德素质水平，是学校精神文明建设的基本任务。

作为一名教师应该从规范要求的依法执教、爱岗敬业、热爱学生、严谨治学、团结协作、尊重家长、廉洁从教、为人师表八个方面严格要求自己，各学校应该将此规范作为考核教师的一个参考。

《中小学教师职业道德规范》对教师品德行为提出了明确的限制性要求，如“认真备课上课，认真批改作业，不敷衍塞责，不传播有害学生身心健康的思想”、“对学生严格要求，耐心教导，不讽刺、挖苦、歧视学生，不体罚或变相体罚学生”、“主动与学生家长联系，认真听取意见和建议，不训斥、指责学生家长”、“不利用职责之便谋取私利”，从政治思想、工作态度、生活作风等方面规范了教师的言行。

二、中小学教师继续教育规定（教育部 1999 年 9 月 13 日）

《中小学教师继续教育规定》的颁布，是中小学教师继续教育走向法制轨道的标志。继续教育既是教师应享受的权利也是其必须履行的义务，它对于提高教师的素质，建设教师队伍起到了非常重要的作用。

中小学教师继续教育是指对取得教师资格的中小学在职教师为提高思想政治和业务素质进行的培训，它也适用于社会力量办学的中小：学在职教师。条例对继续教育的内容与类别、组织管理、条件保障和考核与奖惩做出了明确的规定，把教师的继续教育同评职晋级实行了挂钩。

当中小学教师接受继续教育的权利受到侵害时，有权申诉。上级行政主管部门必须在规定的时间内予以答复，并将处理结果书面通知当事人双方或学校与教师，当事人认为处理不公平的，还可以向上一级部门再次申诉。中小学教师的继续教育纠纷主要有以下几个方式解决：一是教育行政机关行政裁断，对中小学教师继续教育纠纷或争议做出最终裁决；二是上一级行政机关的行政复议，由上一级行政机关对下一级行政机关引起的中小学教师继续教育行政行为进行复查，并做出正确决定；三是由行政机关设立的特定机构的行政仲裁，由特定机构根据当事人的申请，依照法定的程序对争议做出裁决；四是国家行政机关的行政调节，在国家行政机关的主持下，根据当事人双方自愿、合法的原则，达成和解协议。当上述方式不能解决时，可以依照法律规定的程序进行诉讼活动。

中小学教师继续教育的经费以政府财政拨款为主，多渠道筹措，在地方教育事业经费中专项列支，不应由个人承担，学习期间享受国家规定的工资福利待遇。对于无正当理由拒不参加继续教育的中小学教师，所在学校应督促其改正，并视情节给予批评教育。

三、中小学校长培训规定（教育部 1999 年 12 月 30 日）

我国的中小学校实行校长负责制，改革开放以来初步建立起了中小学校长培训和持证上岗制度。校长的教育思想、法制意识、品德修养和管理能力等直接影响到：学校的发展以及我国基础教育的改革发展和素质教育的全面实施。中小学校长培训以在职或短期离岗的非学历培训为主，分为任职资格培训、在职校长提高培训、骨干校长高级研修三种形式。通过培训获取《任职资格培训合格证书》才能够担当校长的职务。接受培训是中小学校长的权利，各级政府和教育行政部门要给予保障，同时也是校长应该履行的义务，对于拒不参加培训的校长要给予处分，严重的还要撤销其职务。

四、教育部关于加强专科以上学历小学教师培养工作的几点意见（教育部 2002 年 9 月 10 日）

教育部关于加强专科以上学历小学教师培养工作的这几点意见，是对广大小学教师业务上、工作上的关怀，是在积极落实《教师法》提出的有关要求，帮助教师在综合素质等方面持续性的提高。这些意见既是对广大教师的，也是对各级各类教育主管部门提出的。目的是将教师的学习提高落到实处。随着教育改单和发展的深入，小学教师的学历教育问题有了更多的解决途径和方式，也使更多的教师找到了适合自己的多元学习和进修渠道，关键是学校和教育主管部门要给予

多方面的支持。

为了适应基础教育改革与发展的需要，我国对培养专科学历小学教师工作进行了较长时间的积极探索，取得了较大成绩，并积累了许多宝贵经验。到2001年，小学教师中达到专科以上学历者已占小学教师队伍的27.4%。但是，我国专科以上学历小学教师的培养尚处于初级阶段，在培养制度、办学渠道、办学模式、专业建设等方面还存在一些问题。为了贯彻落实《中共中央国务院关于深化教育改革全面推进素质教育的决定》精神，大力提高小学教师整体素质，加强专科以上学历小学教师培养工作，特提出相关具体意见。

五、教育部关于推进教师教育信息化建设的意见（教育部2002年3月1日）

“教育部关于推进教师教育信息化建设的意见”是为了适应快速发展的学习化社会和“知识经济”带来的挑战，提出的一项重要的要求；也是新时期教师发展和提高综合素质的重要内容。对于广大教师而言，重要的不仅是会用计算机和互联网，更重要的是理解现代教育技术背后的现代教育理念，以及由其引发的一系列教育教学的变化、师生关系的变化、学习资源和方式的变化、社会学习环境的变化等，争取在教育教学的过程中掌握更多的主动权。

为适应信息化社会的发展要求，以信息化带动教育现代化，促进教师教育跨越式的发展，积极推进教师教育信息化建设是一项紧迫的重要任务。现就“十五”间推进我国教师教育信息化建设工作，提出相关具体意见。

六、关于开展小学教师基本功训练的意见（国家教委1995年9月8日）

基本功训练是小学教师继续教育的重要内容之一，能直接有效地提高教师的教育教学能力。教师基本功是教师从事教育教学工作必须具备的最基本的职业技能。小学教师要能熟练掌握汉语拼音，用普通话进行教学，普通话一般应达到国家语委制定的《普通话水平测试》二级水平；能按教学要求，突出教学重点，用简练的线条较快地勾画出事物的主要特征，设计、绘制简笔画；能按教学要求，正确使用教具；能就地取材，制作简易的教具；能按小学德育大纲的要求，组织班队活动，掌握进行家庭访问，对学生进行个别教育等技能。各学校应该提供基本功训练的时间和必要的物质条件，保证训练的正常进行。

七、国家语委、国家教委关于小学普及普通话的通知（国家语委、国家教委 1990 年 12 月 29 日）

1990 年 12 月 29 日《中华人民共和国宪法》和《中华人民共和国义务教育法》规定，要推广全国通用的普通话。普通话的教学是初级学校语文教育的一项基本内容，小学阶段是学生学习语言的最佳时期，学校是推广普通话工作的重点和基础。为适应 21 世纪经济、科技、社会发展对语言规范的更高要求，也为各级各类学校和社会普及普通话打下基础，必须有计划地将小学推广普通话工作全面、系统地开展起来，要求在 2000 年前基本做到城市小学和县、镇小学以及乡中心小学在校内普及普通话，使普通话成为校园语言。为此，特作具体通知。

八、国家语委、国家教委、广播电影电视部关于开展普通话水平测试工作的决定（国家语委、国家教育 1994 年 10 月 30 日）

上述部委“关于开展普通话水平测试工作的决定”对于中小学教师而言非常重要，是要求其切实提高教育教学质量和本人综合素质的关键。只有有效地掌握普通话，才能在教育教学、师生交流、同行交往、在最大范围内吸取资源等方面提高效率和水平。因此，该项要求的意义在于为广大教师的可持续发展打下重要和关键的基础。当然，本地、本民族的语言仍然有其重要的和不可替代的作用和价值，有效的掌握这些语言并利用各自的优势，可使教师的工作和自身发展得到多方面的支持。

《中华人民共和国宪法》规定：“国家推广全国通用的普通话。”推广普通话是社会主义精神文明建设的重要内容；社会主义市场经济的迅速发展和语言文字信息处理技术的不断革新，使推广普通话的紧迫性日益突出。国务院在批转国家语委关于当前语言文字工作请示的通知（国发［1992］63 号文件）中强调指出，推广普通话对于改革开放和社会主义现代化建设具有重要意义，必须给予高度重视。为加快普及进程，不断提高全社会普通话水平，国家语言文字工作委员会、国家教育委员会和广播电影电视部特作了该决定。

九、《普通话水平测试实施办法（试行）》（国家语委 1994 年 10 月 30 日）

根据国家语言文字工作委员会、国家教育委员会、广播电影电视部《关于开展普通话水平测试工作的决定》，制定本办法。

热读六　教学成果奖励条例

（国务院 1994 年 3 月 14 日）

《教学成果奖励条例》是对《教师法》中奖励规定的具体化、明确化的教育法规。它将教师在教学工作中创造性的劳动，以教学成果的形式给予充分肯定，并与科研成果同样对待，这与《教师法》维护教师合法权益、尊师重教的精神是完全一致的。条例的颁布对于落实教学工作在各级各类学校中的重要地位，充分肯定教师的劳动成果，调动教师教学的积极性，大力促进教育的改革和发展具有重要意义。

本条例所称的教学成果，是指反映教育教学规律，具有独创性、新颖性、实用性，对提高教学水平和教育质量、实现培养目标产生明显效果的教育教学方案。各级各类学校、学术团体和其他社会组织、教师及其他个人，均可以依照本条例的规定申请教学成果奖。教学成果奖的奖金，归项目获奖者所有，任何单位或者个人不得截留。获得教学成果奖，应当记入本人考绩档案，作为评定职称、晋级增薪的一项重要依据。对于弄虚作假或剽窃他人成果的行为将受到相应的行政处分。

具体内容请参见法律条文，围绕该法的相关附件列举如下，以便速查：

一、教师和教育工作者奖励规定（国家教委 1998 年 1 月 8 日）

《教师和教育工作者奖励规定》是依据《教师法》制定的专项政策，意在鼓励广大教师和教育工作者长期从事教育事业，奖励在教育事业中作出突出贡献的教师和教育工作者。该规定适用于《教师法》适用范围的各级各类学校及其他教育机构中的教师和教育工作者。

其基本要求是：全面贯彻教育方针，坚持素质教育思想，热爱学生，关心学生的全面成长，教书育人，为人师表，在培养人才方面成绩显著；认真完成教育教学工作任务，在教学改革、教材建设、实验室建设、提高教育教学质量方面成绩突出；在教育教学研究、科学研究、技术推广等方面有创造性的成果，具有较大的科学价值或者显著的经济效益、社会效益；在学校管理、服务和学校建设方面有突出成绩。这是优秀教师的标准，也是每一位教师发展的目标。

国务院教育行政部门对长期从事教育教学、科学研究和管理、服务工作并取得显著成绩的教师和教育工作者，分别授予“全国优秀教师”和“全国优秀教育工作者”荣誉称号，颁发相应的奖章和证书；对其中做出突出贡献者，由国务院教育行政部门会同国务院人事部门授予“全国模范教师”和“全国教育系统先进工作者”荣誉称号。奖励每三年进行一次。“全国模范教师”、“全国教育系统先进工作者”应享受省、部级劳动模范和先进工作者待遇。

二、特级教师评选规定（国家教委 1993 年 1 月 10 日）

颁布该规定是为了鼓励广大中小学教师长期从事教育事业，进一步提高中小学教师的社会地位，表彰在中小学教育教学中有特殊贡献的教师。规定对特级教师的评选人群、范围、条件、指导原则、程序；对特级教师的奖励、惩罚及应享受的待遇做了具体的规定。凡是工作在中小学教育战线上的各级各类教师，只要热爱教育事业，模范履行教师职责，具有中小学高级教师职务，在教育教学过程中做出显著贡献的教师，特别是工作在教育教学第一线的教师都可以参加特级教师的评选。特级教师享受特级教师津贴，每人每月 80 元，退休后继续享受，但当特级教师调离中小学教育系统，其称号自行取消，与称号有关的待遇也即行中止。特级教师是师德的表率、教学的专家，要不断总结和推广其教育教学经验，积极参与年轻教师的培养工作。

热读七　中华人民共和国民办教育促进法

（2002 年 12 月 28 日第九届全国人民代表大会常务委员会第三十一次会议通过）

《民办教育促进法》不属于教育领域的专门法，它的颁布主要是为了促进我国民办教育事业的健康发展，维护民办学校和受教育者的合法权益，才艮据《宪法》和《教育法》制定的法律条文，其核心作用是促进民办教育的发展。它对于民办教育的主要问题作了原则的规定，如确定了民办学校与公办学校同等的法律地位，明确了政府、民办学校的举办者与管理者以及教师、学生的责任、权利和利益的关系，规范了政府的管理行为和民办学校的办学行为，对民办教育的扶持与奖励等。这部法律的实施还需要政府有配套的法规和政策措施，使此法的实施更具体，更具操作性。《民办教育促进法》规定了民办学校的教师与公办学校的教师具有同等的法律地位，在权利、义务方面是平等的。民办学校的教职工在业务培训、职务聘任、教龄和工龄计算、表彰奖励、社会活动等方面依法享有与公办学校教职工同等的权利。民办学校聘任的教师，应当具有国家规定的任教资格，按照《教育法》及《教师法》的相关规定，行使权利和履行义务。民办学校要依法通过以教师为主体的教职工代表大会等形式，保障教职工参与民主管理和监督。

热读八　中华人民共和国民办教育促进法实施条例

（国务院 2004 年 3 月 5 日）

具体内容请参见法律条文。

热读九　小学管理规程

（国务教委 1996 年 3 月 9 日）

《小学管理规程》是具有法律效力的国家行政规章，是小学规范管理的依据，是小学教育工作者的工作准则。规程对小学的办学方向、培养目标、教育教学、教师队伍等各方面工作都提出了明确、具体的要求。《小学管理规程》是《教育法》、《义务教育法》、《教师法》等教育法规在小学教育工作要求上的具体体现，同时也是对多年来小学各方面管理经验的总结和升华。

《小学管理规程》依据与小学工作有关的国家法律、行政法规及规章、政策，对于小学内部管理的基本工作，如入学学籍、教育教学、人事、行政、校舍、设备及经费、卫生保健及安全等内容以及家庭、社会等方面做了具体的规定。规程中的各项规定，是我国每一所小学内部管理工作都必须遵循的最基本的要求。

规程为小学校长提供了较为完整的办学依据和工作纲领。小学校长严格依照规程去管理学校，开展各项工作，就可以基本做到依法办学、依法治教，杜绝那种规章制度不健全、教育教学秩序混乱、个人随意决策、违背方针政策和法律法规的现象，避免小学管理中无章可循的状况。

作为一名小学教师在工作中应当按照规程的要求组织教育教学过程，将德育工作摆在重要的位置；科学、全面地评价学生，以正面教育为主，不得讽刺、挖苦和打击学生，严禁体罚和变相体罚学生；教育教学要面向全体学生，促进学生全面健康的发展；保证学生学业负担适量；不把考试成绩作为评判学生的惟一标准，重视体育、美育、劳动教育和健康教育，努力使学生获得全面发展。

规程附则要求："小学应根据《中华人民共和国教育法》和本规程的规定，结合本校实际情况制定本校章程。"学校章程是指为保证，学校正常运行，就办学宗旨、内部管理体制及财务活动等重大、基本的问题制定出全面规范的自律性基本文件。学校章程不同于规章制度，它是学校全局性、纲领性的文件，是学校自主管理、自律及政府监督管理的基本依据，也是制定学校一般规章制度的基础。

具体内容请参见法律条文，现将相关附件列举如下，以便速查：

一、中小学校财务制度（财政部国家教委 1997 年 1 月 1 日）

具体内容请参见法律条文。

二、学校食堂与学生集体用餐卫生管理规定（教育部、卫生部 2002 年 2 月 1 日）

由于学校不重视食堂卫生而引发的学生集体食物中毒事件引起了国家有关部门的高度重视，教育部和卫生部才艮据《食品卫生法》和《学校卫生工作条例》，为防止学校食物中毒或者其他食源性疾患事故的发生，保障师生员工身体健康，特制定了本规定。规定对学校食堂建筑、设备与环境卫生、食品采购、储存及加工卫生以及食堂从业人员卫生要求做了详细具体的规定。中小学教师应当加强学生的饮食卫生教育，进行科学的引导，劝阻学生食用街头无照商贩出售的食品和来历不明的食品，保障青少年学生的身体健康。

三、国家教委关于农村中小学参加扫盲工作的通知（国家教委 1990 年 6 月 4 日）

“国家教委关于农村中小学参加扫盲工作的通知”对于农村中小学的教育教学和综合发展而言，是有诸多益处的。这不仅可以由历史证明，现实要求的建设“高水平的小康社会”、建设“学习化乡村”等社会发展目标，也可以使农村中小学融入地方社会的综合发展，使师生的所教所学均有用武之地。为此，不应将此项工作看成负担，而应积极地筹划，通过此项工作推进学校的整体发展，使农村的学校教育更适合农村地方的全面需要，成为农村社会可持续发展的智力源泉。

1990 年 6 月 4 日扫除文盲是我国的一项大政，也是教育部门责无旁贷的职责。各级教育部门要把贯彻《义务教育法》和《扫除文盲工作条例》统筹规划，同步实施。不仅要努力普及义务教育，最大限度地提高入学率、巩固率、毕业率和普及率，堵住新文盲产生的渠道，而且还要积极发动农村中小学师生参加扫盲工作。据统计，1989 年全国农村中小学（包括职业中学）有 77 万多所，学生 1.2 亿多人，专任教师近 600 万人，这是农村巨大的智力资源，是农村扫除文盲

的重要力量。扫盲是社会性、群众性工作，需要全社会各界群众的广泛参与。中小学参加扫盲工作，对创造良好的扫盲环境，提高教学质量，巩固扫盲成果，加快扫盲步伐具有重要的意义，同时，可以使学校师生更多地了解、接触社会，增加责任感、使命感，提高全社会对普及基础教育，特别是普及小学教育的认识，加快小学教育的普及速度，提高教育质量，促进学校的各项社会实践工作的开展。

“日校办夜校，一师任两教”是我国扫盲的重要经验。1983 年教育部办公厅曾发文推广过“安徽拾日校办夜校”的经验。长期以来，数以万计的农村中小学师生参加了扫盲的宣传、教学工作。他们深入乡村农户，调查文盲状况，动员文盲入学。许多学校举办农民夜校，开办扫盲班，扫除了大批文盲。广大教师不辞辛苦，把扫盲教学当作自己义不容辞的责任，成千上万的中小学生组成扫盲包教小组，送字上门，成为扫除文盲的“小先生”。有的地方要求中师学生实习时，必须参加扫盲教学活动。为了做好这项工作，有的省和地区还制定了有关政策，进一步调动了中小学生参加扫盲工作的积极性。

今年是国际扫盲年，大力扫除文盲是摆在我们面前的一项重要任务。因此，国家教委要求，各级教育部门要积极动员农村中小学教师和小学高年级以上的学生利用暑假、寒假和课余时间积极参加当地的扫盲工作。

农村中小学要利用已有的校舍设备，积极举办扫盲班或举办农民学校，做到“一校多用”。要广泛动员，精心组织，明确任务要求，做到有布置、有检查、有评比、有总结表彰。特别是县以下教育部门要做好组织协调工作，把中小学参与扫盲和当地的整个扫盲计划结合起来。要制定有关政策，扶持扫盲工作的开展，凡有扫盲任务的地方，农村中小学师生要把参与扫盲作为重要的社会义务，把堵盲和扫盲作为农村中小学工作内容。要把学生参与扫盲和参加社会实践活动、少先队活动以及学雷锋、学赖宁活动结合起来，要根据师生的实际情况，开展多种形式的扫盲宣传、调查、教学、辅导、读书读报等扫盲和扫盲后文化教育活动，适当安排师生的扫盲任务，同时也注意不要影响学校的正常教学工作。开展这项工作既要积极，有声有色，又要扎扎实实，长期坚持，务求实效，推动扫盲工作不断取得新成绩。

四、教育部关于积极推进中小学评价与考试制度改革的通知（教育部 2002 年 12 月 27 日）

教育部关于“积极推进中小学评价与考试制度改革”的通知是促进学校教育教学改革的重要政策文件，是适应新的课程改革和教材、教学全面改革的重要指导。传统的考试评价方式和“高考指挥棒”极大地限制了教育教学改革的发展，也使教育法规提出的大目标难以实现和落实。为此，通过改进评价与考试制度，有可能从根本上改变人们看待教育质量的标准和相关的价值取向，使我国既定的教育改革目标得以推进和实现。

应该指出，要实现这一目标，还需要解决许多相关问题，如考试机构与教育部门的协调问题、社会人才标准问题，各级各类学校的关系问题等，因此，这应是一个系统的工程，也是一个巨大的社会观念的改造工程，必须赢得全社会的参与、支持和帮助，得到政府主管部门的整体关注。近年来，随着素质教育的全面推进，中小学评价与考试制度的改革得到了社会各界的广泛重视，各地积极探索，取得了有益的经验。但是，现行中小学评价与考试制度与全面推进素质教育的要求还不相适应，突出反映在强调甄别与选拔功能，忽视改进与激励的功能；注重学习成绩，忽视学生全面发展和个体差异；关注结果而忽视过程，评价方法单一；尚未形成健全的教师、学校评价制度等。为进一步贯彻落实《中共中央国务院关于深化教育改革全面推进素质教育的决定》（中发［1999］9 号）和《国务院关于基础教育改革与发展的决定》（国发［2001］21 号）精神，坚持教育创新，全面推进素质教育，经国务院同意，就积极推进中小学评价与考试制度改革有关问题作了具体通知。

热读十　学校体育工作条例

（国务院、国家教委、国家体委 1990 年 3 月 12 日）

“学校体育工作条例”属于专业性法规，是为了全面落实《宪法》、《教育法》的规定，实现教育方针规定的目标，加强国民，特别是受教育者的身体素质和体育运动能力等针对学校体育的特殊性所做的专门法律规定。它要求教育主管部门和学校对体育给予各方面的支持和保证，将体育拓展到包括体育类课程教学，课外、校外体育活动等更广阔的领域。

应该强调，发展体育的目的不仅是提高身体素质，它对于一个人的全面发展也有积极的意义。学生和教师获得的部分体育类进步会带给他们诸多的益处，帮助他们将积极的精神、情绪和心态迁移到其他学习和工作、生活等领域，因此，学校和教师对体育的认识需要全面，也要做好学生和家长的思想工作。

热读十一　学校艺术教育工作规程

（教育部 2002 年 7 月 25 日）

《学校艺术教育工作规程》属于专业性法规，即针对学校艺术教育的特殊性所做的专门法律规定。它是为了全面落实宪法、教育法的规定，实现教育方针规定的目标，加强国民，特别是受教育者的艺术修养和艺术感受能力、运用能力等而制定的。它要求教育主管部门和学校对艺术教育给予各方面的支持和保证，并将艺术教育拓展到包括艺术类课程教学，课外、校外艺术教育活动，校园文化艺术环境建设等更广阔的领域。

热读十二　学校卫生工作条例

（国务院、国家教委、卫生部 1990 年 6 月 4 日）

《学校卫生工作条例》是一项针对性很强的专门“条例”，主要是为了保障中小学生在校期间的卫生安全。加强学校卫生工作，提高学生的健康水平，其主要工作包括：监测学生健康状况；对学生进行健康教育，培养学生良好的卫生习惯；改善学校卫生环境和教学卫生条件；加强对传染病、学生常见病的预防和治疗等。作为学校教育机构，是学生云集的场所，因此，卫生工作必须引起校长和教师的极大关注。校方作为学生的临时委托监护人，有责任对每一位学生的卫生健康负责，也有

必要对学生进行卫生健康方面的教育，使学生养成良好的卫生习惯。

本条例规定的内容不仅包括人们常规认为的卫生问题，也包括诸如生理卫生、心理卫生、空气卫生、食品卫生、环境卫生、用品卫生、设施卫生等，对违规现象和行为进行教育和处理。卫生工作不是“小事”，学校也不应因为一些蝇头小利用学生和教师的卫生健康做代价。特别在流行病传染期间，学校更应该严格按照规定执行有关部门布置的任务，配合政府做好相关工作。平时学校也应该组织教育教职工认真学习相关条例的内容，配合相关部门的执法人员推进卫生工作的开展。

本条例规定的内容具有法律效力，在出现相关问题时可以作为法律依据。作为学校应该自觉地接受社会及有关主管部门的监督和帮助。

对于责任问题，学校（包括校长和教师）应该明确，有一些是直接责任，有一些是间接责任，还有一些可以转到社会上，如通过社会服务机构或相关保险项目负责，并争得学生家长的支持，使卫生工作促进学校的日常工作，而不是影响学校的常规工作的开展。

热读十三　中小学校电化教育规程

（国家教委 1997 年 7 月 14 日）

具体内容请参见法律条文。

热读十四　中小学德育工作规程

（国家教委 1998 年 3 月 16 日）

中小学德育工作是素质教育的重要组成部分，对青少年学生健康成长和学校工作起着提供导向、动力、保证的作用。中小学德育工作要注意同智育、体育、美育、劳动教育等紧密结合，还要注意和家庭教育、社会教育紧密结合，各学校在德育教育的内容和基本要求保持相对稳定的基础上，根据当地的实际情况采取不同的教育方式，充实和完善规程的内容。中小学教师是德育工作的基本力量，德育贯穿于教师的整个教育教学过程中，这就要求教师要具有一定的理论修养，较丰富的社会科学知识和从事德育工作的能力。

具体内容请参见法律条文，其相关附件列举如下，以便速查：

一、小学生日常行为规范（修订）（国家教委 1991 年 8 月 20 日）

1991 年和 1994 年国家教育部门分别颁布了《小学生日常行为规范》和《中学生日常行为规范》，对中小学生良好的行为习惯的养成，以及学校形成良好的校风、学风、教风等都起到了重要作用。随着社会发展变化，中小学生思想道德建设面临许多新的情况和新的问题，教育部根据《中共中央国务院关于进一步加强和改进未成年人思想道德建设的若干意见》、《公民道德建设实施纲要》的要求，对上述规范进行了修订。

《规范》集中体现了对中小学生思想品德和日常行为的基本要求，对学生树立正确的理想信念，养成良好行为习惯，促进身心健康发展起着重要作用。教师在日常教育教学活动中要积极引导学生按照规范严格要求自己的言行，采取多种形式宣传规范，与各项教育教学活动结合起来，相互渗透。

二、中学生日常行为规范（修订）（国家教委 1994 年 3 月 11 日）

具体内容请参见法律条文。

三、家长教育行为规范（国家教委、全国妇联 1997 年 3 月 17 日）

对子女进行教育是每一位家长应尽的义务，是家长不可推卸的法律责任，但实际情况是，有相当多的家庭并不能切实履行教育的责任。有的家长对子女教育存在客观的困难，有的不懂得科学方法，甚至有的家长恶意侵犯子女的权益。规范的目的就是要引导广大家长树立正确的教子观念，掌握科学的教育方法，提高教育水平。学校要充分利用和家长交流和沟通的机会，对家长的教育观念和方法进行引导，教师对存在家长教育困难的学生要给予更多的关心，对某些家长的不科学的教育行为要给予适当的批评和教育。只有家庭、学校和社会各方面的共同配合，才能真正达到教育的目的。

国家教委、全国妇联联合颁发的《家长教育行为规范》是针对新时期家庭教育面临的新情况、新问题，以及21世纪对国民素质的总体要求制定的。各级教育行政部门、妇联要主动争取当地党委政府领导的支持，把倡导广大家长遵守《家长教育行为规范》纳入当地精神文明建设总体规划，引导广大家长树立正确的教子观念，掌握科学的教育方法，提高教育水平。

热读十五　教育行政处罚暂行实施办法

（国家教委 1998 年 3 月 6 日）

教育行政处罚是指教育行政机关对违反法律、法规，不履行相应义务的人或机构所作出的一种制裁，它是行政执法行为的最明显的形式。《教育行政处罚暂行实施办法》规定了教育行政处罚的实施机关与管辖、处罚种类以及主要违法情形、处罚程序与执行等方面的内容，是教育行政机关实施教育行政处罚的基本依据。

实施办法对于撤销教师资格做了规定。对于弄虚作假或以其他欺骗手段获得教师资格的；品行不良、侮辱学生，影响恶劣的教师由教育行政部门给予撤销教师资格、自撤销之日起五年内不得重新申请认定教师资格的处罚。参加教师资格考试的人员有作弊行为的，其考试成绩作废，并由教育行政部门给予三年内不得参加教师资格考试的处罚。

具体内容请参见法律条文，其相关附件简单列举如下，以便速查：

一、教育督导暂行规定（国家教委 1991 年 4 月 26 日）

教育督导制度是为了加强对教育工作的行政监督，保证国家有关教育方针、政策、法规的贯彻执行和教育目标的实现。《教育督导暂行规定》对督导的任务、范围、机构以及督学的任职条件等做了规定，被督导单位要配合督学的工作，不能阻挠和抗拒督学依法行使职权以及打击报复督学，对于以权谋私的督学也会给予相应的行政处分。

二、普通中小学校督导评估工作指导纲要（修订稿）

为构建以实施素质教育为目标，全面科学地评估学校办学水平的机制，根据国家有关教育的法律、法规，特制定《普通中小学校督导评估指导纲要》。

热读十六　残疾人教育条例

（国务院 1994 年 8 月 23 日）

《残疾人教育条例》是为了更好地体现宪法对全体国民受教育权保障及全面有效地落实《义务教育法》的补充条例，也是为全面推进“全民教育”和“终身教育”提供的法律依据和支持。学校和各级各类教育类机构，应该严格按照此条例规定的要求办事，为残疾儿童提供必须的适宜的月良务，特别应在心理和情感等方面给予充分的关怀、帮助和鼓励。政府主管部门和学校提供必要的环境、经费和设施等条件，教师也应学习和了解有关残疾儿童“随班就读”等有关的知识和方法，使其能顺利地回归到“正常的”学习和生活环境之中。

1. 政处罚决定不服的救济途径

根据中华人民共和国义务教育法实施细则的规定，当事人对行政处罚决定不服的，有以下救济途径：

（1）可以依照法律、法规的规定申请？复议。

（2）当事人对复议决定不服的，可以依照法律、法规的规定向人民法院提起诉讼。

2. 不申请复议，不提起诉讼，不履行处罚决定的处理

根据义务教育法实施细则的规定，当事人对行政处罚决定在规定的期限内不申请复议，也不向人民法院提起诉讼，又不履行处罚决定的处理方法：

由作出处罚决定的机关申请人民法院强制执行，或者依法强制执行。

3. 侮辱、殴打教师的处理

按照中华人民共和国教师法的规定，对侮辱、殴打教师的，根据不同情节的处理：

（1）给予行政处分或者行政处罚；

（2）造成损害的，责令赔偿损失；

（3）情节严重，构成犯罪的，依法追究刑事责任。

4. 小学、初中教师资格的学历

按照中华人民共和国教师法的规定，取得小学、初中教师资格分别应当具备的相应的学历：

（1）取得小学教师资格，应当具备中等师范学校毕业及其以上学历；

（2）取得初级中学教师、初级职业学校文化、专业课教师资格，应当具备高等师范专科学校或者其他大学专科毕业及其以上学历；

5. 教师如何主张权利

按照中华人民共和国教师法的规定，教师对学校或者其他教育机构侵犯其合法权益的，或者对学校或者其他教育机构作出的处理不服的，及教师认为当地人民政府有关行政部门侵犯其根据本法规定享有的权利主张权利：

（1）可以向教育行政部门提出申诉，教育行政部门应当在接到申诉的三十日内，作出处理；

（2）可以向同级人民政府或者上一级人民政府有关部门提出申诉，同级人民政府或者上一级人民政府有关部门应当作出处理。

6. 保障教学任务应当履行的职责

中华人民共和国教师法规定，为保障教师完成教育教学任务，各级人民政府、教育行政部门、有关部门、学校和其他教育机构应当履行的职责：

（1）提供符合国家安全标准的教育教学设施和设备；

（2）提供必需的图书、资料及其他教育教学用品；

（3）教师在教育教学、科学研究中的创造性工作给以鼓励和帮助；

（4）支持教师制止有害于学生的行为或者其他侵犯学生合法权益的行为。

7. 教师享有的义务

按照中华人民共和国教师法的规定，教师享有的义务：

（1）遵守宪法、法律和职业道德，为人师表；

（2）贯彻国家的教育方针，遵守规章制度，执行学校的教学计划，履行教师聘约，完成教育教学工作任务；

（3）对学生进行宪法所确定的基本原则的教育和爱国主义、民族团结的教育，法制教育以及思想品德、文化、科学技术教育，组织、带领学生开展有益的社会活动；

（4）关心、爱护全体学生，尊重学生人格，促进学生在品德、智力、体质等方面全面发展；

（5）禁止有害于学生的行为或者其他侵犯学生合法权益的行为，批评和抵制有害于学生健康成长的现象；

（6）不断提高思想政治觉悟和教育教学业务水平。

8. 教师法的适用范围

适用于在各级各类学校和其他教育机构中专门从事教育教学工作的教师。

9. 教师享有的权利

按照中华人民共和国教师法的规定，教师享有的权利：

（1）进行教育教学活动，开展教育教学改革和实验；

（2）从事科学研究、学术交流，参加专业的学术团体，在学术活动中充分发表意见；

（3）指导学生的学习和发展，评定学生的品行和学业成绩；

（4）按时获取工资报酬，享受国家规定的福利待遇以及寒暑假期的带薪休假;??

（5）对学校教育教学、管理工作和教育行政部门的工作提出意见和建议，通过教职工代表大会或者其他形式，参与学校的民主管理；

（6）参加进修或者其他方式的培训。

全社会应当尊重教师。国家保障教师的合法权益，采取措施提高教师的 社会地位，改善教师的物质待遇，对优秀的教育工作者给予奖励。

10. 县级以上地方人民政府依法给予行政处分情形

《义务教育法》第五十二条规定：县级以上地方人民政府有下列情形之一的，由上级人民政府责令限期改正；情节严重的，对直接负责的主管人员和其他直接责任人员依法给予行政处分，本条所规定的四种情形。

（一）未按照国家有关规定制定、调整学校的设置规划的；

（二）学校建设不符合国家规定的办学标准、选址要求和建设标准的；

（三）未定期对学校校舍安全进行检查，并及时维修、改造的；

（四）未依照本法规定均衡安排义务教育经费的；

11. 直接责任人员依法给予处分的四种情形

《义务教育法》第五十七条规定：学校有下列情形之一的，由县级人民政府教育行政部门责任令限期改正，情节严重的，对直接负责的主管人员和其他直接责任人员依法给予处分，请写出本条所规定的四种情形。

（一）拒绝接收具有接受普通教育能力的残疾适龄儿童、少年随班就读的；

（二）分设重点班和非重点班的；

（三）违反本法规定开除学生的；

（四）选用未经审定的教科书的；

12. 校园内结伙斗殴，寻衅滋事的处罚

按照中华人民共和国教育法的规定，对在校园内结伙斗殴，寻衅滋事，扰乱学校及其他教育机构教育教学秩序或者破坏校舍、场地及其他财产的处罚：

由公安机关给予治安管理处罚；构成犯罪的，依法追究刑事责任。

13. “实施义务教育不收学费、杂费”的意义

新《义务教育法》规定的“实施义务教育不收学费、杂费”，这款规定标志着我国实行免费义务教育的时代已经来临。“免费”成为新《义务教育法》最大的一个亮点。推行免费义务教育是坚持发展成果由人民共享的重要举措，目的是保证所有适龄儿童、少年都能上得起学，不会因贫辍学，使义务教育更加名副其实。

义务教育法对接受义务教育学生的收费规定：

国家对接受义务教育的学生免收学费。国家设立助学金，帮助贫困学生就学。

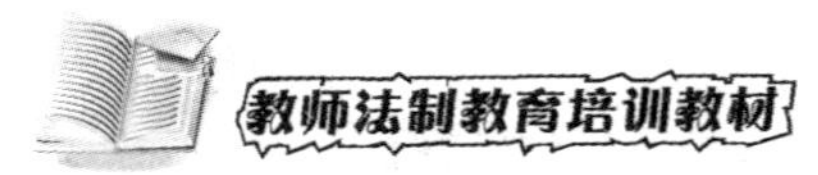

14. 义务教育学校不得开除学生的原因

《义务教育法》规定不得开学生，是由义务教育的性质决定的，目的是为保障学生接受义务教育的权利。义务教育是强制性教育，是所有适龄儿童、少年不许接受的教育，不能因为学生违反学校管理制度，就剥夺学生受教育的权利。在这一点上，义务教育同非义务教育有所不同。非义务教育阶段的学生如果严重违反学校管理制度，学校可给予其开除学籍的处分。

15. 义务教育法的实施时间和制定的根据

中华人民共和国义务教育法的实施时间：1986 年 7 月 1 日。

中华人民共和国义务教育法制定的根据 ：根据宪法和我国实际情况确定的。

中华人民共和国义务教育法确定的义务教育年限：九年制义务教育。

16. 推行义务教育的步骤的政府级别

义务教育法规定的由由省、自治区、直辖市根据本地区的经济、文化 发展状况，确定推行义务教育的步骤。

17. 义务教育的基本原则

中华人民共和国义务教育法确定的义务教育的基本原则：

义务教育必须贯彻国家的教育方针，努力提高教育质量，使儿童、少年在品德、智力、体质等方面全面发展，为提高全民族的素质，培养有理想、有道德、有文 化、有纪律的社会主义建设人才奠定基础。

18. 义务教育的主体责任的规定

义务教育法在依法保障适龄儿童、少年接受义务教育的主体责任的规定：

国家、社会、学校和家庭依法保障适龄儿童、少年接受义务教育的权利。

19. 义务教育入学年龄

义务教育法在义务教育入学年龄上的规定：

凡年满六周岁的儿童，不分性别、民族、种族，应当入学接受规定年限的义务教育；条件不具备的地区，可以推迟到七周岁入学。

20. 义务教育的阶段

义务教育可以分为初等教育和初级中等教育两个阶段。在普及初等教育的基

础上普及初级中等教育。

21. 义务教育学制的确定

义务教育法规定的义务教育学制是由国务院教育主管部门制定。

22. 教师给予行政处分或者解聘处理情形

按照中华人民共和国教师法的规定，教师下列情形，由所在学校、其他教育机构或者教育行政部门给予行政处分或者解聘处理：

(1) 故意不完成教育教学任务给教育教学工作造成损失的；

(2) 体罚学生，经教育不改的；

(3) 品行不良、侮辱学生，影响恶劣的。

23. 教学制度确定者和根据

义务教育法规定由国务院教育主管部门确定义务教育的教学制度、教学内容、课程设置，审订教科书。

义务教育法规定确定义务教育的教学制度、教学内容、课程设置及审订教科书的根据：

应当根据社会主义现代化建设的需要和儿童、少年身心发展的状况，确定义务教育的教学制度、教学内容、课程设置，审订教科书。

24. 就近入学

义务教育法规定由地方各级人民政府一级政府合理设置小学、初级中等学校，使儿童、少年就近入学。

25. 特殊教育学校（班）

义务教育法规定由地方各级人民政府为盲、聋哑和弱智的儿童、少年举办特殊教育学校（班）。

26. 义务教育的财政拨款的增长比例

义务教育法对国家用于义务教育的财政拨款的增长比例的规定：

国家用于义务教育的财政拨款的增长比例，应当高于财政经常性收入的增长比例，义务教育法对经济困难地区实施义务教育的经费有何特殊规定：

国家对经济困难地区实施义务教育的经费，予以补助。

义务教育法对少数民族地区实施义务教育的特殊规定：

国家在师资、财政等方面，帮助少数民族地区实施义务教育。

27. 自愿捐资助学

义务教育法对 各种社会力量以及个人自愿捐资助学是的规定：

国家鼓励各种社会力量以及个人自愿捐资助学。

28. 义务教育教师的要求

义务教育法对从事义务教育教师的要求：

(1) 国家采取措施加强和发展师范教育，加速培养、培训师资，有计划地实现小学教师具有中等师范学校毕业以上水平，初级中等学校的教师具有高等师范专科学 校毕业以上水平。

(2) 国家建立教师资格考核制度，对合格教师颁发资格证书。师范院校毕业生必须按照规定从事教育工作。

(3) 国家鼓励教师长期从事教育事业。教师应当热爱社会主义教育事业，努力提高自己的思想、文化、业务水平，爱护学 生，忠于职责。

29. 实施义务教育的基本条件

根据义务教育法实施细则的要求，实施义务教育，应当具备的基本条件：

(1) 与适龄儿童、少年数量相适应的校舍及其他基本教学设施；

(2) 具有按编制标准配备的教师和符合义务教育法规定要求的师资来源；

(3) 具有一定的经济能力，能够按照规定标准逐步配置教学仪器、图书资料和文娱、体育、卫生器材。

地方各级人民政府和其他办学单位应当积极采取措施，不断改善实施义务教育的条件。

30. 适龄儿童、少年需免学、缓学的办理程序

义务教育法实施细则在适龄儿童、少年需免学、缓学的办理程序上的规定：

(1) 适龄儿童、少年需免学、缓学的，由其父母或者其他监护人提出申 请，经县级以上教育主管部门或者乡级人民政府批准。

(2) 因身体原因申请免学、缓学 的，应当附具县级以上教育主管部门指定的医疗机构的证明。

（3）缓学期满仍不能就学的，应当重新提出缓学申请。

31. 家庭经济困难的学生减免杂费

按照义务教育法实施细则的规定，实施义务教育的学校对家庭经济困难的学生，应当酌情减免杂费。

按照义务教育法实施细则的规定，享受助学金的贫困学生如下：

初级中等学校、特殊教育学校的家庭经济困难的学生，少数民族聚居地区、经济困难 地区、边远地区的小学及其他寄宿小学的家庭经济困难的学生。

32. 学生人身权和人格权

义务教育法实施细则对学生人身权和人格权的保护：

（1）实施义务教育学校的教育教学工作，应当适应全体学生身心发展的需要；

（2）学校和教师不得对学生实施体罚、变相体罚或者其他侮辱人格尊严的行为；

（3）对品行有缺陷、学习有困难的儿童、少年应当给予帮助，不得歧视。

33. 师范院校的教育教学使用语言规定

义务教育法实施细则对师范院校的教育教学和各种活动应当使用普通话。

34. 义务教育学校的设置要求

义务教育法实施细则对实施义务教育学校的设置要求如下：

（1）实施义务教育学校的设置，由设区的市级或者县级人民政府统筹 规划，合理布局。

（2）小学的设置应当有利于适龄儿童、少年就近入学。寄宿制小学设置可适当集中。

（3）普通初级中学和初级中等职业技术学校的设置，应当根据人口分布状况和地理条件 相对集中。

（4）盲童学校（班）的设置，由省级或者设区的市级人民政府统筹安排。聋哑学校（班）和弱智儿童辅读学校（班）的设置，由设区的市级或者县级人民政府统筹安 排。

35. 对侮辱、殴打教师的处理

按照中华人民共和国教师法的规定，对侮辱、殴打教师的，根据不同情节的处理：

（1）给予行政处分或者行政处罚；

（2）造成损害的，责令赔偿损失；

（3）情节严重，构成犯罪的，依法追究刑事责任。

36. 义务教育的学校上级管理

根据义务教育法实施细则的规定，实施义务教育的学校及其他机构，在实施义务教育工作上，应当接受当地人民政府及其教育主管部门的管理、指导和监督。

根据义务教育法实施细则的规定，都有下列情形由地方人民政府或者有关部门依照管理权限对有关责任人员给予行政处分：

（1）因工作失职未能如期实现义务教育实施规划目标的；

（2）无特殊原因，未能如期达到实施义务教育学校办学条件要求的；

（3）对学生辍学未采取必要措施加以解决的；

（4）无正当理由拒绝接收应当在该地区或者该学校接受义务教育的适龄儿童、少年就学的；

（5）将学校校舍、场地出租、出让或者移作他用，妨碍义务教育实施的；

（6）使用未经依法审定的教科书，造成不良影响的；

（7）其他妨碍义务教育实施的。

37. 依法追究刑事责任的类型

根据义务教育法实施细则的规定，都有哪些情形由地方人民政府或者有关部门依照管理权限 对有关责任人员给予行政处分或依法追究刑事责任？

（1）侵占、克扣、挪用义务教育款项的；

（2）玩忽职守致使校舍倒塌，造成师生伤亡事故的。

根据义务教育法实施细则的规定，下列情形由有关部门给予行政处分；违反《中华人民共和国治安管理处罚条例》的，由公安机关给予行政处罚；构成犯罪的，依法追究刑事责任：

（1）扰乱实施义务教育学校秩序的；

（2）侮辱、殴打教师、学生的；

（3）体罚学生情节严重的；

（4）侵占或者破坏学校校舍、场地和设备的。

38. 对行政处罚决定不服的救济途径

根据中华人民共和国义务教育法实施细则的规定，当事人对行政处罚决定不服的救济途径：

（1）可以依照法律、法规的规定申请 复议。

（2）当事人对复议决定不服的，可以依照法律、法规的规定向人民法院提起诉讼。

39. 根据义务教育法实施细则的规定，当事人对行政处罚决定在规定的期限内不申请复议，也不向人民法院提起诉讼，又不履行处罚决 定的应如何处理？

由作出处罚决定的机关申请人民法院强制执行，或者依法强制执行。

40. 违反规定向受教育者收取费用的处罚

按照中华人民共和国教育法的规定，学校及其他教育机构违反国家有关规定向受教育者收取费用的，采用的处罚方法：

（1）由教育行政部门责令退还所收费用；

（2）对直接负责的主管人员和其他直接责任人员，依法给予行政处分。

按照义务教育法实施细则的规定，实施义务教育的学校可收取收取杂费。

按照义务教育法实施细则的规定，实施义务教育的学校可收取费用标准和具体办法，由 省级教育、物价、财政部门提出方案，报省级人民政府批准。其他行政机关和学校不得违反国家有关规定，自行制定收费的项目及标准；不得向学生乱收费用。

41. 教师法的适用范围

中华人民共和国教师法的适用范围：

适用于在各级各类学校和其他教育机构中专门从事教育教学二作的教师。

42. 学校及其他教育机构的基本教学语言文字

中华人民共和国教育法规定的学校及其他教育机构的基本教学语言文字是汉语言文字，少数民族学生为主的学校及其他教育机构，可以使用本民族或者当地民族通用的语言文字进行教学。学校及其他教育机构进行教学，应当推广使用全国通用的普通话和规范字。

43. 学校教育制度的阶段

按照中华人民共和国教育法的规定，我国的学校教育制度分几个阶段：学前教育、初等教育、中等教育、高等教育的学校教育制度。

44. 九年制义务教育制度的规定

中华人民共和国教育法对国家实行九年制义务教育制度的规定：

（1）各级人民政府采取各种措施保障适龄儿童、少年就学。

（2）适龄儿童、少年的父母或者其他监护人以及有关社会组织和个人有义务使适龄儿童、少年接受并完成规定年限的义务教育。

45. 设立学校及其他教育机构必须具备的基本条件

按照中华人民共和国教育法的规定，设立学校及其他教育机构必须具备的基本条件：

（1）有组织机构和章程；

（2）有合格的教师；

（3）有符合规定标准的教学场所及设施、设备等；

（4）有必备的办学资金和稳定的经费来源。

国家鼓励企业、事业单位和其他社会力量，在当地人民政府统一管理下，按照国家规定的基本要求，举办义务教育法规定的各类学校。

46. 学校及其他教育机构的权利

按照中华人民共和国教育法的规定，学校及其他教育机构的权利：

（1）按照章程自主管理；

（2）组织实施教育教学活动；

（3）招收学生或者其他受教育者；

（4）对受教育者进行学籍管理，实施奖励或者处分；

（5）对受教育者颁发相应的学业证书；

（6）聘任教师及其他职工，实施奖励或者处分；

（7）管理、使用本单位的设施和经费；

（8）拒绝任何组织和个人对教育教学活动的非法干涉；

（9）法律、法规规定的其他权利。

47. 学校及其他教育机构应履行的义务

按照中华人民共和国教育法的规定，学校及其他教育机构应履行的义务：

（1）遵守法律、法规；

（2）贯彻国家的教育方针，执行国家教育教学标准，保证教育教学质量；

（3）维护受教育者、教师及其他职工的合法权益；

（4）以适当方式为受教育者及其监护人了解受教育者的学业成绩及其他有关情况提供便利；

（5）遵照国家有关规定收取费用并公开收费项目；

（6）依法接受监督。

48. 受教育者享有的权利

按照中华人民共和国教育法的规定，受教育者享有的权利：

（1）参加教育教学计划安排的各种活动，使用教育教学设施、设备、图书资料；

（2）按照国家有关规定获得奖学金、贷学金、助学金；

（3）在学业成绩和品行上获得公正评价，完成规定的学业后获得相应的学业证书、学位证书；

（4）对学校给予的处分不服向有关部门提出申诉，对学校、教师侵犯其人身权、财产权等合法权益，提出申诉或者依法提起诉讼；

（5）法律、法规规定的其他权利。

49. 受教育者享有的义务

按照中华人民共和国教育法的规定，受教育者享有的义务：

（1）遵守法律、法规；

（2）遵守学生行为规范，尊敬师长，养成良好的思想品德和行为习惯；

（3）努力学习，完成规定的学习任务；

（4）遵守所在学校或者其他教育机构的管理制度。

50. 学校使用教科书的规定

义务教育法实施细则对实施义务教育的学校使用教科书的规定：

实施义务教育的学校应当选用经国务院教育主管部门审定或者其授权的省级教育主管部门审定的教科书。非经审定的教科书不得使用。但国家另有规定的除外。

51. 学生人身权和人格权的保护

义务教育法实施细则对学生人身权和人格权的是保护：

（1）实施义务教育学校的教育教学工作，应当适应全体学生身心发展的需要；

（2）学校和教师不得对学生实施体罚、变相体罚或者其他侮辱人格尊严的行为；

（3）对品行有缺陷、学习有困难的儿童、少年应当给予帮助，不得歧视。

52. 民族自治地方义务教育法的特殊规定

义务教育法实施细则对民族自治地方义务教育法的特殊规定：

（1）民族自治地方应当按照义务教育法及其他有关法律规定组织实施本地区的义务教育。

（2）实施义务教育学校的设置、学制、办学形式、教学内容、教学用语，由民族自治地方的自治机关依照有关法律决定。

（3）用少数民族通用的语言文字教学的学校，应当在小学高年级或者中学开设汉语文课程，也可以根据实际情况适当提前开设。

53. 义务教育法实施细则对实施义务教育学校的设置要求

（1）实施义务教育学校的设置，由设区的市级或者县级人民政府统筹规划，合理布局。

（2）小学的设置应当有利于适龄儿童、少年就近入学。寄宿制小学设置可适当集中。

（3）普通初级中学和初级中等职业技术学校的设置，应当根据人口分布状况和地理条件相对集中。

（4）盲童学校（班）的设置，由省级或者设区的市级人民政府统筹安排。聋哑学校（班）和弱智儿童辅读学校（班）的设置，由设区的市级或者县级人民政府统筹安排。

54. 义务教育法实施细则规定的省级人民政府和地方各级人民政府的权利义务

（1）省级人民政府应当制订实施义务教育各类学校的经费开支定额，并制订按照学生人数平均的公用经费开支标准、教职工编制标准和校舍建设、图书资

料、仪器设备配置等标准。

（2）地方各级人民政府应当制订实施规划，使学校分期分批达到前款所列的办学条件标准，并进行检查验收。

55. 义务教育法实施细则在中央和地方各级人民政府设置的实施义务教育费用方面的规定

（1）地方各级人民政府设置的实施义务教育学校的事业费和基本建设投资，由地方各级人民政府负责筹措。

（2）用于义务教育的财政拨款的增长比例，应当高于财政经常性收入的增长比例，并使按在校学生人数平均的教育费用逐步增长。

（3）社会力量举办实施义务教育学校的事业费和基本建设投资，由办学单位或者经国家批准的私人办学者负责筹措。

（4）中央和地方财政视具体情况，对经济困难地区和少数民族聚居地区实施义务教育给予适当补助。

（5）地方各级人民政府应当鼓励各种社会力量以及个人自愿捐资助学。

56. 学校的勤工俭学收入的使用

义务教育法实施细则规定学校的勤工俭学收入部分应当用于改善办学条件。

57. 各类学校新建、改建、扩建的规定

义务教育法实施细则对实施义务教育各类学校的新建、改建、扩建的规定：

实施义务教育各类学校的新建、改建、扩建，应当列入城乡建设总体规划，并与居住人口和义务教育实施规划相协调。

按照义务教育法规定，城市和农村建设发展规划必须包括相应的义务教育设施。

58. 义务教育师资方面的规定

根据义务教育法实施细则的规定，对省级人民政府在实施义务教育师资方面的规定：

（1）省级人民政府应当制定规划、采取措施，加强和发展师范教育，并组织其他高等学校为实施义务教育培养师资。

(2) 盲、聋哑、弱智儿童学校的师资，由省级人民政府根据实际情况组织培养。

59. 义务教育教师培训方面的要求

根据义务教育法实施细则的规定，国家在实施义务教育教师培训方面的要求：

(1) 各级教育主管部门应当加强实施义务教育学校的教师培训工作，使教师的思想政治素质和业务水平达到义务教育法规定的要求。

(2) 各级人民政府应当加强培训工作，提高实施义务教育学校校长的思想政治素质和管理水平。

(3) 校长和教师的在职培训工作，由县级以上地方各级教育主管部门负责组织。

60. 保证义务教育实施的考核制度

根据义务教育法实施细则的规定，地方各级人民政府及其教育主管部门应当建立和实施义务教育的目标责任制，把实施义务教育的情况作为对有关负责人员政绩考核的重要内容。

61. 义务教育工作的管理制度

根据义务教育法实施细则的规定，县级以上各级人民政府应建立对实施义务教育的工作进行监督、指导、检查的制度。

62. 适龄儿童、少年上学

根据义务教育法实施细则的规定，对适龄儿童、少年的父母或者其他监护人未按规定送子女或者其他被监护人就学接受义务教育的处理：

(1) 适龄儿童、少年的父母或者其他监护人未按规定送子女或者其他被监护人就学接受义务教育的，城市由市、市辖区人民政府或者其指定机构，农村由乡级人民政府，进行批评教育；

(2) 经教育仍拒不送其子女或者其他被监护人就学的，可视具体情况处以罚款，并采取其他措施使其子女或者其他被监护人就学。

按照义务教育法实施细则的规定，适龄儿童、少年的父母或者其他监护人必须按照通知要求送子女或者其他被监 护人入学。

按照义务教育法实施细则的规定，适龄儿童、少年到非户籍所在地接受义务教育的办法：

经户籍所在地的县级教育主管部门或者乡级人民政府批准，可以按照居住地人民政府的有关规定申请借读。借读的适龄儿童、少年接受义务教育的年限，以其户籍所在地的规定为准。

义务教育法实施细则规定的对受完规定年限义务教育的儿童、少年的标志：

对受完规定年限义务教育的儿童、少年，由学校发给完成义务教育的证书。受完当地规定年限义务教育获得的毕业证书或者结业证书，可视为完成义务教育的证书。

按照义务教育法实施细则的规定，适龄儿童、少年因学业成绩优异而提前达到与规定年限义务教育相 应的初等教育或者初级中等教育毕业程度的，可视为完成义务教育。

根据义务教育法的规定，对招用适龄儿童、少年就业的组织或者个人，采用的处罚措施：

对招用适龄儿童、少年就业的组织或者个人，由当地人民政府给予批评教育，责令停止招用；情节严重的，可以并处罚款、责令停止营业或者吊销营业执照。

按照义务教育法规定，适龄儿童、少年因疾病或者特殊情况，需要延缓入学或者免予入学的，由由儿童、少年的父母或者其他监护人提出申请，经当地人民政府批准。

义务教育法规定地方各级人民政府必须创造条件，使适龄儿童、少年入学接受义务教育。

63. 承担实施义务教育任务的机构

根据中华人民共和国义务教育法实施细则的规定，承担实施义务教育任务的机构有：

地方人民政府设置或者批准设置的全日制小学，全日制普通中学，九年一贯制学校，初级中等职业技术学校，各种形 式的简易小学或者教学点（班或者组），盲童学校，聋哑学校，弱智儿童辅读学校（班），工读学校等。文艺、体育和特种工艺等单位，应当保证招收的适龄儿童、少年接受义务教育。上述单位自行实施义务教育教学工作，需经县级以上教育主管部门批准。

64. 教育工作中的“两基”

国务院基础教育改革和发展决定讲教育工作中的“两基”的含义：

基本普及九年义务教育和基本扫除青壮年文盲。

65. 农村义务教育管理体制

国务院基础教育改革和发展决定确定的农村义务教育管理体制是：

实行在国务院领导下，由地方政府负责、分级管理、以县为主的体制。

66. 一费制

2002年起，国家在贫困地区义务教育阶段实行的一种收费方式简称是“一费制”。

67. 两免一补

2005年起，对农村义务教育段家庭贫困的学生实施的“两免一补”的内容：免收杂费、免教科书费，补助寄宿生生活费。

68. 造成人员伤亡或者重大财产损失的处罚

按照中华人民共和国教育法的规定，明知校舍或者教育教学设施有危险，而不采取措施，造成人员伤亡或者重大财产损失的，对直接负责的主管人员和其他直接责任人员，依法追究刑事责任。

69. 学校教育制度的阶段

按照中华人民共和国教育法的规定，我国的学校教育制度分学前教育、初等教育、中等教育、高等教育的学校教育制度。

70. 九年制义务教育制度的规定

中华人民共和国教育法对国家实行九年制义务教育制度的规定：

（1）各级人民政府采取各种措施保障适龄儿童、少年就学。

（2）适龄儿童、少年的父母或者其他监护人以及有关社会组织和个人有义务使适龄儿童、少年接受并完成规定年限的义务教育。

71. 学校及其他教育机构的权利

按照中华人民共和国教育法的规定，学校及其他教育机构的权利：

（1）按照章程自主管理；

（2）组织实施教育教学活动；

（3）招收学生或者其他受教育者；

（4）对受教育者进行学籍管理，实施奖励或者处分；

（5）对受教育者颁发相应的学业证书；

（6）聘任教师及其他职工，实施奖励或者处分；

（7）管理、使用本单位的设施和经费；

（8）拒绝任何组织和个人对教育教学活动的非法干涉；

（9）法律、法规规定的其他权利。

72. 教师侵害学生受教育权常的表现

（1）侵犯学生受教育机会平等的权利；

（2）侵害学生参加考试的权利；

（3）侵犯学生上课学习的权利；

（4）侵害学生受教育的选择权；

（5）侵犯学生在升学、复学方面的同等权利。

73. 新型的师生关系

（1）尊重学生人格，平等对待学生；

（2）以爱为基础，信任、理解学生；

（3）面向全体，因材施教；

（4）讲求民主，宽松和谐；

（5）塑造和提升现代教师人格。

74. 三维目标对于促进学生发展的意义

确立三维目标对于促进学生自主发展的重要意义。有利于改变只重结果不重过程的现象，注重学习主体的实践和体验，注重学习者的学习经历和学习经验，有利于学生在学习中掌握方法，课程本身体现工具性与人文性的高度统一，使日常的学科学习上升到追求真善美的境界，有利于激发学生的学习潜能。

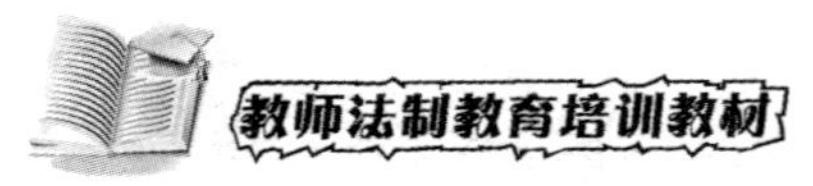

75. 新课程实施中，教师的角色和行为的变化

（1）由重知识传授向重全面发展转变；

（2）由“大一统”教育向“让每一个孩子选择适合自己的教育”转变；

（3）由“以教定学”向“以学定教”转变；

（4）由“重结果”向“重结果更重过程”转变；

（5）由“知识权威”向“平等和谐”转变；

（6）由教学模式化向教学个性化转变。

76. 新课程学生评价改革的重点

（1）在评价功能方面，要淡化甄别与选拔，重视发展；

（2）在评价内容方面，实现评价指标多元化，关注个体差异；

（3）在评价主体方面，实现评价主体的多元化；

（4）在评价方法方面，实现评价方法多样化。

77. 新时期基础教育改革对教师专业发展的要求和挑战

我国社会发展和基础教育改革对教师的专业化和专业发展提出了一系列新的要求和挑战。建设一支数量充足、素质较高和专业化教师队伍，是全面实施素质教育，全面提高教育质量的关键：

（1）提高实施素质教育的能力和水平是教师专业发展的核心要求。

（2）终身学习是教师专业发展的基本理念。

（3）实现角色的转变是教师专业发展的具体目标。

（4）教师专业发展还应体现为教师对育人的责任感的提升。

78. 春蕾计划

为维护女童的受教育权益，提高中华民族的整体素质，1994年，全国妇联、中国儿童少年积金会联合发起并组织实施的“春蕾计划”。它意在救助贫困地区失、辍学女童重返校园完成学业。定年限的义务教育。

79. 从“知识本位”教学设计向“育人为本”教学设计转变的基本要领

（1）从目标与执行的角度，要实现从“知识目标”向“三维目标”转变；

（2）从内容选择与转化的角度，要实现从“封闭、单一、确定性内容”向同

时兼有“开放、多元、不确定性内容”转变；

（3）教师要变单向学生传授固定知识向促进学生学会学习转变，要运用丰富多样的教学策略引导学生发展，要不断增加创造性的教学设计；

（4）设计过程中要由过去过份关注教师的教向更多关注学生的学习兴趣、要求、体验等转变；

（5）教学过程中要由过去过分关注结论、结果向同时关注过程、方法、态度等转变；

（6）教学评价中要由过去过分关注考试成绩向同时关注学生多元智能发展，培养学生丰富个性等转变。

80. 教师成长＝经验＋反思

美国教育家波斯纳提出：教师成长＝经验＋反思。请你谈谈对这个教师成长公式的理解和体会。

这个公式反映了教师专业发展的客观规律。因为，经验是教师专业发展的重要资源，但没有反思的经验是封闭的、僵化的和有局限的。

在教育教学经验的基础上进行反思，对教师专业发展具有以下功能：

（1）反思使教师重新找回失去的自我，相信自己才是处理自己问题的专家；

（2）反思使教师隐藏在自己心中的教育思想得以激活；

（3）反思是充分挖掘自己专业发展资源的主要方式。

案例背景

费某辍学回家

某校初中二年级学生费某平时纪律松散，经常迟到，上课与邻座讲话，经老师多？教育仍无改变。该生家长因忙于做生意，对子女疏于管教。班主任赵老师虽然多次与其父母联系但没有找到其父母。赵老师认为，如果继续让费某随班学习，会给其他同学带来不良影响，于是他三番五次找费某谈话，要其自动退学。

费某在老师的压力下，加上本身又有厌学心理，便于2002年5月20日，未经家长同意，辍学回家。

任务驱动

这位班主任老师做法是否合理？请加以分析。

案例分析

（1）停止学生上课的做法是不对的，侵犯了学生受教育的权利；教师要依法执教。

（2）分析与评论：停止违反纪律的学生课，应符合教育活动的价值要求，与对学生的教育相一致，同学生违纪程度相适应，有充分客观的事实依据和法律依据，班主任老师不得随意不让学生上课，不能带有个人偏见和感情用事；后进生的转化需要教师的爱心、耐心和信心；教师要对学生一视同仁，不可偏爱，要讲究教育艺术。

案例背景

学生课间玩耍受伤学校是否有责任

某日下午，某小学课间，学生杨某（10岁）在操场玩耍，被正在追逐打闹的学生李某（9岁）、王某（8岁）摔倒在地，并被压在身下，造成阴茎包皮挫裂伤。杨某受伤后，学校立即将其送往医院治疗，并同时通知了三名学生的家长。在医院，杨某做了包皮环切手术，但未住院治疗，并于10天后到校继续上课。其医药费、交通费等已由李某、王某的监护人支付。经法医鉴定，该包皮手术属正常手术，不会对杨某的身体造成不良影响，属于轻伤。其后，杨某的家长作为代理人，以杨某因伤害造成生殖器畸形，可能对今后的生活产生影响为由，以另两个学生及该学校为被告，提起诉讼，要求三方赔偿他们误工减少的收入及精神损伤费10万元。

任务驱动

运用教育法律知识，分析这个案例。

案例分析

这是一起侵权引起的教育法律案件。

从主体上看，涉及李某、王某、杨某（及其他们的监护人）和学校。

从客体上看，侵犯的是一种人身利益，具体来说是杨某的生命健康权。

从内容（权利义务关系）上看，首先，按照我国《民法通则》第12条第二款的规定："不满十周岁的未成年人是无民事行为能力人，由他的法定代理人代理民事活动。"该案例中，李某、王某、杨某的家长对其负有监护责任；无民事行为能力人造成他人损伤的，由监护人承担民事责任。我国《教育法》第49条第二款规定："未成年人的父母或者其他监护人应当配合学校及其他教育机构，对其未成年子女或者其他被监护人受教育提供必要条件。"这就是说，父母对在校期间的未成年子女，仍负有法定的监护责任和配合学校进行教育的义务。据此，学生李某、王某的家长应当对其孩子实施的伤害行为承担赔偿责任。其次，根据最高人民法院《关于贯彻执行中华人民共和国民法通则若干问题的意见（试行）》第160条的规定，在幼儿园、学校生活学习的无民事行为能力人，受到伤害或者给他人造成伤害，单位有过错的，可以责令这些单位适当给予赔偿。这里所说的过错，不仅指一般的故意，也包括疏于管理防范、消极不作为等情形。依本案所述，两个小学生在做游戏造成伤害，说明学校管理不力。显然，学校在这起伤害事件中是有一定过错的，符合上述司法解释的规定。所以，学校也应当承担与其过错相适应的赔偿责任。

案例背景

学校泄露隐私，造成学生精神分裂案

几年前，北京丰台区人民法院开庭审理了一桩民事案件。

一位学生的母亲在起诉书中称，儿子2000年就读于丰台某小学，2004年7月因考试分数低，未能升入中学，而后在该校留级。为了能让孩子继续升学，母亲应学校要求到医院给孩子开了一张"中等智力低下的证明"，并句学校申请儿子年龄已大，不适宜留级，希望让他升入初中。

然而，她没有想到，这张证明给孩子带来了长达两年的精神伤害。学校很快把这个秘密公之于众。课上，个别老师当着众多学生的面多次侮辱他是"弱智、白痴、大傻子"；课间，个别同学还轮流打他，让他喊自己是"大傻子"。2008

年2月6日，她的儿子被医生诊断患了精神分裂症。她认为，是学校的部分老师和学生长时间持续地对孩子打骂侮辱，才导致了这种可悲的结果。为此，她提出了巨额的赔偿要求。

任务驱动

请依法分析上述案例的侵权性质，对此我们应做哪些思考？

案例分析

这是一起学校、教师侵犯学生权益的案件。学校将学生“中等智力低下”的秘密公之于众，是侵犯学生隐私权的表现；教师当着众多学生的面辱骂学生是“弱智、白痴、大傻子”不仅侮辱了学生的人格，也侵犯了学生的名誉权；教师任由学生打骂同学，没有尽到管理学生、保护学生的义务。《教育法》第29条第三款规定，学校应当履行“维护受教育者、教师及其他职工的合法权益”的义务；《教师法》第8条第四款、第五款规定，教师应当履行“关心、爱护全体学生，尊重学生人格，促进学生在品德、智力、体质等方面全面发展”，“制止有害于学生的行为或者其他侵犯学生合法权益的行为，批评和抵制有害于学生健康成长的现象”的义务。

由此案例，我们可以得到启示：学校、教师都应该加强法律意识，增强职业道德，关心、爱护学生，学校应该依法进行教育教学管理活动，教师应该依法进行教育教学活动，学校和教师都应该增强保护学生合法权益的意识。

案例背景

教师在课堂上宣传宗教案

某校初中教师林青信奉某宗教，其本人每天进行祷告等宗教活动，并佩带宗教饰物。他还经常在课堂上向学生宣传宗教，并劝说学生信奉该宗教。学校领导在得知这一情况后，多次找其谈话，进行教育，并告诫他不准向学生宣传宗教，但林青不听。学校领导欲将其解聘，但林青认为学校侵犯了他信仰宗教的自由。

任务驱动

试依法分析这一案例。

案例分析

《中华人民共和国宪法》第三十六条 中华人民共和国公民有宗教信仰自由。教师林青有宗教信仰的自由。但是《教育法》第八条规定：教育活动必须符合国家和社会公共利益。国家实行教育与宗教相分离。任何组织和个人不得利用宗教进行妨碍国家教育制度的活动。林青在课堂上宣传宗教是违反《教育法》的。

宗教信仰自由但不意味着宣传自由。《教育法》和学校限制的是林青的宗教宣传自由《中华人民共和国宪法》第三十六条："任何国家机关、社会团体和个人不得强制公民信仰宗教或者不信仰宗教，任何人不得利用宗教进行破坏社会秩序、损害公民身体健康、妨碍国家教育制度的活动。"学生也有宗教信仰的自由，林青的宗教宣传同时也侵犯了学生的宗教信仰自由。

《教师法》第三十七条规定学校、其他教育机构或者教育行政部门有权解聘教师，但是我觉得林青老师认识上有错误，通过教育还是有挽救的余地的。不必要动不动就要解聘教师。

案例背景

违纪作弊的 6 名考生被取消考试资格

2001 年 7 月高考时，某县中学的 6 名考生与 2 名社会青年互相勾结，利用手机将试卷答案信息发送到考生所携带的传呼机上。还有一名考生通过该中学体育教师刘某，用 8000 元收买 6 名监考老师，这些监考老师收款后，对该位考生在考场作弊均视而不见，甚至还有一名监考老师帮他填写答题卡。案发后，该县招生委员会和纪检监察等有关部门高度重视，立即进行调查，很快就查清了这宗考场作弊案。为严肃法纪，该县对涉及违纪作弊的老师和考生作出严肃的处理。该县中学体育教师刘某被开除公职，并移送司法机关处理，6 名监考教师分别受党纪政纪处分；违纪作弊的 6 名考生被取消考试资格，并停考 3 年。

任务驱动

(1) 该县对涉案教师和考生的处理是否合法？为什么？

(2) 该县中学体育教师刘某的行为是否构成犯罪？为什么？

案例分析

该县对涉案教师和考生的处理是合法。符合《教育法》第77条规定："在招收学生工作中徇私舞弊的，由教育行政部门责令退回招收的人员；对直接负责的主管人员和其他直接责任人员，依法给予行政处分；构成犯罪的，依法追究刑事责任。"

体育教师刘某行为已经构成犯罪。体育教师刘某用8000元收买6名监考老师，这些监考老师收款后，对该位考生在考场作弊均视而不见，甚至还有一名监考老师帮他填写答题卡。其行为是属于受贿和行贿行为。其结果破坏了国家考试的公正和公平性。

案例背景

女儿被留家观察 父亲扰乱学校教学秩序被拘留

2003年5月，在各方全力防治非典的紧要关头，孙家村郑某的儿子从疫区返乡，因与在孙家村小学上学的妹妹有接触史，校方依照通知规定，在例行对学生的身体检查中，要求女儿在家留观14天。其父对此不满，5月6日一大早就到学校问缘由。校方作出解释后，郑某仍然不理睬，在学校内拨通关山镇教育组的电话，破口大骂教育组工作人员，还当场撕毁了区教育局文件，连续吵闹1个多小时。

任务驱动

请问该怎样处理此事？

案例分析

扰乱了学校及其他教育机构教育教学秩序。关山派出所依照《教育法》第72条第1款规定，将郑某传唤至派出所，并对其治安拘留14天处罚。

案例背景

让不让她上学得由我说了算

小芳的家住在农村，在村里的小学上五年级。一天，爸爸突然对她说：'明

天你不要去上学了，到小卖部给你妈帮忙吧，你妈一个人忙不过来。'小芳听了后，伤心地哭了。她想念书，她舍不得学校的老师和同学们。但是，她又不能不听爸爸的话，只好不去学校读书了。老师了解到小芳的情况后，找到了小芳的爸爸，劝他让小芳继续上学。小芳爸爸说：'女孩子比不得男孩子，读书多了也没什么用，还不如让她在家里干点活呢。再说了小芳是我的女儿，让不让她上学得由我说了算。

任务驱动

小芳爸爸的说法对吗？小芳的爸爸都违反了哪些规定？

案例分析

不对。《中华人民共和国宪法》第46条规定：中华人民共和国公民有受教育的权利和义务。《中华人民共和国教育法》第9条规定：公民不分民族、种族、性别、职业、财产状况、宗教信仰等，依法享有平等的受教育机会。《中华人民共和国义务教育法》第5条规定：凡年满六周岁的儿童，不分性别、民族、种族，应当入学接受规定年限的义务教育。

让孩子上学接受教育是法律规定的父母必须履行的义务，而且法律规定，女孩和男孩享有平等的权利，不能歧视女孩。小芳的爸爸让小芳中途辍学的行为是违法的。听了老师的话应当让小芳赶快回到学校继续读书。如果不改正的话，当地政府应对他进行批评教育，并责令他送小芳返回学校上学。另外，为保护儿童受教育权利，国家还禁止工厂、商店、个体户等雇用不满16周岁的儿童。

案例背景

被取消了教师资格的李某

某小学教师李某因对学校乱收费不满，向有关部门如实反映了学校存在的问题。该校领导一气之下，取消了李某的教师资格，并且说他是精神病，不安排教学任务给李某，并强行将其送往精神病医院治疗。

任务驱动

请依法分析教师李某和学校的行为。

案例分析

作为教师，依据《教育法》和《教师法》的规定，李某不仅有进行教育教学活动的权利，而且有监督学校管理活动的权利。案例中李某因其正当行动遭到学校报复，被非法剥夺了教育教学权，学校的行为构成了对教师李某教育教学权额监督权的侵害。李某可依据《教师法》第39条的规定，向教育行政部门依法提出申诉，教育行政部门应当在接到申诉的30日内作出处理。

案例背景

某小学公办教师陈某向市教委申诉

1996年某市进一步深化学校内部管理体制改革，实施 教育行政部门聘任校长，学校聘任教师，校长负责制，教师聘任制为主要内容的聘任制。1997年暑假前，某小学公办教师陈某向市教委申诉，说他所任教的小学提前终止聘任合同，解除对他的聘任，侵犯了其本人的合法权益。

市教委组织调查小组，到该校调查，事实如下：陈家住学校附近，盖有两层楼房，利用底层开了一间杂货店，96年9月，学校分别与全校教师签订了任期3年的聘任合同，合同明确了学校与教师双方的职责，义务和权利，合同签订后，陈经常骑摩托车为家里进货，骑车载客，一学期里陈因进货或载客而15次迟到半小时以，影响了学校正常教学工作，学生家长意见很大。陈作为教师，业务水平不高，学校检查备课工作时，发现陈有10多节课无教案且教案写得过于简单，不少教案不足100字，期末考试中，陈所教四年级语文科平均分比同年级成绩低14分。96年底，学校给陈的年度考核结果为不合格，按市有关文件规定，对考核不合格者可作试聘处理。97年春节后，学校对陈改为试聘，时间半年，不发奖金和聘金。陈在学校的收入从1300多元减至850元，试聘期间，陈以各种理由请假。97年3月，学校发现陈两次请假后去进货，以后就很少批准其请假要求。陈继续经常早晚骑车载客，中午进货，这个学期，陈27次迟到半小时以上。学校领导听陈的课，发现其多次没备课就去上课，对学生作业批改马虎，期末考试，陈所教的班该科成绩比其他同级科成绩平均分低15分。10多位家长向学校提出。不让陈再教他们的孩子。97年7月学期结束，学校对陈的考核结果仍为不合格。决定解聘陈。在教师大会上宣布，并将陈在试聘期的表现写成书面材料，向镇教办报告。

陈在申诉中认为：(1) 学校与他签订了聘期 3 年的合同，签约 1 年就解聘，侵犯了其本人作为教师的合法权益。(2) 现在社会上从事第二职业的人比比皆是。自己过去是民办教师，直收入很低，转为公办教师后，近几年待遇才大幅提高，家庭经济还有困难，利用工余时间通过劳动增加收入，虽然对教育教学工作有点影响，但也不应被解聘。

学校认为：(1) 陈只顾经营家庭的杂货店且早晚又去载客，不履行教师义务和职责，属故意不完成教育教学任务，并且给学校教育教学工作造成了损失。(2) 陈在学校的收人与当地其他行业同等学历或同等专业技术职务档次的人比较已属中等偏上水平；即使陈不参与经营家庭杂货店，不早晚载客，陈的家庭收人在当地也属中等偏上家庭，不算生活困难，陈忙于从事第二职业，经多次教育后仍不改正，给学校教育教学工作造成损失，不可原谅。按照教师法第 37 条的规定，学校有权解聘陈。

学生家长认为：陈只有一半心思在学校工作，另一半心思搞个人创收，这样的教师误人子弟，不应继续留在学校任教。

任务驱动

谁对谁错呢？

案例分析

上述事实表明，教师与学生不得从事商业性活动；陈没有履行聘任合同中规定的职责和义务，应负不履行合同规定职责、义务的法律责任，合同的一方发现另一方不履行义务时，经协商不能达成一致意见时，有权提出终止合。因此，学校可提出终止聘任合同。《教师法》第 5 条第三款规定，“学校和其他教育机构根据国家规定，自主进行教师管理工作”。确定了学校与教师之间的管理与被管理的关系。根据《教师法》第 37 条规定，学校解聘陈并没有违法，也没有侵犯陈的合法权益。

在该案例中，尽管合同规定学校对陈某的聘期为三年，但学校提前将陈解聘却并未侵犯陈的合法权益，因为陈并未履行一个教师应履行的义务，学校的行为是依法治校的正当行为。

学校的义务学校有一系列的权利，同时也要承担相应的义务。我国《教育法》第二十九条规定，学校及其他教育机构应当履行下列义务：

①遵守法律、法规。

②贯彻教育方针、教育教学标准，保证教育教学质量。

③维护受教育者、教师及其他职工的合法权益。

④为受教育者及其监护人了解情况提供便利。

⑤遵照国家有关规定收取费用并公开收费项目。⑥依法接受监督。

案例背景

工作认真负责的张某

张某系某第一高中教师，在教育战线上奋斗了二十余载。由于他对工作认真负责，刻苦钻研业务，努力提高自己的教学科研水平，先后在教育报刊上发表论文若干篇，探讨教学方法的改进。其中某篇论文主张在根据学生的性格特点、学习基础上因人施教，教学工作要有针对性，而不能不顾对象，千人一面，千篇一律，生搬硬套，那样只会把工作搞砸，误人子弟。此文见报后，受到教育界同仁的一致好评，被评为教学论文二等奖。

张某本人不仅刻苦钻研理论，更重要的是他能把自己的科研成果付诸实践，他利用自己的心得体会，在班上因材施教，对症下药。张某某以自己的言传身教在学生中树立了崇高的威信。

由于张某在工作中取得了巨大的成绩，2005 年他被评为县模范教师，获得县教育局颁发的荣誉证书和奖金 500 元。

2005 年底，县教育局某位领导找到张某，想让他的侄子进入张某任教的毕业班，但由于该领导侄子的成绩较差，张某按照学校的规定婉转地拒绝了该领导的要求。

事隔不久，某县教育局突然收回张某某所获的模范教师称号，收回所得奖金，理由是教学模式老化，学生反映意见挺大，张某不配得模范教师称号。

张某得知此事后大为吃惊，立即找县教育局交涉，要求县教育局承认自己的教学科研能力，保护自己辛苦得到的荣誉称号。但县教育局不予理睬。张某所在

学校议论纷纷，人们传说张某出了问题，要不怎么回被剥夺“模范教师”称号？张某为此精神恍惚，精神压力很大，以至住院月余，花去医疗费500余元。张某向县人民法院提起诉讼，称县教育局非法剥夺自己的荣誉称号，给自己造成了精神损害和经济损失，要求人民法院判令县教育局返还荣誉证书及奖金，并在原有范围内消除影响，并赔偿经济损失和精神抚慰金。

任务驱动

你对张某的是怎样看待？

案例分析

县人民法院经审理认为：张某对工作认真负责，刻苦钻研，勇于探索，在长期的实践中摸索出一套成功的方法，用它来促进教学水平的提高，效果十分显著。这已经被实践所证实。张某所撰写的教育方面的论文，受到广大教师的好评，具有一定的科研价值，对实践有较好的指导作用。他提出的因材施教，有针对性地教育学生的观点，发展了前人的理论，具有很强的操作性和实用性，其已在实践中得到广泛应用、重视，证明是可行的。县教育局所说的“张某撰写的论文哗众取宠，没有实际效果；张某教学模式老化，学生反映意见挺大”的观点，是站不住脚的。县教育局未经认真调查，只凭领导个人好恶（本案中所提到的领导在剥夺张某荣誉的称号过程中起了决定性作用），未依法定程序便剥夺张某的模范教师荣誉称号及奖金，构成对张某荣誉权的侵害，应当承担侵权的民事责任。判令：县教育局返还张某模范教师的荣誉证书及奖金500元；在原有范围内为张某消除影响，恢复名誉，并赔偿经济损失和精神抚慰金4000元等。

教师依据法律规定享有进行教育教学活动，开展教学改革和实验的权利，这是国家赋予教师职业的特定权利，任何人都无权干涉或阻挠。本案县教育局的某领导打击报复教师张某的行为，侵犯了教师享有的合法权益，县教育局对此应承担相应的法律责任。

案例背景

扣留了全体教师工薪

某中学，因翻修校舍，急需一部分资金，1990年扣留了全体教师从7月份到9月份的全部工资款额共计4.32万元。全体教师对学校的行为极为不满，联名向教育行政部门提出申诉。其申诉依据是：《中华人民共和国教育法》第33条：“国家保护教师的合法权益……教师的工资报酬、福利待遇，依法律法规的规定办理。”《中华人民共和国教师法》第7条第4款规定：教师享有“按时获取工资报酬、享有国家规定的福利待遇以及寒、暑假期带薪休假”的权利。要求学校马上归还扣留教师的全部工资。

任务驱动

学校侵犯了教师的什么权利？教师的申讼能得到县教育局的支持吗？为什么？如何处理？

案例分析

教师获取报酬权被学校侵害。教师的请求能得到县教育局的支持。原因是拖欠教师工资，违反《教育法》、《教师法》，是侵害了教师合法权益的行为。它不仅侵害了教师获取劳动报酬的基本权利，危及教师及其家庭生计，还严重影响了教师队伍的稳定和教育教学工作的正常进行，不利于教育事业的健康发展。

处理：经县教育行政部门深入调查，查明该校拖欠教师3个月工资的情况属实。县教育行政部门责令该校及其责任人限期归还被挪用的教师工资，修建校舍的经费由该校另行解决。并决定对该校领导及其直接责任人员给予行政处分。

案例背景

某参加了一天的学术研讨会未请假

某校化学教师赵某参加了县教育学会组织的为期一天的学术研讨会。事先未向学校请假，也没有和教同班课程的其他教师串课，致使他所任教的两个班各有一节化学课没有上。学校按旷职论处，按照本校的有关规定，扣发其当日的工资和本月全勤奖，并在全校职工大会上提出批评。教师赵某对学校做出的处理决定不服，向这所学校的主管部门提出了申诉。其申诉理由是依据《教师法》第7条第2款规定，“教师享有从事科学研究、学术交流、参加专业的学术团体、在学术活动中充分发表意见的权利。”要求返回扣发的工资和资奖金，在全校职工大会上取消对其所做的批评。

任务驱动

你是怎样看待此事的？

案例分析

教育行政部门经调查，教师所述所情况基本属实。但认为，教师既享有法律赋予的权利，也应当完成法律规定的义务。《教师法》第8条第2款规定教师应当履行“贯彻国家的教育方针，遵守规章制度，执行学校的教学计划，履行教师聘约，完成教育教学工作任务”的义务。赵老师只强调了权利的方面，而没有遵守学校的规章制度和执行教学计划，没有很好地完成教育教学工作任务。学校做出的决定符合权限和程序，适用法律法规正确，事实清楚。因此决定：维持学校原处理结果。教师赵某内未向有关部门提起行政复议和诉讼。

教师参加学术研讨会是正当的一项权利，也是教师法中所予以保障的，但任何权利的行使，不是没有条件的，应在完成本职工作或不影响正常教育教学的前提下，否则，这种权利的行使是得不到法律保护的。本案中教师赵某因参加学术研讨会，而使正常的教育教学活动受到影响，其行为就不受法律的保护。

案例背景

学校对学生的处理是否恰当

某初中生马超，学习成绩不好，守纪情况也差一天，在教学楼内玩球，故意将一个价值三百元的吊灯打坏，学校在查明事实经过后，依据学校有关“损坏公物要赔偿和罚款”的规章制度，对马超作出三点处理决定：一是给予警告处分；二是照价赔偿吊灯；三是罚款三百元（对此学校，教师，学生及家长均没有感到什么不妥当，该校在全校师生大会上以此事为案例，大谈依法治校，从严治校的重要性）。

任务驱动

对此做法，你认为是否妥当？为什么？

案例分析

学校对马超的处理意见并不都是合法的，一，二条处理意见是合法的，但对学生课以罚款则是一种典型的违法行为。因为行政制裁分行政处分和处罚两个方面，而实施行政处分和处罚的单位是有明确要求的，国家特定行政机关享有行政处罚权如工商，税务，治安等机关，而学校只有行政处分的权力，可以对学生处分（纪律处分），但没有对学生进行行政处罚的权力。

因为行政处分是一种内部行政法律行为，是隶属关系之间的双方，上对下实行如医院对医生，学校对学生教师，机关对工作人员，处分类别有警告，严重警告，记过，开除，免职；行政处罚是一种外部行政法律行为，具有公共行政意义，由特定行政机关实行如治安机关进行的拘留，劳动教养，罚款，没收财产等。所以罚款是行政处罚，只有特定国家的行政机关才有行政处罚权，学校不是行政机关，而且学校对学生是隶属内部行政行为，学校对学生予以罚款没有任何法律依据1996年《行政处罚法》明确规定“没有法定依据或者不遵守法定程序的，行政处罚无效。”

案例背景

少年抢劫一案

人民法院在开庭审理3名十四至十六周岁少年抢劫一案前，将开庭时间、地点、被告人姓名等进行公告并允许公民旁听。

任务驱动

这种做法符合法律规定吗？

案例分析

不符合。对于已满十四周岁不满十六周岁未成年人犯罪的案件，一律不公开审理。

案例背景

两名中学生星期天在居民区空地上踢足球，在争球时，不慎将球踢到邻居阳台上，不仅造成阳台玻璃破碎，而且使阳台一名儿童被玻璃划伤。

任务驱动

邻居财产损失及人身被伤害的民事责任应由谁承担？

案例分析

由两名学生的家长（监护人）承担民事责任。

《民法通则》规定无民事行为能力人，限制民事行为能力有造成他人损害的，由监护人承担民事责任。

案例背景

某中学高一年级2名学生因盗窃一辆摩托车而被刑事拘留，学校因此立即作出取消这2名学生学籍的处分决定。

任务驱动

学校的处分决定正确吗？

案例分析

不正确，对被采取刑事强制措施的未成年学生，在人民法院判决生效以前，不得取消其学籍。

案例背景

小明（13岁）在父母离婚后，跟随母亲一起生活。

任务驱动

其父对小明仍有教育义务吗？为什么？

案例分析

有父母不得因离异而不履行教育子女的义务。

案例背景

初二学生郭某偷了同学的饭菜票被发现，在以后的学校、班级活动中，郭某虽有心参加，都被班主任拒之门外，郭某数学成绩是班级最好的，省是数学竞赛，郭某报名参加，且取得全校选拔赛第一名，但学校以郭某有过偷窃的不良行为，不让郭某代表学校参加竞赛。

任务驱动

学校的做法合法吗？为什么？

案例分析

不合法。学校对有不良行为的学生不得歧视。

案例背景

小芳的家住在农村，在村里的小学上五年级。一天，爸爸突然对她说："明天你不要去上学了，到小卖部给你妈帮忙吧，你妈一个人忙不过来。"小芳听了后，伤心地哭了。她想念书，她舍不得学校的老师和同学们。但是，她又不能不听爸爸的话，只好不去学校读书了。老师了解到小芳的情况后，找到了小芳的爸爸，劝他让小芳继续上学。小芳爸爸说："女孩子比不得男孩子，读书多了也没什么用，还不如让她在家里干点活呢。再说了小芳是我的女儿，让不让她上学得由我说了算。"

任务驱动

小芳爸爸的说法对吗？小芳的爸爸都违反了哪些规定？

案例分析

不对。《中华人民共和国宪法》第46条规定：中华人民共和国公民有受教育的权利和义务。《中华人民共和国教育法》第9条规定：公民不分民族、种族、性别、职业、财产状况、宗教信仰等，依法享有平等的受教育机会。《中华人民共和国义务教育法》第5条规定：凡年满六周岁的儿童，不分性别、民族、种族，应当入学接受规定年限的义务教育。

让孩子上学接受教育是法律规定的父母必须履行的义务，而且法律规定，女孩和男孩享有平等的权利，不能歧视女孩。小芳的爸爸让小芳中途辍学的行为是违法的。听了老师的话应当让小芳赶快回到学校继续读书。如果不改正的话，当地政府应对他进行批评教育，并责令他送小芳返回学校上学。另外，为保护儿童受教育权利，国家还禁止工厂、商店、个体户等雇用不满16周岁的儿童。

案例背景

王力是一个15岁的初中生，她总觉得自己不是读书的料，就想到一家餐馆去打工赚钱，可是，她又听别人说，未满16岁的未成年人是不允许被雇用的。

任务驱动

哪一种观点是正确的？为什么？

案例分析

后一观点是正确的。国务院《禁止使用童工规定》第3条：国家机关、社会团体、企业事业单位、民办非企业单位或者个体工商户均不得招用不满16周岁的未成年人。禁止任何单位或者个人为不满16周岁的未成年人介绍就业。禁止不满16周岁的未成年人开业从事个体经营活动。所以，王力还暂时不能去打工。如果她还没有完成九年义务教育，那么她就应该继续她的学校生活；如果她已经完成了九年义务教育，并且不想继续升学，那么，她可以参加一些国家和社会举办的职业技能培训，为年满16周岁以后的就业做准备。

案例背景

涛涛爱淘气，经常在课堂上说话、做小动作，有时还不完成作业。一天，他又在课上说话、做鬼脸，被班主任老师发现了。老师非常生气，对涛涛说："你的课不要上了，回家把家长找来，什么时候你爸爸来了，你再来上课。"涛涛不敢回家，只好在教室外面站着。这时，正好校长路过，问清了原因后，把涛涛送回教室。事后，校长把涛涛的班主任老师找去，提出了批评。

任务驱动

你认为校长批评的对吗？班主任和涛涛同学应该怎样做呢？

案例分析

对。学校是少年儿童受教育的地方，为了保护中小学学生的受教育权利，法律还专门规定了在义务教育阶段学校不能随便开除学生。教育和帮助有缺点的学生是学校和老师的责任，学校、老师应当对学习有困难、品行有缺点的学生给予更多的关心和帮助，使他们改正错误、健康成长。这位班主任应当认识到自己的错误。经过的教育，涛涛也应当认识到自己仅违反了学校纪律，而且在课堂上随便说话，也影响了别的同学听，实际上侵犯了其他同学受教育的权利。

案例背景

王洋是某中学初中一年级的学生，成绩一直不好。在数学课上他不认真听讲，所以老师经常在课堂上用教鞭抽打他。因此，王洋一想到数学课，就感到害怕。

任务驱动

我们应该怎样评价这位数学老师？

案例分析

根据我国《未成年人保护法》的规定，学校、幼儿园的教职员应尊重未成年人的人格尊严，不得对未成年学生和儿童实施体罚、变相体罚或者有其他侮辱人格尊严的行为。由此可见，教师也应当尊重学生的人格尊严。如果因为学习成绩不好，上课不认真听讲而体罚王洋，无疑会对他的身心健康构成很大的伤害，影响他健全人格的形成，因而也是法律所不允许的。对于老师违法行为，王洋可以通过他的监护人或者学校领导，要求教师纠正其体罚学生的错误做法。如果老师坚持不改的话，也可以要求对其给予行政处分，或者直接向人民法院提起诉讼，以维护学生自己的合法权益。

案例背景

小学三年级有个小姑娘叫扬扬。两年前扬扬的爸爸妈妈离了婚，扬扬与妈妈生活在一起，两年来扬扬的爸爸从不来看望扬扬，也不给扬扬抚养费。前不久，扬扬的妈妈下岗了，一个月只有300元生活费，家里生活很困难，扬扬的妈妈想让扬扬辍学。

任务驱动

你认为扬扬该怎么办呢？

案例分析

《中华人民共和国婚姻法》第36条规定：父母与子女间的关系，不因父母离婚而消除。离婚后，父母对子女仍有抚养和教育的权利和义务。《中华人民共和国义务教育法》第11条规定：父母或者其他监护人必须使适龄的子女或者被监护人按时入学，接受规定年限的义务教育。按照这些法律规定，尽管扬扬的爸爸妈妈已经离婚了，但扬扬和她爸爸之间的父女关系是改变不了的，扬扬的爸爸仍

然有抚养扬扬的义务，必须负担扬扬义务教育的费用，并把扬扬抚养成人。扬扬的爸爸如果不给抚养费，扬扬可以请妈妈代她去法院告爸爸，法律会帮助扬扬的。

案例背景

李某有一女李霞14岁，系农村某镇初中二年级学生，李某认为女孩上学无用，还不如早下来赚钱。遂于2003年暑假，将李霞送到邻镇一个体户处打工。开学一周后，学校老师、领导、村干部多次上门家访，李某拒不说明其去向，有时还恶语相报："孩子读不读书是咱们自家的事，你们不要狗咬耗子—多管闲事。"

任务驱动

该案例中是否有违法行为？违反了什么法律规定？违法主体是谁？应该承担什么法律责任？

案例分析

（1）有违法行为。（2）违反了《中华人民共和国义务教育法》和《未成年人保护法》。《中华人民共和国义务教育法》第十一条第一款规定"父母或者其他监护人必须使适龄的子女或者被监护人按时入学，接受规定年限的义务教育。"第三款规定"禁止任何组织和个人招用应该接受义务教育的适龄儿童少年就业。"对义务教育分别家庭和社会方面做了法律保障。《未成年人保护法》第九条规定：父母或者其他监护人应当尊重未成年人接受教育的权利，必须使适龄未成年人按照规定接受义务教育，不得使在校接受义务教育的未成年人辍学。第二十八条第一款规定：任何组织和个人不得招用未满十六周岁的未成年人，国家另有规定的除外。（3）李某及个体户。（4）未成年人保护法第四十九条规定：企业事业组织、个体工商户非法招用未满十六周岁的未成年人，由劳动部门责令改正，处以罚款；情节严重的，由工商行政管理部门吊销执照。

案例背景

小学生武某上课时，起立回答问题，后排的同学陈某用脚将武某的椅子移开，结果武某重重地坐到了地上。武某当时身体没有任何异样，老师也只批评了

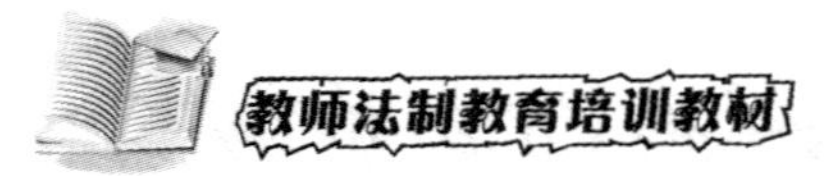

陈某几句，就继续上课。可是三天后，武某感到腿脚发麻，后来发展为没办法正常坐着上课。父母将她送往医院诊断，经检查为尾椎受挫伤，导致下半身麻痹，需要长期治疗。

任务驱动

对这起事故，谁应该担负责任?

案例分析

学生陈某负主要责任，由其监护人负责赔偿。学校负有管理失职责任，负次要责任，应进行相应赔偿。

案例背景

小学生张某因为没有按时完成作业，被任课老师罚站一节课。

任务驱动

老师这样做可以吗?

案例分析

不可以，学校教职员工不得对未成年学生、儿童实施体罚或变相体罚。

案例背景

某电视台在新闻节目中这样报道："今天上午公安机关破获一起入室盗窃案，2名犯罪嫌疑人是我市南山中学初三年级学生李××、赵××并将2人接受警察讯问的正面图像一同播放。"

任务驱动

电视新闻这样报道可以吗?

案例分析

不可以。根据《预法》规定对未成年人罪犯案件，新闻报道、影视节目，不得披露未成年人的姓名、照片及可能推断出该未成年人的资料。

下篇　与未成年人相关的法律法规

篇首概述

我国现行涉及未成年人保护的法律主要有：专门保护未成年人的法律。包括《未成年人保护法》和《预防未成年人犯罪法》。前者是1992年1月1日起施行的我国建国以来第一部保护未成年人的专门性法律；后者是1999年11月1日起施行的预防未成年人犯罪的专门性法律。

涉及未成年人保护内容的有关法律。这些法律虽然不是专门的保护未成年人的法律，但其中有些内容涉及到了对未成年人的保护。比如《宪法》作为国家的根本大法，在其规定的原则性条款中，有两条直接涉及保护未成年人合法权益和培养未成年人的健康成长。

知识点击

文本略读学法

热读一 《中华人民共和国预防未成年人犯罪法》

（全国人大 1999 年 6 月 28 日）

《预防未成年人犯罪法》是为了保障未成年人身心健康，培养未成年人良好品行，有效地预防未成年人犯罪而制定的。对于未成年人犯罪的预防应该以教育为主，学校和教师具有不可推卸的责任和义务。学校应当将预防未成年人犯罪教育作为法制教育的内容纳入学校教育教学计划，结合实际举办以预防未成年人犯罪的教育为主要内容的活动，聘任从事法制教育的专职或兼职教师。中小学教师直接承担着对未成年人的教育任务，有义务预防和制止未成年人的不良行为，对于未成年人严重的不良行为还要进行矫正。学校和教师对于侵犯未成年人的行为还要进行检举，及时终止对未成年人的伤害，对未成年人进行有效的保护。

具体内容请参见法律条文。

热读二 《中华人民共和国未成年人保护法》导读

儿童是人类的未来和希望，儿童全面和健康的成长是人口素质提高的主要标志和重要基础。1989 年 11 月 20 日在第 44 届联合国大会上各成员国一致通过了《儿童权利公约》，确认儿童应与成人一样平等享有相同价值、生存权、受保护权、发展权和参与权。我国作为缔约国也根据国情制定了《中华人民共和国未成年人保护法》于 1991 年 9 月 4 日通过，并于 2006 年 12 月 29 日修订，确定保护未成年人是全社会的共同责任。由于这一法律是基于人的基本权利的法律，因此，必然会与教育有着极为紧密的关系，在日常的学校教育和家庭教育中，该法

提出的基本原则均应作为教育者必须遵循的准则。在这一法规和国际公约的指导下，我们传统中的一些教育方式将需要改变和调整，作为教师和广大家长和社会各界也要转变已有的观念。为了使儿童与成人一样平等地享有相同价值、生存权、受保护权、发展权和参与权，家长和教师必须从思想上真正尊重儿童的各项权利，在知法、懂法、用法的基础上，不断改善我们的教育教学，使我们的教育教学更贴近儿童的实际需求，更符合其身心发展的特点。使儿童能够健康、全面地成长。新修订的保护法还要求“父母监护人不得使接受义务教育的未成年人辍学”“向未成年人出售烟酒将被处罚”“禁止学校教职员工对未成年人变相体罚”“中小学周边禁开歌厅网吧”“学校和公共场所等发生突发事件应先救未成年人”。我们不仅要坚决抵制和消除传统中“把儿童看成私有财产”、“对儿童进行有辱人格的惩罚”、“对儿童使用侮辱性的语言”、“剥夺儿童的受教育权”、“歧视学习成绩差的儿童”、“雇佣童工”、“歧视女童”、“侵犯儿童的隐私权”、“剥夺儿童游玩的权利”、“不尊重儿童的意见”等常见的侵犯儿童权利的行为；我们要以法律的引导为根据，使我们的教育教学更贴近儿童的实际需求，更符合其身心发展的特点。我们应从更加积极的角度关爱儿童和优化相应的教育、教学，并应进一步影响社会为中国儿童的发展创造更加美好的环境和条件。

中华人民共和国未成年人保护法（1991 年 9 月 4 日第七届全国人民代表大会常务委员会第二十一次会议通过 2006 年 12 月 29 日第十届全国人民代表大会常务委员会第二十五次会议修订）。

具体内容请参见法律条文，围绕着该法的相关附件如下：

一、中国儿童发展纲要（2001—2010 年）（国务院 2001 年 5 月 22 日）

《中国儿童发展纲要》既是中国政府发展教育的基本设想，又是对国人、对国际社会的承诺，因此应该受到认真的关注，并以此作为我国制定《义务教育法》和与儿童发展相关的政策法规的重要依据和参考。

当今世界，新科技革命迅猛发展，经济全球化趋势增强，综合国力竞争日趋激烈。2001—2010 年是我国经济和社会发展极为重要的时期。推进社会主义现代化建设，实现经济和社会的全面进步，必须把提高国民素质、开发人力资源作为战略任务；必须从儿童早期着手，培养、造就适应新世纪需要的高素质人才队伍。儿童期是人的生理、心理发展的关键时期。为儿童成长提供必要的条件，给予儿童必需的保护、照顾和良好的教育，将为儿童一生的发展奠定重要基础。

1992年，我国参照世界儿童问题首脑会议提出的全球目标和《儿童权利公约》，从中国国情出发，发布了《九十年代中国儿童发展规划纲要》。这是我国第一部以儿童为主体、促进儿童发展的国家行动计划。各级政府和有关部门坚持"儿童优先"的原则，加强领导，强化责任，制定政策，采取措施，认真实施，基本实现了《九十年代中国儿童发展规划纲要》提出的主要目标，使我国儿童生存、保护和发展取得历史性的进步。

二、学生伤害事故处理办法（教育部2002年6月25日）

《学生伤害事故处理办法》为学生伤害事故的处理和责任承担提供了明确的法律依据。它是由教育部制定的规章，属于行政立法，其地位在宪法、法律和行政法规规定之下，是根据《中华人民共和国教育法》、《中华人民共和国未成年人保护法》和其他相关法律、行政法规及有关规定制定的。

《学生伤害事故处理办法》的制定是为了提高学校的责任观念和预防意识，加强对学生人身安全的保护，妥善、正确处理学，生人身伤害事故，保护学校和学生合法权益。《办法》对于学生伤害事故的责任确定、事故处理程序、损害的赔偿和责任者的处理做了具体的规定。《办法》的适用范围、对象比较广泛，与各级各类学校、广大教师学生及学生家长，都有密切关系。

近年来，学生的人身安全和有关人身伤害事故处理的问题，已成为教育领域的热点问题之一。我国目前大约有2亿多在校学生，大多数是为成年人，尽最大可能保护中小学学生的合法权益，是各级教育行政部门和各级各类学校的重要职责。作为中小学教师应当对学生进行安全教育、管理和保护，应当针对学生年龄、认知能力和法律行为能力的不同，采用相应的内容和预防措施。

三、流动儿童少年就学暂行办法（国家教委、公安部1998年3月2日）

《流动儿童少年就学暂行办法》是适应市场经济和城镇化建设过程中，由于父母流动产生的子女入学问题而提出的专门法规。从积极的方面看是保障所有的孩子有学上、有书读，落实义务教育法；从消极的方面看，流动人口子女的上学

问题、失学和辍学问题近年来越来越严重，并日益得到社会的广泛关注。当然，其中牵涉到一些复杂的关系问题，如学生户口所在地教育部门的责任和义务的问题、学生流入地政府的责任和义务问题、相关经费和办学条件问题、流入人口与原有人口的关系问题等，需要地方政府和中央政府协调和支持，提供更具体的法律和政策保障，也需要学校和教师有一个良好的心态，用爱心来对待每一位流动儿童。

知识速查学法

1.《未成年人保护法》的目的

保护未成年人的身心健康，保障未成年人的合法权益，促进未成年人在品德、智力、体质等方面全面发展，把他们培养成为有理想、有道德、有文化、有纪律的社会主义事业接班人。

2.《预防未成年人犯罪法》目的

保障未成年人身心健康，培养未成年人良好品行，有效地预防未成年人犯罪。《中华人民共和国预防未成年人犯罪法》在中华人民共和国第九届全国人民代表大会常务委员会第十次会议上通过的。

3. 年人的定义

未成年人是指未满十八周岁的公民。

4. 未成年人的工作，应当遵循的原则

保护未成年人的工作，应当遵循下列原则：

（一）保障未成年人的合法权益；

（二）尊重未成年人的人格尊严；

（三）适应未成年人身心发展的特点；

（四）教育与保护相结合。

5. 年人受国家保护权益

国家保障未成年人的人身、财产和其他合法权益不受侵犯。

6. 保护未成年人的责任人

保护未成年人，是国家机关、武装力量、政党、社会团体、企业事业组织、城乡基层群众性自治组织、未成年人的监护人和其他成年公民的共同责任。

7. 开除未成年学生

学校能开除未成年学生，但学校应当尊重未成年学生的受教育权，不得随意开除未成年学生。

8. 年学生进行的教育

学校应当全面贯彻国家的教育方针，对未成年学生进行德育、智育、体育、美育、劳动教育以及社会生活指导和青春期教育。

9. 教育未成年人不得有的行为

学校、幼儿园的教职员在对犯错误的未成年学生和儿童进行批评教育时，不得不得对未成年学生和儿童实施体罚、变相体罚或者其他侮辱人格尊严的行为。

10. 学生优惠开放的公共场所

答：博物馆、纪念馆、科技馆、文化馆、影剧院、体育场（馆）、动物园、公园等场所，应当对中小学生优惠开放。

11. 成年人阅读或观看内容

国家对提供给未成年人阅读或观看的图书、报刊、音像制品在内容规定：

任何组织和个人不得向未成年人出售、出租或者以其他方式传播淫秽、暴力、凶杀、恐怖等毒害未成年人的图书、报刊、音像制品。

制作、复制宣扬淫秽内容的未成年人出版物，或者向未成年人出售、出租、传播、宣扬淫秽内容的出版物的，依法予以治安处罚；构成犯罪的，依法追究刑事责任。

12. 人的劳动或作业

任何组织和个人依照国家有关规定招收已满十六周岁未满十八周岁的未成年人的，不得安排其从事哪些过重、有毒、有害的劳动或者危险作业。

13. 年人的个人隐私权

任何组织和个人不得披露未成年人的个人隐私。除无行为能力的未成年人的

信件可以由其父母代为开拆外，其他未成年人的信件，其父母不得开拆。

14. 成年人的智力成果

未成年人的智力成果由其自己享有。国家依法保护未成年人的智力成果不受侵犯。

15. 成年人羁押或关押

依法对未成年人羁押或关押，不能可以将他们与成年人羁押或关押在一起，应当与成年人分别羁押或关押。

16. 成年人犯罪的案件的审理

十四周岁以上不满十六周岁的未成年人犯罪的案件，一律不公开审理。十六周岁以上不满十八周岁的未成年人犯罪的案件，一般也不公开审理。

17. 成年人的继承权

未成年人有继承权。人民法院审理继承案件，应当依法保护未成年人的继承权。

18. 成年人的合法权益受到侵害的处理

未成年人的合法权益受到侵害的，被侵害人或者其监护人有权要求有关主管部门处理，或者依法向人民法院提起诉讼。

19. 成年人犯罪的原则

预防未成年人犯罪，立足于教育和保护，从小抓起，对未成年人的不良行为及时进行预防和矫治。

根据预防未成年人犯罪法的规定，学校应当结合实际举办以以预防未成年人犯罪的教育为主要内容的活动。

根据预防未成年人犯罪法的规定，未成年人在收容审查期间，执行机关应当保证其继续接受文化知识、法律知识或者职业技术教育。

根据预防未成年人犯罪法的规定，对犯罪的未成年人追究刑事责任，实行教育、感化、挽救方针。

预防未成年人犯罪，应当结合未成年人有不同年龄的心理和生理特点，加强青春期教育、心理矫治、预防犯罪对策方面的教育和研究。

对未成年人进行预防犯罪的教育，这里的未成年人是指达到义务教育年龄的未成年人。

20. 成年人进行预防犯罪的教育的目的

答：增强未成年人的法制观念，使未成年人懂得违法和犯罪行为对个人、家庭、社会造成的危害，违法和犯罪行为应当承担的法律责任，树立遵纪守法和防范违法犯罪的意识。

21. 年人的法制教育负有直接责任人

答：未成年人的父母或者其他监护人对未成年人的法制教育负有直接责任。

22. 者其他监护人遗弃、虐待的未成年人

被父母或者其他监护人遗弃、虐待的未成年人，有权向公安机关、民政部门、共产主义青年团、妇女联合会、未成年人保护组织或者学校、城市居民委员会、农村村民委员会请求保护。被请求的上述部门和组织都应当接受，根据情况需要采取救助措施的，应当先采取救助措施。

23. 年人不良行为

《预防未成年人犯罪法》第十四条规定，未成年人的父母或者其他监护人和学校应当教育未成年人不得有下列不良行为：（一）旷课、夜不归宿；（二）携带管制刀具；（三）打架斗殴、辱骂他人；（四）强行向他人索要财物；（五）偷窃、故意毁坏财物；（六）参与赌博或者变相赌博；（七）观看、收听色情、淫秽的音像制品、读物等；（八）进入法律、法规规定未成年人不适宜进入的营业性歌舞厅等场所；（九）其他严重违背社会公德的不良行为。

24. 年人严重不良行为

答：《预防未成年人犯罪法》第三十四条规定，本法所称“严重不良行为”，是指下列严重危害社会，尚不够刑事处罚的违法行为：（一）纠集他人结伙滋事，扰乱治安；（二）携带管制刀具，屡教不改；（三）多次拦截殴打他人或者强行索要他人财物；（四）传播淫秽的读物或者音像制品等；（五）进行淫乱或者色情、卖淫活动；（六）多次偷窃；（七）参与赌博，屡教不改；（八）吸食、注射毒品；（九）其他严重危害社会的行为。

根据预防未成年人犯罪法的规定，未成年人有严重不良行为，因不满14周岁或者情节特别轻微免予处罚的情况下可以予以训对有严重不良行为的未成年人可以送工读学校进行矫治和教育。未成年人有严重不良行为，违反治安管理，由公安机关依法予以治安处罚。

25. 保护未成年人的责任主体

我国未成年人保护法规定，全社会都承担着保护未成年人的共同责任。承担这种责任的主体共有八大类：国家机关、武装力量、政党、社会团体（共青团、妇联、青联、法学会等）、企事业组织、城乡基层群众性自治组织（居委会、村委会等）、未成年人的监护人、其他成年公民。

26. 未成年犯罪不得披露的内容

不得披露该未成年人的姓名、住所、照片以及可能推断出该未成年人的资料。

27. 学生应该履行的义务

（1）遵守法律法规；

（2）遵守学生行为规范，尊敬师长，养成良好的思想品德和行为习惯；

（3）努力学习，完成规定的学习任务；

（4）遵守所在学校或其他教育机构的管理制度。

28. 教育未成年人不得有的不良行为

答：旷课、夜不归宿；携带管制刀具；打架斗殴、辱骂他人；强行向他人索要财物；偷窃、故意毁坏财物；参与赌博或者变相赌博；观看、收听色情、淫秽的音像制品、读物等；进入法律、法规规定未成年人不适宜进入的营业性歌舞厅等场所；其他严重违背社会公德的不良行为。

29. 不公开审理的人

根据预防未成年人犯罪法的规定，对于已满14周岁不满16周岁的未成年人犯罪的案件，一律不公开审理。

30. 工读学校就读的未成年人

在工读学校就读的未成年人仍然要接受义务教育。

工读学校除按照义务教育法的要求，在课程设置上与普通学校相同外，应当加强法制方面内容的教育。

31. 引诱未成年人实施不良行为

对于教唆、胁迫、引诱未成年人实施不良行为或者品行不良，影响恶劣，不适宜在学校工作的教职员工，教育行政部门、学校应当予以解聘或者辞退。

未成年人应当遵守法律、法规及社会公共道德规范，树立树立自尊、自律、自强意识。

对同犯罪行为作斗争以及举报犯罪行为的未成年人，司法机关、学校、社会应当加强保护，保障其不受打击报复。

32. 未成年人的犯罪教育

对于被采取刑事强制措施的未成年学生，在人民法院的判决生效以前，不得取消其学籍。

被政府收容教养而还没有完成义务教育的未成年人，在收容教养执行期间，仍要保证其继续接受义务教育。

解除收容教养和劳动教养的未成年人可以回原学校继续读书。解除收容教养的未成年人可以同在校生一样参加升学考试。

对犯罪的未成年人追究刑事责任，遵循教育为主、惩罚为辅原则。

学校对被采取刑事强制措施的未成年学生，在人民法院的判决生效前，不得取消其学籍。

司法机关办理未成年人犯罪案件，应当保障未成年人的诉讼权利，保障未成年人得到法律帮助。

未成年人因不满十六周岁不予刑事处罚的，责令他的父母或者其他监护人严加管教；在必要的时候，政府依法收容教养。

33. 未成年人单独居住

《中华人民共和国预防未成年人犯罪法》规定，未成年人的父母或者其他监护人，不得让不满十六周岁的人脱离监护单独居住。

若未成年人的父母或者其他监护人让不满十六周岁的未成年人脱离监护单独居住，由公安机关对未成年人的父母或者其他监护人予以予以训诫，责令其立即改正。

收留夜不归宿的未成年人的，应当征得其父母或者其他监护人的同意。

34. 未成年人不适宜进入的场所

未成年人禁止进入网吧。禁止在学校周围 200 米范围内开设网吧。网吧营业时间是 8 点到 24 点。

营业性歌舞厅以及其他未成年人不适宜进入的场所、营业性电子游戏场所，不设置明显的未成年人禁止进入标志，或者允许未成年人进入的，由文化行政部门责令改正、给予警告、责令停业整顿、没收违法所得，处以罚款。

对《预防未成年人犯罪法》施行前已在中小学校附近开办的营业性歌舞厅、营业性电子游戏场所以及其他未成年人不适宜进入的场所，应当限期迁移或者停业。

对于难以判明是否已成年的，营业性歌舞厅、营业性电子游戏场所的工作人员要求其出示身份证件。

35. 未成年人

《中华人民共和国未成年人保护法》中的“未成年人”是指未满 18 周岁的公民。

36. 监护人的设立的方式

我国监护人的设立有三种方式：

法定监护、指定监护和委托监护。

37. 监护人的职责

(1) 保护被监护人的身体健康，照顾被监护人的生活；

(2) 管理和保护被监护人的财产，代 理被监护人的民事活动，在被监护人合法权益受到侵害或与人发生争执时，代 理其进行诉讼；

(3) 对被监护人进行管理和教育，对被监护人损害他人合法权益的行为，依法承担民事责任。

未成年人的父母或者其他监护人不履行监护职责，放任未成年人有法律规定的不良行为或者严重不良行为的，由公安机关对未成年人的父母或者其他监护人予训诫，责令其严加管教。

继父母、养父母对受其抚养教育的未成年继子女、养子女在预防犯罪方面同

生父母有同样的职责。

当未成年人遭受到父母或者其他监护人的遗弃、虐待时，有权向公安机关、民政部门等部门请求保护。

38. 学生应该履行的义务

(1) 遵守法律法规；

(2) 遵守学生行为规范，尊敬师长，养成良好的思想品德和行为习惯；

(3) 努力学习，完成规定的学习任务；

(4) 遵守所在学校或其他教育机构的管理制度。

案例背景

害怕的小锋

小锋在朋友的拉拢下，被迫参加了当地一个违法团伙，每天跟随团伙在校外打打杀杀，吃喝玩乐。小锋虽然想摆脱他们，却又畏惧违法团伙的报复，感到害怕和无助。

任务驱动

小锋的父亲发现这种情况后应该怎么办？为什么？

案例分析

根据《预防未成年人犯罪法》的规定，未成年人的父母或者其他监护人和学校，发现未成年人组织或者参加实施不良行为的团伙的，或者发现有人教唆、胁迫、引诱未成年人违法犯罪的，应当向公安机关报告。因此，小锋的父亲应当向公安机关报告，公安机关会保护小锋的人身安全。

案例背景

单独居住的冬冬

冬冬今年15岁，其父母经常外出经商，让冬冬一个人在家单独居住。

任务驱动

冬冬父母这样做可以吗？为什么？

案例分析

《预防未成年人犯罪法》规定，父母不得让未满16周岁的未成年人脱离监护，单独居住。

案例背景

缺少管教的杨某

杨某的父母平时白天经商，晚上打牌，对杨某缺少管教，致使杨某染有不良行为，初二期终考试成绩列年级最后一名，其父母认为杨某没出息，更加不管，不让杨某回家。

任务驱动

杨某父母的做法合法吗？为什么？

案例分析

不合法。《预防未成年人犯罪法》规定，父母对未成年人不得放任不管，不得迫使其离家出走，放弃监护职责。

案例背景

婷婷与其双胞胎的弟弟

婷婷与其双胞胎的弟弟都刚刚小学毕业，其父母生意繁忙，于是不让婷婷继续上学而让她留在家中帮父母做家务，让其弟弟继续上学。

任务驱动

她父母实施了哪些违法行为？

案例分析

歧视女性未成年人；使在校接受义务教育的未成年人辍学。

案例背景

班主任伤透了脑筋

小刚为某校八年级的学生，今年14岁，很调皮，不爱学习，让班主任伤透了脑筋。“要不要小刚继续在校读书”问题在全班进行无记名投票表决，给小带刚来很大的精神压力，他再也不肯到学校读书了。小刚的父母觉得他继续上学也不会有前途，就送他到一家商场当服务员。小刚在当服务员期间，结识了一些不良青年，学会了吸烟、喝酒、赌博，而且小偷小摸，曾偷了同事少量钱财，受到了商场的警告。9月份的某天晚上，他竟入户盗窃，因数额较大，触犯了刑法，在逮捕归案时，公安人员不开警车，不穿警服，不扩大知情面，并对小刚进行了不公开的审问。

任务驱动

（1）材料中哪些人的行为分别违反了《未成年人保护法》的哪些规定？

（2）材料中哪些人的行为符合《未成年人保护法》的哪些规定？

（3）小刚的变化给我们什么启示？

案例分析

（1）小刚和他的父母违反了《未成年人保护法》中有关“家庭保护”中“必须让适龄未成年人接受义务教育”的规定；商场负责人违反了《未成年人保护法》中有关“社会保护”中“任何组织和个人不得招用未满16周岁的未成年人”的规定；小刚的班主任违反了《未成年人保护法》中有关“学校保护”中“关心爱护学生，尊重学生人格尊严”的规定。

（2）公安人员的行为符合《未成年人保护法》中“司法保护”中“尊重违法犯罪未成年人的人格尊严”的规定。

（3）一般违法与犯罪之间没有不可逾越的鸿沟，一个人如果不养成遵纪守法的好习惯，有错误不改，任其发展下去就会走上犯罪的道路。中学生一定要加强道德修养，增强法律意识，提高明辨是非的能力，谨慎交友。

案例背景

组织纪律性差的学生

某一小学高年级，学生绝大部分为独生子女，娇惯成性，组织纪律性差。某一周三下午，综合实践课教师王老师上课期间，学生朴某在课堂上大声说话，无理取闹，王老师制止时，又与老师蛮缠，下课后王老师将朴某叫到王所住宿舍内批评朴某（只有两人在场），学生不服，与其争辩，王老师便给了朴某两记耳光，并说要与学生玩命，以此表示自己将学生“管好”的决心，直至下午5点50分才放学生回家，第七节英语课没上着（教师下班时间为5：30）。

任务驱动

你怎样分析该案例?

案例分析

（1）学生朴某在课堂上大声说话，无理取闹，当王老师制止时，又与老师蛮缠，这对老师不尊重，违反了《小学生守则》第二条专心听讲，《小学生日常行为规范》第三条，尊敬老师，接受老师的教导，与老师交流。也违反了《中国人民共和国教师法》第八章法律责任第三十五条，侮辱、殴打教师的，根据不同情况，分别给予行政处分或者行政处罚。

因此，鉴于情节不是特别严重和恶劣，学生朴某应该向王老师承认错误，赔礼道歉。

（2）王老师作为人民教师对学生严格要求，对工作认真负责应该是好的，但采取的方法不当，对学生的人格不够尊重，违反了中国人民共和国主席令第15号《中国人民共和国教师法》第二章权利和义务第八条的规定：教师义务（四）“关心、爱护全体学生，尊重学生人格”，以及违反了《未成年人保护法》第三章第15条“学校、幼儿园的教职员应当尊重未成年人的人格尊严，不得对未成年学生和儿童实施体罚、变相体罚或者其他侮辱人格尊严的行为”。

打学生“耳光”是属于侵犯学生人身权利行为；致使学生一节课没上，是侵犯了学生受教育权的行为，王老师行为是违法行为，应承担相应的法律责任。根据《教师法》第37条，《义务教育法》第16条，《未成年人保护法》第48条之规定，可先由学校给予王老师一定的行政处分。如果矛盾激化，必要时要通过法律手段予以调解。

案例反思：

从这一案例，我们可以看出，教师要懂法守法，尤其要了解我国的教师法和教育法等基本的法律法规，增强教育管理和组织协调能力，学会做学生思想工作，用规律法规来约束自己的行为，并将此作为保障自己合法权利的手段；同时，应该保障受教育者的合法权利不受侵犯。

其次，学校有计划的组织家长会，定期家访，一来增加沟通，让家长理解教师工作的性质、内容、难度，二来可以对家长进行“家庭教育”方法的辅导，使他们掌握教育方法、配合学校纠正孩子的不良行为习惯。

还要加大宣传力度，以灵活的形式宣传教育的政策、法规，让全社会真正把教育工作重视起来，形成学校、家庭、社会三方面教育合力，对孩子实施有效的教育，促进孩子健康、和谐发展。

案例背景

吴老师顺便拆封阅读了此信

某校初中班主任吴老师在批改作业时，发现学生高某的作业本中夹了一封写有×××收的信件，吴老师顺便拆封阅读了此信。这是高某写给一位女同学的求爱信，吴老师看了十分生气，后在班会上宣读了此信，同时对高某提出了批评。次日高某在家留了一张字条后离家出走。高某家长找到吴老师理论并要求将高某找回。吴老师解释说：“我作为教师，对学生进行教育和管理是我的职责，我批评高某是为了教育和爱护他。他是从家中出走的，与我的工作没有关系。”

任务驱动

(1) 吴老师的哪些做法不正确？试述你的判断所依据的法规及条款。

(2) 吴老师的解释是否正确？为什么？

案例分析

(1) 吴老师私自拆阅学生高某信件的行为和在班会上宣读高某信件的行为是不正确。因为上述行为违反了《未成年人保护法》第 30 条和第 31 条的规定。

(2) 吴老师的解释不正确，因为吴老师有对学生进行教育和管理的职责，但教师对学生的教育和管理必须建立在尊重学生人格、平等相待的基础上。《教师法》规定，教师要“关心、爱护全体学生，尊重学生人格，促进学生在品德、智力、体质等方面全面发展。”尊重学生、平等对待学生是教师的最基本的职业道德，不能借口教育和爱护学生而侵犯学生的合法权益。本案例中吴老师不适当的教育方式对学生高某的离家出走负有不可推卸的责任。

案例背景

学校到底该不该收这5名学生

某校刚录取的高一新生中有5名男同学因初中时参与社会盗窃而被公安机关查获。案发后，这些学生都很害怕，有的想逃避，有的不敢承认犯罪事实，有的不敢检举揭发。学校得知这消息后，立即派人与学生家长取得联系，并同家长一道做学生的工作，动员他们主动向公安司法机关坦白交代问题，争取从宽处理。学校还积极协助公安机关调查案情。

5个学生年龄都比较小（均在十五、六岁），犯罪情节又不很严重，所以公安司法部门免于追究刑事责任，建议学校允许这些学生继续回校学习。对此，学校争议很大。不同意他们回校学习的领导、教师的理由是这些学生在初中时就有劣迹，参与盗窃时也不是自己学校的学生，这个包袱不能背。再说，他们的行为已经构成犯罪，他们又是高中生，将其开除既不违反上级的有关规定，也不算过分。否则，以后对学校的荣誉影响很大（上级教育行政部门有规定：学生中如有被刑事处分的，则年底该校将不能被评为文明单位）。

任务驱动

你认为该校到底该不该收这5名学生呢？

案例分析

学校应该收这5名学生。按照《教育法》的有关规定，学校有维护受教育者的合法权益的义务，即学校不得侵犯受教育者的受教育权，这5名学生已经被该校录取，按照《教育法》第三十九条的规定：“国家、社会、学校及其他教育机构应当为有违法犯罪行为的未成年人接受教育创造条件。”《预防未成年人犯罪法》规定了被免予刑事处罚的未成年人，在复学、升学、就业等方面与其他未成年人享有同等权利。学校应该予以保护。这5名学生犯罪时未满18周岁，属于未成年人，按照我国《未成年人保护法》规定，对于品行有缺点的学生应当耐心教育、帮助，不得歧视，也不得随意开除。作为已经被该校录取的这5名学生，更不能因为曾经有过违法犯罪行为（即有的教师所谓的“劣迹”）就随便开除或不收学生。

案例背景

播放犯罪嫌疑人

某电视台在新闻节目中这样报道：“今天上午公安机关破获一起入室盗窃案，2名犯罪嫌疑人是我市南山中学初三年级学生李××、赵××并将2人接受警察讯问的正面图像一同播放。”

任务驱动

电视新闻这样报道可以吗?

案例分析

不可以。根据《预法》规定对未成年人罪犯案件，新闻报道、影视节目，不得披露未成年人的姓名、照片及可能推断出该未成年人的资料。

学生的基本义务：我国《教育法》第四十三条规定了受教育者应当履行下列义务：

(1) 遵守法律、法规；

(2) 遵守学生行为规范，尊敬师长，养成良好的思想品德和行为习惯；

(3) 努力学习，完成规定的学习任务；

(4) 遵守所在学校或者其他教育机构的管理制度。

学生权利和义务实施中应该注意的问题：

(1) 年龄特点，义务教育的对象是中小学生，在这个阶段，他们的思想观念、价值观念、人生观等不成熟。

(2) 心理特点。初中生的心理特征主要表现在认识能力、情感、意志和自我意识上不成熟。

(3) 生理特点，主要表现在身体形态、体内机能、神经系统和性成熟。了解这些特点，正确的行事权利和履行义务。

案例背景

程某诉学校人身伤害案

程某是浙江某县的一名五年级小学生，性格内向，学习很好。他十分喜欢文学作品，甚至到了痴迷的程度。一次上数学课，他正专心致志地读小说，被老师叫起回答问题。由于回答不上来，老师把他拽到讲台前，打了他两个耳光，又让坐在前排的两名男同学接着打他的耳光，之后把他逐出教室。此后又连续三天，上数学课时老师让他在黑板前罚站。在以后的近一个月时间里，家长和班主任老师发现程某神情大变，目光涣散，反应迟钝，不爱讲话，常常盯着一个地方发呆……后经医院诊断，他患了心因性精神病，不得已，只好退学。在数学老师无力支付全部医药费的情况下，程某的家长找到了学校。他们认为学校对此负有责任。可校长却说此事与学校无关。后经媒体曝光，学校才不得不对程某进行了相关的赔偿。

任务驱动

案例中教师是否侵害了学生的权益？应受到什么制裁？学校应负什么责任？

案例分析

《未成年人保护法》第十五条规定："学校、幼儿园的教职员应当尊重未成年人的人格尊严，不得对未成年学生和儿童实施体罚、变相体罚或者其他侮辱人格尊严的行为。"上述案例中，作为一名教师，在其学生程某有错误时，不是对学生进行引导教育，而是使用暴力对学生进行体罚，其行为侵害了学生程某的合法权益，应受到法律的制裁。同时，作为共同被告的程某所在的学校，未对在校学生起到保护作用，使学生的合法权益遭到侵害，也应对程某受到伤害承担相应的民事责任。

案例背景

东东和明明

某幼儿园一天下午到了离园时间，家长纷纷到班上接孩子，父母还没有到的孩子就在活动室里玩玩具。东东和明明两名幼儿因争抢一支玩具手枪扭打起来，正在与其他家长沟通的老师文珊闻声立即走上前去阻止他们，并没收了玩具手枪，教育他们不能打架。待两名幼儿各自去玩其他玩具后，文珊继续接待来园的家长。此时东东心有不忿，突然跑到明明身后，用力将其推倒，造成明明额头被摔破，缝了四针。

事故发生后，明明的家长要求幼儿园和东东的家长共同承担赔偿责任。但幼儿园认为自己不存在过错，无需承担损害赔偿。而东东的家长则认为，孩子是在幼儿园将人推倒致伤，是教师文珊监管不力造成，应该由幼儿园负全责。

任务驱动

（1）本案涉及的是何种类型的法律系？

（2）这起伤害事故的法律责任，究竟应该由哪一方来承担呢？

案例分析

教育民事法律关系。根据《学生伤害事故处理办法》第八条规定："学生伤害事故的责任，应当根据相关当事人的行为与损害后果之间的因果关系依法确定。因学校、学生或者其他相关当事人的过错造成的学生伤害事故，相关当事人应当根据其行为过错程度的比例及其与损害后果之间的因果关系承担相应的责任。当事人的行为是损害后果发生的主要原因，应当承担主要责任；当事人的行为是损害后果发生的非主要原因，承担相应的责任。"

结合这起事故，幼儿东东的行为与明明受损害的后果之间有直接的因果关系，东东是伤害事故的责任者。教师文珊在发现东东和明明之间发生纠纷打闹时，及时劝阻幼儿间的不当行为并进行了教育，尽到了管理教育职责，东东事后报复伤人是她无法预见和制止的突发行为，故教师和园方在此事件中已履行了相应职责，行为并无不当，并无过错，故无需负法律责任。这起幼儿间的伤害应由致害人承担责任，但造成伤害发生的幼儿东东是无民事行为能力人，所以应由东东的监护人承担民事损害赔偿责任。

案例背景

对违反课堂纪律的学生教师要耐心

2008 年 10 月的某一天，某校中学生张某趁王老师上课在黑板板书之机，偷偷地在桌子下面抽烟。被王老师发现之后，便叫张某把烟交出来. 但张某再三否认自己抽了烟。于是，王老师怒气冲冲地骂了他一顿，并打了他正反两个巴掌，不巧的是王老师手上的戒指正好在学生的右脸上划了一道大伤口，立刻鲜血直流，导致毁容。王老师当时吓慌了，赶紧送医院治疗。后来，王老师赔偿了该同学的经济损失。

任务驱动

1. 本案中所涉及的法律关系主体有哪些?

2. 当事人违反了什么法律? 应当承担什么责任?

3. 本案对我们有哪些启示?

案例分析

1. 本案中所涉及的法律关系主体有王老师和学生张某

2. 在此案例中，王老师面对课堂突发事件，应冷静处理，调查了解情况，以正面教育为主，讲清道理，使学生知错改错，而不能凭一时冲动体罚学生。因为我国《未成年人保护法》规定："学校、幼儿园的教职员应当尊重未成年人的人格尊严，不得对未成年学生和儿童实施体罚、变相体罚或者其他侮辱人格尊严的行为。"王老师打了张某，并怒气冲冲地骂了他一顿，他的正反两个巴掌，不巧的是王老师手上的戒指正好在学生的右脸上划了一道大伤口，立刻鲜血直流行为，违反了《未成年人保护法》的有关规定，侵犯了学生的身�健康权。所以，王老师的行为是一种违法行为，学校应承担全部责任。王老师体罚张某造成张某右脸爱伤而毁容，法医将根据张某受伤程度鉴定张某伤残等级：轻微伤、轻伤、重伤。如属轻微伤，王老师的行为属一般违法行为，不构成犯罪；如属轻伤或重伤，王老师的行为构成故意伤害罪。根据《刑法》第 234 条规定，故意伤害他人身体的，处 3 年以下有期徒刑、拘役或者管制。犯前款罪，致重伤的，处 3 年以上 10 年以下有期徒刑。如属轻伤，加害人与受害人可以和解，受害人不向法院起诉的，不追究刑事责任；如属重伤，无论受害人是否向司法机关控告，司法机关将追究加害人的刑事责任。

3. 从本案例我们可以得到启示

中小学教师要加强对教育法律法规的学习，增强教育法律意识，以及自我保护意识。

案例背景

玩跷跷板

小明和小华是S小学二年级的学生。一天，小明和小华在课间休息时玩跷跷板，小明推了小华一下，致使小华从跷跷板上掉到水泥地面上摔伤，共花去医药费1000元。

任务驱动

在这起事故中，谁应当承担赔偿责任？为什么？

案例分析

在这起事故中，小明的监护人和S小学都应当承担赔偿责任。因为小明未满10周岁，属于无民事行为能力人，小明的监护人应当代替小明承担相应的民事赔偿责任。S小学将跷跷板设置在水泥地上，未能充分考虑学生活动条件的安全性以及教育管理不当，因此S小学也应当承担一定的赔偿责任。由此，未成年人的监护人应当加强对被监护人的安全教育，学校应当加强对学生活动以及活动场地和器械的管理。

案例背景

小学生鼓乐队被“出租”了

某厂为本厂的新产品在省里获奖开庆祝会。为增添喜庆气氛，特地花5000元租用了明光小学的学生鼓乐队为其演奏。会后，又让这些小学生们身披印有该厂广告的绶带，走街串巷，吹吹打打，为获奖的新产品进行宣传。时逢6月天，两个小时走下来，学生们个个汗流浃背，小脸通红。然而，这些耽误了功课、吹

奏了一上午的小学生们，每人只得到了厂家的一块雪糕和一个笔记本，拖着疲惫的脚步回到家中。

一个小学生说，刚开始参加这样的活动时，我们觉得好神气、好风光，以后次数多了，有时连续几天为工厂、商店的庆典、开张去助兴，我们才发觉是学校把我们出卖了。好多次在会场上，我真想大声喊："我要回校读书！"

任务驱动

1. 本案中所涉及到的法律关系主体有哪些？

2. 当事人违反了什么法律？应当承担什么样的法律责任？

3. 本案对我们有哪些启示？

案例分析

1. 本案中所涉及到的法律关系主体为厂家、学校和学生。

2. 本案是一起由于厂家和学校违法而导致为学生停课参加厂方庆祝活动并作广告事件，侵犯了学生的受教育权和人身权。

（1）我国《宪法》和《教育法》中明确规定："中华人民共和国公民有受教育的权利和义务。"《中小学校园环境管理的暂行规定》中规定："校长要严格按照国家颁布的教学计划，建立正常的教育教学秩序。不经批准，不允许任何单位或个人组织学生停课参加社会活动"。《教育法》中还规定：学校享有"拒绝任何组织和个人对教育教学活动的非法干涉"的权利。本案中，厂家在学校正常的教育教学时间里"租用"学生的鼓乐队参加厂里的庆祝活动，违反了上述法律法规的规定，侵犯了学生的受教育权。而学校没有拒绝厂家对教育教学活动的非法干涉，而是擅自让鼓乐队的学生停课去参加厂里的庆祝活动，也违反了相关法律规定，侵犯了学生的受教育权。

（2）《未成年人保护法》中规定："任何组织或者个人不得招用未满十六周岁的未成年人"，而该厂让学生身披绶带，走街串巷地为其获奖新产品作宣传广告，则是一种变相使用童工的严重违法行为，不仅影响了学生们的正常学习，干扰了学校的教育教学秩序，而且有损于学生的身心健康。而学校为增加创收把鼓乐队"租用"出去，也违反了相关法律法规，侵犯了学生的受教育权和人身权。

（3）根据《教育法》、《义务教育法》、《未成年人保护法》的相关规定，上级和有关部门应依法追究厂家和学校的相关法律责任，给相关责任人以相应的行政处分，没收学校的非法所得，并予厂家和学校以相应的经济处罚。与此同时，学校还应及时为鼓乐队的学生补课，并给予其一定的经济补偿。

3. 由本案引发的思考

(1) 学校应依法行使自身的教育权，不得随意占用学生上课时间进行与教育教学无关的活动，应拒绝任何组织和个人对教育教学活动的非法干涉，确保学生的受教育权不受侵犯。

(2) 学校应加强对未成年学生的法律保护，确保教育的公益性，不得通过出卖未成年学生劳动力的方式进行创收，并应尽快完善相关制度，杜绝此类事件的再度发生。

(3) 相关厂家、商店和社会有关部门应加强对未成年学生的法律保护，不得变相使用童工，不得干扰、破坏学校正常的教育教学秩序，不得侵犯学生的受教育权和人身权。

案例背景

王洋是某中学初中一年级的学生，成绩一直不好。在数学课上他不认真听讲，所以老师经常在课堂上用教鞭抽打他。因此，王洋一想到数学课，就感到害怕。

任务驱动

我们应该怎样评价这位数学老师？

案例分析

根据我国《未成年人保护法》的规定，学校、幼儿园的教职员应尊重未成年人的人格尊严，不得对未成年学生和儿童实施体罚、变相体罚或者有其他侮辱人格尊严的行为。由此可见，教师也应当尊重学生的人格尊严。如果因为学习成绩不好，上课不认真听讲而体罚王洋，无疑会对他的身心健康构成很大的伤害，影响他健全人格的形成，因而也是法律所不允许的。

对于老师违法行为，王洋可以通过他的监护人或者学校领导，要求教师纠正其体罚学生的错误做法。如果老师坚持不改的话，也可以要求对其给予行政处分，或者直接向人民法院提起诉讼，以维护学生自己的合法权益。

案例背景

学生的发型问题

2005年，寒假过后，在新学期开学伊始，初一（1）班班主任郭老师特别强调了学生的发型问题。

虽然说“穿衣戴帽，各有一好”，留什么样的发型是件小事，可在许多学校和老师的眼里，绝对不能把发型当小事来抓。确实，生源不佳的学校的学生常给人“街道痞子”、“胡同串子”的感觉。郭老师强调发型问题是有原因的。可是，学生留什么发型，一般不取决于教委、学校、老师，而是歌星、影星、球星。

结果三天过去了，班里的男生苏某还是留着长长的中分头。一天中午放学后，郭老师把苏某叫到办公室。

教师问：“老师给全班同学提的发型要求你知道吗？这也是全校统一的要求，你知道吗？”

“知道。”苏某低声回答。

“知道？知道为什么还不动？”声调里老师带着几分气。

“我家里不让理，我也没办法。”学生理直气壮。

就这样，师生对话的火药味越来越浓。最后，郭老师拉开抽屉顺手拿出一把剪子，嘴里说着“那我替你理吧”，话到手到，苏某中间的一绺头发已剪下来了。苏某一边护着，一边说：“得，得，我自己去理，行了吧。”说完跑出了办公室。

苏某回到家的时候，其父正在喝酒。看见儿子捂着头走进来便大声喝问，以为儿子又在外面打了架，惹事生非。当听完事情原委后便借着几分酒力，怒冲冲跑到学校兴师问罪。见到郭老师开始还较理智，后来便破口大骂，在场的老师都为之瞪目。

正当大家纷纷上前劝解、家长还不依不饶的时候，一位两鬓银白、马上要退休的女教师乔某走上前去，嘴里说着“让你无法无天”，随手就给了苏父一个嘴巴，不知是这巴掌的功效还是苏父的酒也该醒了，反正此后骂声听不见了，只是听到苏父反复强调：“正月里理头死舅舅，又不是文化大革命，凭什么给我孩子剃阴阳头……。”

此时外面已围了不少人，为了化解矛盾，年级主任便把他们带到校长室。

任务驱动

你是怎么看待此案例的?

案例分析

1. 苏父

苏父见到郭老师开始还较理智,“后来便破口大骂”,对教师造成了人格的侮辱,违反了中国人民共和国主席令第15号《中国人民共和国教师法》第八章法律责任第三十五条的规定:“侮辱、殴打教师的,根据不同情况,分别给予行政处分或者行政处罚;造成损害的,责令赔偿损失;情节严重,构成犯罪的,依法追究刑事责任。”

因此,鉴于情节不是特别严重和恶劣,家长应该向郭老师赔礼道歉。

2. 郭老师

郭老师作为人民教师对学生严格要求,对工作认真负责应该是好的,但采取的方法不当,对学生的人格不够尊重,违反了中国人民共和国主席令第15号《中国人民共和国教师法》第二章权利和义务第八条的规定:教师义务(四)“关心、爱护全体学生,尊重学生人格”,以及违反了《未成年人保护法》第三章第15条“学校、幼儿园的教职员应当尊重未成年人的人格尊严,不得对未成年学生和儿童实施体罚、变相体罚或者其他侮辱人格尊严的行为”。

3. 乔老师

乔老师站出来主持公道,这很不容易,但是她不该用违法行为制止违法行为。

乔老师遇事不冷静,应该向家长道歉。

家长苏某意识到了自己的错误,向郭老师赔礼道歉;乔老师也为自己鲁莽行事向家长道歉;苏老师尊重学生的意识也加强了,对自己的行为作了深入的反思。

从这一案例,我们可以看出,教师要懂法守法,尤其要了解我国的教师法和教育法等基本的法律法规,用规律法规来约束自己的行为,并将此作为保障自己合法权利的手段;同时,应该保障受教育者的合法权利不受侵犯。

案例背景

失职也是一种违法行为

某校二年级班主任赵某，经常利用本班的班干部管学生。中午放学后，教师回家，留下班干部看管学生做作业；午睡时，教师在家睡觉，派班干部看管学生睡午觉；放学后，班干部留下来看管补作作业的学生。长期如此，这些班干部逐渐养成了骄横习气，他们竟然拿起教鞭，俨然以监工自居，对补作业的差生，轻则骂，重则用教鞭打。有的家长来校接学生，见自己的小孩被抽打，十分反感。其中有一个学生石×的耳膜被该班一个班干部用教鞭打坏了，听觉受到很大影响。该生家长一气之下，到法院告了这位教师。表面看来，这位教师并没有指使学生干部打骂同学。

任务驱动

那么这位教师的行为是否违法呢？

案例分析

我国《义务教育法》第十四条规定："教师应当热爱社会主义教育事业，努力提高自己的思想、文化、业务水平，爱护学生，忠于职守。"对于教师来说，忠于职守，就是要完成教师的职责，对学生进行教育，促进学生德智体全面发展。在该案中，教师赵某有两方面问题值得反省。一是长期不忠于职守，不负责任，让学生干部代替自己来管理学生，并对学生干部不教育、不引导，对其打骂同学的行为长期不管不问，使其愈演愈烈，最终造成伤害事故。二是长期占用学生的课余时间，让学生补作业，加重学生的负担，损害了青少年学生的身体健康。可见，赵老师的行为已构成严重失职。

由此可见，不按照法律规定履行义务，也是一种违法行为，即不作为违法行为。违法行为有两种：作为与不作为。前者是一种积极的违法行为，即主体做出了被法律明令禁止不得做出的行为；后者是一种消极的违法行为，即主体没有做出法律明令规定必须作出的作为。两者在主观态度上虽然截然相反，但其违法后果都是一致的。因而，对本案的处理，学生石×的医疗费用应由赵老师和肇事学生干部的家长共同承担，赵×还应受到行政处分。

我国从 1994 年元月 1 日开始生效的《教师法》中，将"关心、爱护全体学

生、尊重学生人格，促进学生在品德、智力、体质等方面全面发展”；“制止有害于学生的行为或者其他侵犯学生合法权益的行为，批评和抵制有害于学生健康成长的现象”等列为教师必须履行的义务，类似赵×的做法，绝不允许再度发生。

案例背景

教师能否将学生撵出教室

因为不守纪律、不完成作业等原因把学生撵出教室、停他们课的事在中小学里时有发生，许多教师对这种做法似乎并不觉得有何不妥。下面就是发生在某市重点中学里的一件事。

一天，上课铃响过后，邵校长和往常一样，在教学大楼内巡视，当他走到一楼时，看见一个初一的男同学低着头、默不作声地站在教室门口。“不去上课，怎么站在外边?”，“不，是李老师让我出来的。”“为什么?”“因为我没完成作业。”邵校长把这个学生带到教导处，先是对其不完成作业的行为进行了批评，随后又让他补上未完成的作业。

下课了，李老师来见邵校长，谈起没让学生进教室上课这件事，邵校长说：“不准随便停学生的课，这是学校的规章制度，你怎么忘了?”李老师笑了：“校长，你讲得很对，我也知道不该这么做，但个别学生上课爱讲话，不按时完成作业，如果不吓唬一下不行，所以我就在班上宣布了这条纪律，谁违反了谁出去，再说……”“再说什么?”，“这个学生是我亲戚的孩子，一来可用他教育其他学生，二来落下的功课我可以给他补上。”校长听后，思索了一会儿说：“你这种做法，听起来似乎有理，实际上是错误的。不管哪个学生，老师都无权停他的课。对学生的管理教育决不能采取与学校规定相违背的做法，再说，这种做法也达不到教育的目的。这个学生，你还是先把他安排到班里去。”

任务驱动

你认为李老师和邵校长谁做得对？请依法分析上述案例的侵权性质，对此我们应做哪些思考?

案例分析

邵校长做得对，李老师做得不对。这是一起中小学广泛存在的教师侵犯学生权

益的案件。案例中的李老师将学生赶出教室是剥夺学生受教育权的行为。《中华人民共和国教育法》第 42 条第一款规定，学生有“参加教育、教学安排的各种活动，使用教育教学设施、设备、图书资料”的权利，课堂教学是教育教学的主要活动，教师将学生赶出教室侵犯了学生的受教育权，是违反教育法的行为。另外，李老师让学生在教室门口罚站，这是对学生的一种变相体罚，违反了《中华人民共和国教师法》第 8 条第四款关于教师义务的规定：“关心爱护全体学生，尊重学生人格，促进学生在品德、智力、体质等方面全面发展。”，也违反了《未成年人保护法》第 15 条的规定：“学校、幼儿园的教职员应当尊重未成年学生的人格尊严，不得对未成年学生和儿童实施体罚、变相体罚或者其他侮辱人格尊严的行为。”，还违反了《中华人民共和国义务教育法实施细则》第 22 第二款的规定：“学校和教师不得对学生实施体罚、变相体罚或者其他侮辱人格尊严的行为”。

由本案例我们可以得到启示：中小学教师要加强对教育法律法规的学习，增强教育法律意识，自觉维护学生的合法权益。

案例背景

教室伸懒腰，铅笔戳伤同学眼

王某和陆某是某小学六年级同班同学。某日下午放学前的自习活动时间，在教室里的王某因数学老师要他订正作业，就从自己座位走上讲台拿作业本，在经过坐在前排的陆某身边时，陆某伸了个懒腰，手中的铅笔尖正巧戳进了王某的左眼。当时，王某因痛揉了揉眼睛，没在意，回去也没告诉家人。第二天上课时，班主任发现王某频繁揉眼睛，问了问王某得知他左眼被戳的事，但也没有采取任何措施。次日晚上，王某爸爸在家发现王某左眼红肿、流泪，一问才知真相，即带儿子到医院治疗。经手术治疗后，王某双眼又并发交感性眼炎，视力急剧下降。医院鉴定王某的左眼视力为 0.06，右眼视力为 0.2，且不能矫正，左眼角膜裂伤，外伤性白内障，双眼交感性眼炎，已达六级伤残。王某病情虽稳定下来，但随时可能发作，最终可能导致双目失明。王某在索赔无果的情况下，将同学陆某和学校告上了法庭，要求两被告赔偿 11.9 万余元。

法院审理后认为，学校和致害学生对王某受伤均有过错，判决两被告赔偿受伤人王某各项损失74200元，其中陆某承担90%的责任，学校承担10%的责任。

任务驱动

请分析此案?

案例分析

本案中，所涉及的教育关系主体有学校、学生陆某、王某及其监护人。该小学对事故的发生并没有过错，因为事情发生在下课自由活动时间，且事件的发生纯属意外。但学校在知情后善后处理不当，存在过错。作为一个老师，应当意识到铅笔尖扎进眼睛后可能会产生的严重后果，听到学生的反映后，应当立即送受伤学生到校卫生室由保健医生检查后视情况进行救治，同时应当通知家长请家长协助。但该学校老师在得知王某眼睛受伤后采取不负责任的态度，仅仅过问了一下却没有采取措施，客观上延误了受伤学生治疗的时间。学校作为正常管理人，对学生在校期间所发生的有关情况具有注意和及时向监护人报告的义务。学校在王某眼睛被戳事故发生后的第二天就知晓王某眼睛受伤，却未及时将事故告知双方监护人，也没有当即采取相应处理措施，致使王某因未及时就诊而使病情有所加重，对治疗造成一定的不良影响。所以，该小学要承担相应的过错责任。

陆某作为民法上规定的限制行为能力人，应当认识到在班级有学生的情况下手挥铅笔可能产生的后果，由于他的疏忽大意而造成王某眼睛受伤。故陆某对造成王某的伤残应承担主要的过错责任。鉴于陆某是限制民事行为能力人，应负赔偿责任由其监护人承担。

本案启示：学生属于未成年人，对于任何意外事故都缺乏应对能力。作为学校，应加强学生的安全教育；作为学生的监护人，也应该注重堆未成年人的安全教育，以防止不应有的事故发生，造成不对学生不可弥补的侵害。

结束篇　教师常见违法行为及其预防

篇首概述

本篇主要介绍了在我国中常见的违法行为，对这些常见 的违法行为进行了分类，并且就这些违法行为的产生进行了归因分析，提出了中小学教师常见违法行为的预防办法。

知识点击

文本略读学法

热读一　中小学校教师常见违法行为

热读二　中小学校教师违法行为归因分析

热读三　中小学校教师违法行为的预防

知识速查学法

看案学法

文本略读学法

热读一　中小学校教师常见违法行为

中小学校常见的违法行为纷繁复杂，涉及的范围很广，根据违法行为主体可以划分为四大类：行政和学校违法行为；教师违法行为；学生违法行为；社会违法行为。教师作为教育教学的直接实施者，其违法行为尤其应当引起人们的注意。

在21世纪到来的时候，人们清醒的看到，教育对一个民族、一个国家、乃至全世界都有着无可估量的作用。“科教兴国”战略的实施已经充分地说明了这一点。与此同时，教师作为振兴教育的关键也成为政治、社会的关注所在。然而一个时期以来，教师队伍的政治素质、业务素质的相对落后是不争的事实，还有教师管理体制的建设不足，缺乏一定的法制性，导致部分教师的法律意识淡薄，甚至在中小学校教师中出现了一系列的教师违法行为。在诸多的事实面前，提出“依法治教”是及时而正确的，它是“依法治国”的重要组成部分，是发展教育的必然要求。

就目前来说，我国中小学校教师违法行为主要有如下几方面：

一、教学过程中的违法行为

1. 教师超标准教学，对学生的身心造成损害

我国《义务教育法实施细则》第十二条规定：“实施义务教育学校的教育教学工作，应当适应全体学生身心发展的需要。”义务教育的教学内容的难度和强度一定要符合儿童、少年的年龄特征，不能超过大多数未成年学生身心发展所能达到的程度。为此，国家专门制定和颁发了教学计划和教学大纲，对各科教学做了明确规定。但在具体教学中，个别教师对学生进行超标准教学。这样，不但教学目的不能很好实现，反而会出现教学意外事故，损害学生的身心发展。

江苏省宝庄县某镇中小学四年级三班学生在学校上体育课时，体育老师在教

学中因怕麻烦，没有按教学计划和教学大纲的要求选用教学器材，擅自决定用板凳代替正规体育器材来主学生进行障碍跑。造成学生高坚当场摔倒在地，受伤较重有能行走，经诊断为：膝关节十字韧带断裂，胫骨平台撒裂性骨折。

2. 教师擅离课堂，随意停课

教师的职责是教书、育人。《教育法》第八条规定："教师应贯彻国家的教育方针，遵守规章制度，执行学校的教学计划，履行教师聘约，完成教育教学工作任务。"我国《义务教育法》第十六条规定："任何组织或个人不得扰乱教学秩序。"然而个别中小学教师不忠于职责，没有按照教学计划进行教育教学活动，随便停止上课，扰乱了教学秩序。

黑龙江友谊农场某队小学的教师在上课时间打麻将，并指派学生轮流站岗放哨。这所小学长期以来管理十分松散。据了解，只要工作时间教师凑够人手，就至少有两个班级因教师打麻将而停课，出现了教师在办公室旦打麻将、学生没课上的现象。更令人气愤的是，为防止校长突然出现，教师们在打麻将时竟指派轮流站岗放哨。这些教师随便停课打麻将，不认真教学，扰乱了教学秩序；同时也侵犯了学生受教育权，误人子弟，给学生身心发带来不良影响。

3. 教师偷取、泄露考题

教师应严格遵守学校各项规章制度，执行并完成学校的教学任务。个别教师由于不能按照教学计划进行教育教学活动，扰乱了教学秩序，降低了教学质量。为了弥补教育过失，取得好的教学成绩，有的老师偷取考师并泄露给学生，这是严重的违法违纪行为。

河北省进陉县小学三年级老师梁某，由于会驾驶，经常晚上加班开车。在时白天不能给学生上课。由于梁老师不负责任，学生的成绩急剧下降。在期末考试前，梁老师为了让"学生们考个好成绩"，竟偷来了考题，做出答案并让学生抄下来牢记。临考前他决又"加班"，给学生们抄了一道写作题。

二、教育过程中的违法行为

1. 教师对学生进行负面宣传

作为教师应该自觉地对学生进行正确的思想政治教育。《教师法》第八条和

《中小学教师职业道德规范》在思想方面对教师提出三方面要求：

一是教师应该努力学习马克思主义和党的路线、方针、政策，不断提高思想政治觉悟；

二是对学生应该进行宪法所确定的基本原则教育和其他方面的思想品行教育；

三是对学生的思想教育应坚持正面教育，教师应以身作则，起到表率作用。

个别教师不能提高自己的思想觉悟，反而在课堂上散布对国家和政府的不满方言论，对学生造成了负面的影响。

在南方某市一所中学任教的青年教师韩某，对当今社会上的有些现象不满，但又不能正确对待，在思想上没有一个正确的认识，在给学生上课时经常有感而发，对社会上一些问题发表议论。可是他不能从正确角度、观点和立场引导学生正确地认识这些问题，而是对学生发表一些不负责任的言论，激发学生不正确的看法，在学生中产生一些消极影响。韩某这种做法是法律所不允许的。

2. 教师对学生实施体罚和变相体罚

我国《义务教育法》未《成年人保护法》明确规定：学校和教师不得对学生实施体罚、变相体罚或者其他侮辱人格尊严的行为。体罚和变相体罚学生极易造成师生的对立情绪，使学生产生自卑、怯懦心理。严重的甚至会造成学生肢体损伤，对学生的身心健康发展造成十分恶劣的后果。教师体罚学生的情况，由于法制观念的深入已经逐渐减少，然而教师对学生变相体罚却还是很多。变相体罚表现在教师对学生实行罚站、罚冻、罚饿、罚做作业、罚劳动等。中小学教师往往对直接体罚认识较深，运用较谨慎。但对变相体罚认识模糊，误为合理合法，错而不知，故时有采用。

南京一初中学生潘某因 1997 年 12 月前后上课迟到被其班主任周霜罚站两天半半，板凳也被周老师拿走，强迫她下课也站着，并在下午实行罚跑。此后潘某因迟到、回答不出问题等原因多次被周老师罚站、罚跑。这期间，周老师把潘某第一排单独一个人坐，孤立、侮辱潘某，伤害潘某的身心健康，其成绩急剧下降，身心受到严重的伤害，患上了“儿童精神分裂症”，学习被迫中断。

3. 教师泄露学生隐私

《未成年人法》中规定：教师不得拆看未成年学生的信件，不得披露未成年

学生的个人隐私。在学校的具体教学，有些教师出于好意私藏、私拆学生信件，或者在上课堂上揭露学生的隐私，结果适得其反。此部分读者可参看第五章第二节“教师泄露学生隐私，造成学生自杀”一案。

4. 教师对学生实施污辱人格尊严的行为

人格权是公民的基本权利。我国《宪法》第三十八条明确规定：“中华人民共和国公民的人格尊严不受侵犯。”《未成年人保护法》第四条规定：“尊重未成年人的人格尊严”。《教师法》第八条规定：“教师应当履行下列义务：……（四）关心、爱护全体学生，尊重学生人格。”教师如果做出污辱学生人格的行为，会造成学生精神上的痛苦和心理上的创伤，使他们的名誉受损，得不到他人的尊重和信赖。

某中学初二学生张某曾两次偷同学的钢笔，受到班主任王老师的批评，并在班里作了公开检讨。事隔不久，班里的两支日光灯被盗，而当天正好是张某值日，负责看教室。王老师认定是张某所为。第二天五老师把张某家长找到学校，不听家长的解释，并要求家长赔偿损失，否则就停止张某上课。家长无耐，只得赔钱。王老师在班里有意无意流露出该生偷东西的意思，说如果不偷，怎么能赔呢？几天后，整个学校搞得城风雨。最后，张某承受不了这样的压力自杀身亡。王老师未作细致调查，盲目认为该生有前科便予以歧视，甚至有污辱人格的言语行为，已严重违反了《未成年人保护法》。由于后果严重，已构成犯罪，被判有期徒刑 1 年，缓期 1 年执行。

三、管理过程中的违法行为

1. 教师对学生乱收费、乱罚款

我国《义务教育法》第 10 条规定：“国家对接受义务教育的学生免收学费”。各学校可向学生收取一定的杂费，除此之外，任何其他行政机关和学校不得违反国家有关规定，自行制定收费的项目及标准，不得向学生乱收费。有些教师对学生迟到、早退、有按时完成作业、考试不合格、打架、骂人等违反校规校纪的行为不能进行正确的教育，而是采取罚款、收押金的方式。这样做虽暂时起到规范学生行为的作用，但实际上已触犯了法律。

据了解，内乡县师岗镇东坪小学五年级班主任李某，在 1992 年 9 月到 1994

年底，以迟到、考试不及格、没完成作业等为由，收取学生罚金、押金等十五项费用合计 366.30 元，人均 58 元多，引起学生联名向法院递交诉状。经查，学生所述属实，李某供认不讳，366.30 元全被李某“中饱私囊”，用于买“商品户口”。这是迄今法律审结的首例“学费案”。

2. 教师随意剥夺学生受教育权

我国实行九年义务教育，受教育是每个处于义务教育阶段的学生的基本权利。《宪法》中明确规定我国公民有教育的权利和义务。我国《义务教育法》第四条也明确规定：“国家、社会、学校和家长依法保障适龄儿童、少年接受义务教育的权利。”这里所指的受教育权主要包括学生有权参加学校为实现教育方针而依法组织的各种教育教学活动，其中包括有权按照课程表听教师讲课。如果无正当理由不让学生到课堂听课，或随意将学习有困难、违反纪律的学生停学、开除，就是剥夺学生受教育权，是一种侵权行为。包括：①教师随意开除学生；②教师随意停止学生上课③教师随意占用学生上课时间或改动教学计划；④剥夺学生正常的休息时间等。

陕西省某中学高一学生王文生，6 月 2 日到学校上课时，内套一件被青年们称为“一把火”的红衬衫。班主任孙某发现后赚即命令其在教室里脱掉。自尊心很强的王文生坚持不脱并回到自己的座位坐下。孙某走过去将王文生拉出座位，并把他的语文书和本子从后窗扔到楼下，还大声喊到：“出去！我这个班不要你，以后别来了。”此后，班主任和学校一直未家长通报情况，数天后王文生投湖身亡。孙某因学生穿衣服问题，在未履行任何手续的情况下，不让学生上学，这一做法违反了有关规定，侵犯了学生的受教育权。

3. 教师奸污学生

依照我国《刑法》第 236 条规定：“以暴力、胁迫或者其他手段强奸妇女的，处三年以上十年以下有期徒刑。奸淫不满十四周岁的幼女的，以强奸论，从重处罚。强奸妇女、奸淫幼女，有下列情形之一的，处十年以上有期徒刑、无期徒刑或者死刑：

（一）强奸妇女、奸淫幼女情节恶劣的；

（二）强奸妇女、奸淫幼女多人的；

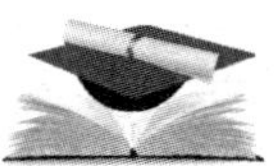

（三）在公共场所当众强奸妇女的；

（四）二人以上轮奸的；

（五）致使被害人重伤、死亡或者造成其他严重后果的。”

第 237 条规定：“以暴力、胁迫或者其他方法强制猥亵妇女或者侮辱妇女的，处五年以下有期徒刑或者拘役。聚众或者在公共场所当众犯前款罪的，处五年以上有期徒刑。猥亵儿童的，依照前款的规定从重处罚。”

教师不仅要向学生传授知识，更重要的是育人。因此教师应具备良好的道德素质。然而极个别品行不良的教师，做出了侮辱学生、影响恶劣的行为。这其中包括猥亵、奸污女学生。这些人枉为师，是教师队伍中的蛀虫。

4. 教师对学生进行伤害

作为“人类的工程师”，教师要有良好的思想道德品质，过硬的教育教学技能，更应具备完美的个性品质的心理素质，以完成教书育人的职责。但目前部分中小学教师不具备上述素质，以致出现伤害学生的违法行为。包括：

（1）教师的精神和心理问题对学生进行伤害；

（2）为获钱财，绑架残害学生；

（3）教师泄私愤伤害学生等。在《刑法》中规定，除了特殊规定以外，故意伤害他人身体的，处三年以下有期徒刑、拘役或者管制；致重伤考处三年以上十年以下有期徒刑；致死或以残忍手段导致严重残疾的处十年以上有期徒刑、无期徒刑或者死刑。以勒索财务为目的的绑架他人的，处十年以上有期徒刑或者无期徒刑，并处罚金或者没收财产；致使被绑架人死亡或者被绑架人的，处死刑，并处没收财产。

陕西省一小学体育老师董某，平时生活极其奢华，欠有高利贷。为了筹钱结婚，董某铤而走险，于 1993 年 11 月 29 日中午，把三年级学生董锋骗至宿舍，借口看其写字有无长进，让董锋写：“爸爸，快来救我”。而后，董某就捂住董锋的嘴，把两只胳膊朝后拧。小董锋奋力反抗，董某又凶狠地卡住董锋的脖子，用绳子把他勒死。晚上董某用自行车把尸体带到野外，挖坑、浇上汽油焚烧后掩埋。随后，董某两次向董锋父母敲诈钱财。12 月 19 日经警方努力，抓住了董某，并将其绳子之以法。

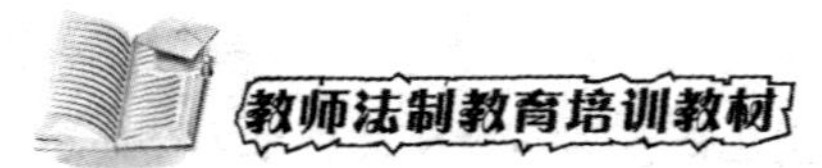

5. 教师对在校生未尽监护责任

未成年的中小学生在校求学期间，学校和教师具有对未成年学生部分监护权并承担部分监护责任。一般来说，学校的监护职责包括：保护被监护人的身体健康，对被监护人进行管理和教育。为了保护被监护人的身体健康，学校不得将未成年学生置于在害于学生身体健康的环境之。这其中包括了在没有取得家长同意的情况下，不得将未成年学生交给不认识的人带、不得带领未成年学生救火、不得未经过家长同意带领未成年学生出去旅游等。

1992 年 4 月 28 日上午，吴玉花送儿子吴琼上学。中午放学时，吴玉花提前来到校门口接孩子。可是等到学生们都被家长接走了，也不见自己的孩子。她急忙到办公室问老师，老师说孩子已被人接走了。据老师说：上午有一个自称吴琼大爷的人打电话来，说吴琼的姑姑过生日，想提前一会儿把吴琼接增，于是老师就让吴琼收好书包离开了教室。吴玉花立刻与吴琼大爷联系，对方说没接过吴琼。吴玉花随即报案。后经侦破，吴琼被一个与其父亲有纠纷的人绑架，并被杀害。该老师没有取得学生家长同意，并且在没有见到要带走学生的人的情况下，就将学生放走，显然没有履行委托监护人的职责，应承担一定的责任。

热读二　中小学校教师违法行为归因分析

当前，中小学教师违法现象时有发生，这对我国教育事业的发展十分不利。老师的违法行为，不仅伤害着学生，也伤害着家庭和社会，更损害了教师“德高为范、身正为师：的园丁形象，同时践踏了国家法律的尊严，其社会影响是恶劣的，也是教师职业道德规范所不容许的。

究竟是什么原因造成教师的违法行为呢？

一、立法不全

随着改革开放政策的深入实施，我国的教育法制建设得到了长足发展。同时，我们也应该清醒地认识到，现有的教育法律法规仍有许多不完善之处，主要

表现为以下几方面：

1. 教育立法缺乏适应性

社会生活中事件的不可预测性和人类语言本身的局限性导致法律虽有其明确性，但在具体案件发生时，仍会出现界定不明，缺乏适用性。从理论上讲，“法治”所要求的法律应是内部和谐、结构严谨、层次分明、规范明确的体系，但由于法律所面对的对象广泛、复杂、多变，而人的认识能力有局限性，总难免出现法律内部矛盾的冲突以及应规定而未规定、不应规定的做出了规定和已做出的规定不合理不到位等瑕疵、缺陷。

2. 地方教育法规建设相对落后

中央、省级政府普遍适用原则，制定了一些大的法规框架、总的规则。然而，由于社会经济、政治、文化背景状况迥异，各地区发是不一致的。发展程度不同的地区，可能出现的事件也不尽相同；即使是同类事件，其发生频率和事态都可能极不相同。这些因素使总的法规条文在对地方具体事件实施上易缺少较强的针对性和可操作性。因此，各地教育部门就需要在总的教育法则指导下根据自身发展的实际需要及当地教育领域出现的实际问题，将有关法规地方化。

二、执法不严

法律的明确性可以有效地杜绝立法者、执法者的恣意和滥用职权，但由于法律面临的现实情况复杂、多变，而人的认识能力有限，不可能对所有的问题做出明确规定，因此法律留有许多自由裁量的余地，这地一定程度上弥补了“明确性”的不足。同时，这又给滥用自由裁量权打开了方便之门。一个被授予权力的人总是面临着滥用权力的诱惑，面临着逾越正义与道德界线的诱惑。部分教育人员正是抵制不住这种诱惑，做出违反教育法规的行为。部分行政管理人员、执法人员对给学生身心造成重大伤害的“严师”只做出行政处罚等表面文章，甚至某些地方私立法规、篡改事实，进行地方保护。这些都对教师正确认识法律、法规，严格遵守法律、法规极为不利，极大地损害了教育法规的威严，造成极坏的社会影响。另外有些执法人员，以同情心代替法律规定，认为教师的违法行为中有些是出于“德育”的需要而采取的必要措施，导致“姑息养奸”。

三、普法不宽

普及全社会的教育法律意识，是“依法治校”、“依法治教”的基础。公众只有了解教育法规，真正理解教育法规，将外在法律规定内化为主体自觉意识的时候，法律才能切实发挥其效力并得以完全实施。教师既是国的公民，又是国家教育的专职人员，造成其违法行为的主要原因，除了上述两上以外，还有法律观念淡薄、学校管理与教育行政的法制建设存在漏洞等因素。

1. 教师法制观念淡薄

目前，教育法规的宣传，在给中国人的法治观念带来深刻变化的同时，也使人们的法治观念陷入了误区：在指导思想上，简单地认为学法知法就能依法守法，而且防民治民的意识浓厚；操作上，知识的普及重于观念的确立，对义务、禁令的宣传重于对权利、自由的启蒙。这导致人们没有认识法律的真正功能，片面追求法规的惩罚、警戒、预防功能，忽视法律评估、指引、保护、思想教育等功能。人们在对法律意义有了基本认识的前提下，只有努力记忆法律条文，而不去理解它、运用它。没有根源于头脑的法理，就无法在行为前形成正确法规概念，无法自觉指导实践。

(1) 在教师的培养过程中，师范院校除教育学专业有少量开设教育法学基础课外，其他师范专业均没有系统学习过相关教育法规，在职教师、学校及教育行政部门领导也缺乏正规教育法规培训，所以在教育系统中，教师及学校主体违法行为也时有发生。

(2) 由于传统的“师道尊严”教育思想的作用，有些教师出于管教学生的动机，采取了不正确的方式、方法，造成教师违法。有的教师缺少职业道德和责任感，违反教学规定，给教育教学工作带来损失人；有的教师道德修养、心理素质水平较低，辱骂学生，将个人怒气发泄到学生身上，给学生身心造成了伤害；还有的教师由于职业技能不高，教育方法不当，靠体罚或变相体罚管教学生等。

(3) 社会不良风气、丑恶的现象的影响。某些教师受社会不正之风侵蚀，私吞教育经费，甚至挪用学校用地谋取私利；有的教师为求个人名利，在课堂上推销复习资料或一些食杂品，甚至盗取考试试卷翻卖给考生；有的教师出租学生，

获取私利等。

2. 学校管理与教育行政的法制建设存在漏洞

（1）我国学校的法制教育，只是学习一般法规，而有关教育法制方面的专题教育极少。而且没有统一标准的法律教学大纲和教材，部分法律知识只是在一些思想政治课中略有体现，且缺少实例教育。从小学到大学多是重复地、机械地记忆法律内容的条条框框以做“应试”之备，而没有理解法规本身的内涵的意义。只是把法看成一种神圣威严，远离自己的东西，认为它纯粹是一种强制手段，统治工具。对法规到底是什么，思想上没有搞清，也没形成自我保护意识，对自觉依法表现出暂时性和不稳定性。

（2）学校管理、监督机制薄弱，对可能发生的事件警惕性不高，也是造成教师违法的重要原因。体育教育对学生和体育器械管理的疏忽导致学生伤残；学校设施管理不善，致使实验设备老化，甚至违反安全规定摆放，缺少安全管理制度和实验室职责制度，造成学生受伤；学校及教育行政部门在人员录用上把关不严，将素质不高的教师，甚至“色狼教师”、“教徒”招聘入学校等等。这些都是由于学校管理失误或管理不够造成的。因此，学校要想避免比类事件发生，就必须加强校务、教学等方面的管理。

（3）学生缺少必要的安全意识。《未成年人的保护法》规定：“学校不得使未成年学生在危及人身安全、健康的校舍和其他教育教学设施中活动。”在《中小学校园管理的暂行规定》中，第十三条规定：“学校要建立安全教育制度工，不教育设施、饮水饮食、取暖、用电、开展体育、劳动和其他集体活动等方面采取安全防范措施，保证师生安全。”但是，未成年学生由于正处于生理、心理和智力的发良阶段，对主、客观世界的认识还不完全，自我保护意识未完全建立，自我保护能力较弱，所以容易发生意外事故。而某些教师有意识或无意识地将未成年学生看作是成年人，导致教育教学过程中出现违法行为。

由此看来，中小学校教师违法的产生不单是某一因素作用的结果，而我多种因素综合作用。因此，教师要对以上原因有个清醒的认识，做好充分的心理准备，并完善自身教育法制观念、提高自身法律修养，以务实的态度，坚定的信心去推进“依法治教”，最终实现学校的“依法治校”，国家的“依法治国”。

热读三　中小学校教师违法行为的预防

通过以上的分析我们不难看出，在我国，教师违法行为多数是教师对学生的违法行为，而这些行为往往都是由于这样几个原因造成的：管教学生方式不正确；没有正确认识到学生的未成年个个体性；传统教育观念下的“代家长行事”；活动意识不强等。如何预防教师的违法行为，直接关系到我国的教育民主化和法制化的进程，也是教育法学的一个重要研究部分。

中小学校教师违法行为的预防应当从以下几个方面着手：

一、健全教育法规体系，加强教育执法力度

1. 建立完善的教育法规体系

实现教育执法，首先要求在完备的教育法规体系，做到：“有法可依”。完备的教育法规体系是学校“依法治校”的前提和基础，也是教师实现“依法治教”的法律保证。用法治取代人治，用法律来保障教育的发展，保护师生和学校的合法权益，这是广大教育工作者以及全社会的呼声。目前，以《中华人民共和国教育法》为核心的教育法规体系的框架已一项民，但我们也要看到还有一些必要的法律法规没规没制定出来。

此外，大部分地方教育立法还比较薄弱。中央、各省的法律法规只有提出了一些大的框架、一些总的原则，各级地方应从实际出发，尽快将大框架、总原则地方化、具体化，使之在教育改革和发展的实践中发挥作用。例如，辽宁省鞍山市教委和市监察局特为全市教师设立“高压线”，制定十条处罚规定。从即日起，鞍山市各级各类学校教师凡违反其中之一的，即解除聘用聘任合同，取消教师资格。这十道“高压线”的主要内容包括体罚和变相体罚学生造成严重后果的；组织、参与乱补课的与乱编、乱印、乱发教学辅导资料的；自定项目收取费用或向学生及家长摊派、推销商品的；违反有关规定，造成严重教育教学事故的；消极怠工，无故误工，不能完成正常教育教学任务的；违反各类考试有关规定，泄露

试题、传递答案、代答试卷的；索取家长财物，收受学生贿赂的；在社会上违法乱纪，有损于人民教师形象的等。

2. 建立严格公正的教育执法制度

建立教育事故仲裁委员会，建立严格公正的教育执法制度。有许多教师的违法行为，由于得不到正确的仲裁而被漏判或误判。教育本身是培养人的活动，同其他社会活动相比，具有特殊性。由教育所引发的各种法律问题应由专门的法律部门予以解决，建立相应的中央级教育仲裁委员会或教育法庭越来越有必要。教育执法制度要求各级人民政府及其有关部门应当严格依法行政，在各自的职责范围内履行相应的职责，正确地规范和引导教育的改革与发，不得滥用权力，同时建立完备的有关教育行政处罚制度、行政复议制度、教育申诉制度等一系列教育法律救济制度，对违法侵害公民教育合法权益的责任人国家行政机关或司法机关应当予以追究，真正做到有法必依、执法必严、违法必究。

3. 建立全面的教育监督机制

监督机制和高素质的执行队伍是依法治校的根本保证。我们在建立严格公正的教育执法制度的同时，还应建立和完善法律法规执法监督机制，教育执法人同应当依法接受国家权力机关的监督和人民群众的监督。

二、加强学校自身的法制建设

1. 做好宣传和普及工作，使广大教师、学生、员工知法懂法，这是依法治校的必要前提

(1) 学校要为师生员工创造学法的条件，发行《教育法》单行本，通过校报、广播站、校园网、宣传栏、黑板报进行宣传，召开种种类型座谈会、讨论会，促进师生员工的学习与交流，使教师树立“依法治教”的观念。

(2) 学校也可以邀请法制教官走进学校。法制辅导员可由区政法部门选派一批政治素质好，具有一定法制理论水平，有较强组织协调能力和表达能力的中层干部到学校任职，其职责是参与学校制定法制教育计划，开展经常性的法制教育，使教师、学生熟悉我国几部主要法律的基本内容，懂得运用法律武器保护自己和他人合法权益不受侵犯。此外，通过讲解和剖析有关典型案例，搞好在校学

生的预防犯罪工作，对学校周边的社会治安和可能诱发在校生犯罪的现象会同有关部门共同整治等。

2. 加强学校的规范管理

（1）中小学校教师的违法行为，还与教师个人不了解党的教育方针、政策有关，所以各级教委和学校庆严格执行党的教育方针。正确理解和全面执行党的教育方针是搞好学校教育的关键。各级党委、政府林加强对学校工作的领导，定期或不定期检查、督促学校贯彻执行党的教育方针情况。要彻底扭转教育过程中重智育、轻德育，重视尖子生，忽视差生，将学生分成快慢班，片面追求升学率，歧视差生等偏离党的教育方针的做法。注重提高教师的业务素质和职业道德修养，树立正确的学生观，尊生、爱生。

（2）学校责任体系不健全，职责不明晰，也是教师违法行为产生的原因之一。学校可将依法治校的目标和工作内容分解细化，形成校长、教导主任、班长、寝室长连环责任制工作目标模式，即形成链式责任共同体，使责任共同体的依法完成各自的职责，从而使学校工作规范化。

（3）制定一套科学的学校教育管理考核评比规章制度。各级政府林督促教委在调查研究的基础上，根据党的教育方针和国家的法律，结合实际制定出切实可行的考核评比的规章制度。

三、提高全民法制观念，加强教育法律意识

1. 增强法制观念，宣传教育法规

首先，校领导及全体师生要共同学法，提高法律意识。

（1）加强对校长及其学校各级领导的法制教育，使其认真学习依法治校的根本大法《教育法》。在学习和贯彻过程中，校领导要垂范，带头学习。

（2）为了全面提高教师的法律意识，首先应加强对师范院校准教师的法律意识的培养，在高师院校开设教育法学课；其次学校可以选送有一定基础的教师去深造，系统学习法律专业知识，提高专业理论水平；还可以将受到法律专业教育的毕业生和具有司法实践经验并具有一定理论水平的司法工作人员充实到教育战线工作；在校全体教职工都要参加法律课学习。

其次，要提高全社会的意识，使法律意识成为社会的共同意识。教育法律的实施，不仅要有执法队伍来执行，更重要的是靠全体公民自觉去遵守，这就要提高全体公民的教育法律意识，加强人们对教育法律精神实质的理解，提高他们遵守教育法律、运用教育法律的自觉性以及向违法犯罪行为作斗争的自觉性等。在我们的身边经常会出现这样的事情，即违法者不认为自己的行为违法，而被害人又意识不到自己的权益受到侵犯，在学校教育阶段尤其如此. 有不少传统思想的是影响，甚至畏惧教育执行者。这些错误的认识都需要用正确的法律观念来转变。

2. 加大安全教育力度

大力推行社会安全教育，加强学校内师生的安全观念。首先，要健全规章制度，切实落实安全工作责任制，依靠群众和社会各方面，建立严密的安全防范体系。其次，要加强学生的安全观念，使学生学会自我防范，防止因为教师的违法行为造成学生的身心受到伤害。认真贯彻国家教委《关于建立全国中小学生安全教育日制度的通知》与《中小学安全须知》以及相关政策、通知，在全体教师中建立良好的安全观念，避免教师因缺乏安全常识造成对学生不必要的伤害。

附　　录

附录一　《中华人民共和国义务教育法》

1. 中华人民共和国义务教育法的实施时间？

1986年7月1日。

2. 中华人民共和国义务教育法制定的根据？

是根据宪法和我国实际情况确定的。

3. 中华人民共和国义务教育法确定的义务教育年限？

九年制义务教育。

4. 义务教育法规定的由哪级政府确定推行义务教育的步骤？

由省、自治区、直辖市根据本地区的经济、文化发展状况，确定推行义务教育的步骤。

5. 中华人民共和国义务教育法确定的义务教育的基本原则？

义务教育必须贯彻国家的教育方针，努力提高教育质量，使儿童、少年在品德、智力、体质等方面全面发展，为提高全民族的素质，培养有理想、有道德、有文化、有纪律的社会主义建设人才奠定基础。

6. 义务教育法在依法保障适龄儿童、少年接受义务教育的主体责任是如何规定的？

国家、社会、学校和家庭依法保障适龄儿童、少年接受义务教育的权利。

7. 义务教育法在义务教育入学年龄上是如何规定的？

凡年满六周岁的儿童，不分性别、民族、种族，应当入学接受规定年限的义务教育；条件不具备的地区，可以推迟到七周岁入学。

8. 义务教育法在语言文字方面对学校是如何规定的？

学校应当推广使用全国通用的普通话。招收少数民族学生为主的学校，可以用少数民族通用的语言文字教学。

9. 义务教育法规定的义务教育共几个阶段？都是什么？

义务教育可以分为初等教育和初级中等教育两个阶段。在普及初等教育的基础上普及初级中等教育。

10. 义务教育法规定的义务教育学制是由谁确定？

由国务院教育主管部门制定。

11. 按照中华人民共和国教师法的规定，教师有哪些情形的，由所在学校、其他教育机构或者教育行政部门给予行政处分或者解聘处理？

（1）故意不完成教育教学任务给教育教学工作造成损失的；

（2）体罚学生，经教育不改的；

（3）品行不良、侮辱学生，影响恶劣的。

12. 义务教育法规定由谁确定义务教育的教学制度、教学内容、课程设置，审订教科书？

国务院教育主管部门。

13. 义务教育法规定确定义务教育的教学制度、教学内容、课程设置及审订教科书的根据？

应当根据社会主义现代化建设的需要和儿童、少年身心发展的状况，确定义务教育的教学制度、教学内容、课程设置，审订教科书。

14. 义务教育法规定由哪一级政府合理设置小学、初级中等学校，使儿童、少年就近入学？

由地方各级人民政府。

15. 义务教育法规定由谁为盲、聋哑和弱智的儿童、少年举办特殊教育学校（班）？

地方各级人民政府。

16. 按照义务教育法规定，国家对社会力量举办的义务教育学校采取什么政策？

国家鼓励企业、事业单位和其他社会力量，在当地人民政府统一管理下，按照国家规定的基本要求，举办义务教育法规定的各类学校。

17. 按照义务教育法规定，城市和农村建设发展规划对义务教育是怎么保护的？

城市和农村建设发展规划必须包括相应的义务教育设施。

18. 义务教育法对接受义务教育学生的收费是怎么规定的？

国家对接受义务教育的学生免收学费。国家设立助学金，帮助贫困学生就学。

19. 义务教育法规定，谁承担“必须使适龄的子女或者被监护人按时入学，接受规定年限的义务教育”的义务？

适龄少年儿童的父母或者其他监护人。

20. 按照义务教育法规定，适龄儿童、少年因疾病或者特殊情况，需要延缓入学或者免予入学的，由谁申请？由谁批准？

由儿童、少年的父母或者其他监护人提出申请，经当地人民政府批准。

21. 义务教育法对招用应该接受义务教育的适龄儿童、少年就业是如何规定的？

禁止任何组织或者个人招用应该接受义务教育的适龄儿童、少年就业。

22. 义务教育法对实施义务教育所需事业费和基本建设投资是如何规定的？

实施义务教育所需事业费和基本建设投资，由国务院和地方各级人民政府负责筹措，予以保证。

23. 义务教育法对国家用于义务教育的财政拨款的增长比例，是如何规定的？

国家用于义务教育的财政拨款的增长比例，应当高于财政经常性收入的增长比例。

24. 义务教育法对经济困难地区实施义务教育的经费有何特殊规定？

国家对经济困难地区实施义务教育的经费，予以补助。

25. 义务教育法对各种社会力量以及个人自愿捐资助学是如何规定的?

国家鼓励各种社会力量以及个人自愿捐资助学。

26. 义务教育法对少数民族地区实施义务教育有何特殊规定?

国家在师资、财政等方面，帮助少数民族地区实施义务教育。

27. 义务教育法对从事义务教育的教师有何要求?

（1）国家采取措施加强和发展师范教育，加速培养、培训师资，有计划地实现小学教师具有中等师范学校毕业以上水平，初级中等学校的教师具有高等师范专科学校毕业以上水平。

（2）国家建立教师资格考核制度，对合格教师颁发资格证书。师范院校毕业生必须按照规定从事教育工作。

（3）国家鼓励教师长期从事教育事业。教师应当热爱社会主义教育事业，努力提高自己的思想、文化、业务水平，爱护学生，忠于职责。

28. 义务教育法对教师的权利是如何保护的?

全社会应当尊重教师。国家保障教师的合法权益，采取措施提高教师的社会地位，改善教师的物质待遇，对优秀的教育工作者给予奖励。

29. 义务教育法对地方各级人民政府在适龄儿童、少年入学接受义务教育方面的责任是如何要求的?

地方各级人民政府必须创造条件，使适龄儿童、少年入学接受义务教育。

30. 根据义务教育法的规定，对适龄儿童、少年不入学接受义务教育的，采用什么处罚措施?

除因疾病或者特殊情况，经当地人民政府批准的以外，适龄儿童、少年不入学接受义务教育的，由当地人民政府对他的父母或者其他监护人批评教育，并采取有效措施责令送子女或者被监护人入学。

31. 根据义务教育法的规定，对招用适龄儿童、少年就业的组织或者个人，采用什么处罚措施?

对招用适龄儿童、少年就业的组织或者个人，由当地人民政府给予批评教育，责令停止招用；情节严重的，可以并处罚款、责令停止营业或者吊销营业执照。

32. 义务教育法对义务教育经费财产是如何保护的?

任何组织或者个人不得侵占、克扣、挪用义务教育经费。对违反规定的，根据不同情况，分别给予行政处分，行政处罚；造成损失的，责令赔偿损失；情节严重构成犯罪的，依法追究刑事责任。

33. 义务教育法对保障义务教育教学秩序是如何规定的?

任何组织或者个人不得扰乱教学秩序，对违反规定的，根据不同情况，分别给予行政处分，行政处罚；造成损失的，责令赔偿损失；情节严重构成犯罪的，依法追究刑事责任。

34. 义务教育法对义务教育的财产是如何保护的?

任何组织或者个人不得侵占、破坏学校的场地、房屋和设备。

35. 义务教育法对义务教育在宗教方面是如何规定的?

不得利用宗教进行妨碍义务教育实施的活动。

36. 义务教育法实施细则由谁制定的? 什么时间实施的?

原国家教委制定的，于 1992 年 3 月 14 日实施的。

37. 义务教育法实施细则规定适龄儿童、少年接受义务教育的入学年龄和年限，以及因缓学或者其他特殊情况需延长的在校年龄，由哪级人民政府依照义务教育法的规定和本地区实际情况确定?

由省级人民政府依照义务教育法的规定和本地区实际情况确定。

38. 义务教育法实施细则对盲、聋哑、弱智儿童和少年接受义务教育的入学年龄和在校年龄是如何确定? 盲、聋哑、弱智儿童和少年接受义务教育的入学年龄和在校年龄可适当放宽。

39. 义务教育法实施细则对各级教育主管部门的职责是如何具体确定的?

各级教育主管部门在本级人民政府领导下，具体负责组织、管理本行政区域内实施义务教育的工作。

40. 根据中华人民共和国义务教育法实施细则的规定，承担实施义务教育任务的机构有那些?

地方人民政府设置或者批准设置的全日制小学，全日制普通中学，九年一贯

制学校，初级中等职业技术学校，各种形式的简易小学或者教学点（班或者组），盲童学校，聋哑学校，弱智儿童辅读学校（班），工读学校等。文艺、体育和特种工艺等单位，应当保证招收的适龄儿童、少年接受义务教育。上述单位自行实施义务教育教学工作，需经县级以上教育主管部门批准。

41. 根据义务教育法实施细则的要求，实施义务教育，应当具备那些基本条件？

（1）与适龄儿童、少年数量相适应的校舍及其他基本教学设施；

（2）具有按编制标准配备的教师和符合义务教育法规定要求的师资来源；

（3）具有一定的经济能力，能够按照规定标准逐步配置教学仪器、图书资料和文娱、体育、卫生器材。

地方各级人民政府和其他办学单位应当积极采取措施，不断改善实施义务教育的条件。

42. 根据义务教育法实施细则的要求，直接实施初等义务教育有困难、需要分两步实施的，应如何办理？

直接实施初等义务教育有困难、需要分两步实施的，由没区的市级或者县级人民政府提出报告，报省级人民政府决定或者依照地方性法规规定办理。

43. 按照义务教育法实施细则的规定，哪个部门最迟在新学年开始前十五天，将应当接受义务教育的儿童、少年的入学通知发给其父母或者其他监护人？

由当地基层人民政府或者其授权的实施义务教育的学校。

44. 按照义务教育法实施细则的规定，谁必须按照通知要求送子女或者其他被监护人入学？

适龄儿童、少年的父母或者其他监护人。

45. 义务教育法实施细则在适龄儿童、少年需免学、缓学的办理程序上是如何规定的？

（1）适龄儿童、少年需免学、缓学的，由其父母或者其他监护人提出申请，经县级以上教育主管部门或者乡级人民政府批准。

（2）因身体原因申请免学、缓学的，应当附具县级以上教育主管部门指定的医疗机构的证明。

（3）缓学期满仍不能就学的，应当重新提出缓学申请。

46. 按照义务教育法实施细则的要求，父母或者其他监护人不送其适龄子女或者其他被监护人入学的，以及其在校接受义务教育的适龄子女或者其他被监护人辍学的如何处理？

在城市由市或者市辖区人民政府及其教育主管部门，在农村由乡级人民政府，采取措施，使其送子女或者其他被监护人就学。

47. 按照义务教育法实施细则的规定，适龄儿童、少年如何到非户籍所在地接受义务教育？

经户籍所在地的县级教育主管部门或者乡级人民政府批准，可以按照居住地人民政府的有关规定申请借读。借读的适龄儿童、少年接受义务教育的年限，以其户籍所在地的规定为准。

48. 义务教育法实施细则规定的对受完规定年限义务教育的儿童、少年的标志是什么？

对受完规定年限义务教育的儿童、少年，由学校发给完成义务教育的证书。受完当地规定年限义务教育获得的毕业证书或者结业证书，可视为完成义务教育的证书。

49. 按照义务教育法实施细则的规定，适龄儿童、少年因学业成绩优异而提前达到与规定年限义务教育相应的初等教育或者初级中等教育毕业程度的，可否视为完成义务教育？

可以视为完成义务教育。

50. 按照义务教育法实施细则的规定，实施义务教育的学校可收取什么费用？

实施义务教育的学校可收取杂费。

51. 按照义务教育法实施细则的规定，实施义务教育的学校可收取费用标准和具体办法，谁提出方案？谁批准？其他单位是否有权自行制定收费的项目及标准和向学生乱收费用？

收取杂费的标准和具体办法，由省级教育、物价、财政部门提出方案，报省级人民政府批准。其他行政机关和学校不得违反国家有关规定，自行制定收费的项目及标准；不得向学生乱收费用。

52. 按照义务教育法实施细则的规定，实施义务教育的学校对家庭经济困难的学生，应不应当酌情减免杂费？

应当酌情减免杂费。

53. 按照义务教育法实施细则的规定，享受助学金的贫困学生是指那些学生？

初级中等学校、特殊教育学校的家庭经济困难的学生，少数民族聚居地区、经济困难地区、边远地区的小学及其他寄宿小学的家庭经济困难的学生。

54. 按照义务教育法实施细则的规定，实行助学金制度的具体办法，由哪级人民政府规定？

由省级人民政府规定。

55. 按照义务教育法实施细则的规定，对实施义务教育的学校进行教育教学活动的要求是什么？

实施义务教育的学校必须按照国务院教育主管部门发布的指导性教学计划、教学大纲和省级教育主管部门制定的教学计划，进行教育教学活动。

56. 义务教育法实施细则对实施义务教育的学校使用教科书是如何规定的？

实施义务教育的学校应当选用经国务院教育主管部门审定或者其授权的省级教育主管部门审定的教科书。非经审定的教科书不得使用。但国家另有规定的除外。

57. 义务教育法实施细则对学生人身权和人格权的是如何保护的？

(1) 实施义务教育学校的教育教学工作，应当适应全体学生身心发展的需要；

(2) 学校和教师不得对学生实施体罚、变相体罚或者其他侮辱人格尊严的行为；

(3) 对品行有缺陷、学习有困难的儿童、少年应当给予帮助，不得歧视。

58. 义务教育法实施细则对师范院校的教育教学和各种活动应当使用语言是如何规定的？

使用普通话。

59. 义务教育法实施细则对民族自治地方义务教育法的特殊规定是什么？

（1）民族自治地方应当按照义务教育法及其他有关法律规定组织实施本地区的义务教育。

（2）实施义务教育学校的设置、学制、办学形式、教学内容、教学用语，由民族自治地方的自治机关依照有关法律决定。

（3）用少数民族通用的语言文字教学的学校，应当在小学高年级或者中学开设汉语文课程，也可以根据实际情况适当提前开设。

60. 义务教育法实施细则对实施义务教育学校的设置有什么要求？

（1）实施义务教育学校的设置，由设区的市级或者县级人民政府统筹规划，合理布局。

（2）小学的设置应当有利于适龄儿童、少年就近入学。寄宿制小学设置可适当集中。

（3）普通初级中学和初级中等职业技术学校的设置，应当根据人口分布状况和地理条件相对集中。

（4）盲童学校（班）的设置，由省级或者设区的市级人民政府统筹安排。聋哑学校（班）和弱智儿童辅读学校（班）的设置，由设区的市级或者县级人民政府统筹安排。

61. 义务教育法实施细则规定的省级人民政府和地方各级人民政府的权利义务是什么？

（1）省级人民政府应当制订实施义务教育各类学校的经费开支定额，并制订按照学生人数平均的公用经费开支标准、教职工编制标准和校舍建设、图书资料、仪器设备配置等标准。

（2）地方各级人民政府应当制订实施规划，使学校分期分批达到前款所列的办学条件标准，并进行检查验收。

62. 义务教育法实施细则在中央和地方各级人民政府设置的实施义务教育费用方面的规定？

（1）地方各级人民政府设置的实施义务教育学校的事业费和基本建设投资，由地方各级人民政府负责筹措。

（2）用于义务教育的财政拨款的增长比例，应当高于财政经常性收入的增长比例，并使按在校学生人数平均的教育费用逐步增长。

（3）社会力量举办实施义务教育学校的事业费和基本建设投资，由办学单位或者经国家批准的私人办学者负责筹措。

（4）中央和地方财政视具体情况，对经济困难地区和少数民族聚居地区实施义务教育给予适当补助。

（5）地方各级人民政府应当鼓励各种社会力量以及个人自愿捐资助学。

63. 按照中华人民共和国教师法的规定，对侮辱、殴打教师的，根据不同情节如何处理？

（1）给予行政处分或者行政处罚；

（2）造成损害的，责令赔偿损失；

（3）情节严重，构成犯罪的，依法追究刑事责任。

64. 义务教育法实施细则规定学校的勤工俭学收入如何使用？

学校的勤工俭学收入，部分应当用于改善办学条件。

65. 义务教育法实施细则对实施义务教育各类学校的新建、改建、扩建是如何规定的？

实施义务教育各类学校的新建、改建、扩建，应当列入城乡建设总体规划，并与居住人口和义务教育实施规划相协调。

66. 根据义务教育法实施细则的规定，对省级人民政府在实施义务教育师资方面是如何规定的？

（1）省级人民政府应当制定规划、采取措施，加强和发展师范教育，并组织其他高等学校为实施义务教育培养师资。

（2）盲、聋哑、弱智儿童学校的师资，由省级人民政府根据实际情况组织培养。

67. 根据义务教育法实施细则的规定，国家在实施义务教育教师培训方面的要求如何？

（1）各级教育主管部门应当加强实施义务教育学校的教师培训工作，使教师的思想政治素质和业务水平达到义务教育法规定的要求。

(2) 各级人民政府应当加强培训工作，提高实施义务教育学校校长的思想政治素质和管理水平。

(3) 校长和教师的在职培训工作，由县级以上地方各级教育主管部门负责组织。

68. 根据义务教育法实施细则的规定，地方各级人民政府及其教育主管部门应当建立和实施什么样的考核制度来保证义务教育的实施？

地方各级人民政府及其教育主管部门应当建立实施义务教育的目标责任制，把实施义务教育的情况作为对有关负责人员政绩考核的重要内容。

69. 根据义务教育法实施细则的规定，县级以上各级人民政府应建立什么样的制度对实施义务教育的工作进行管理？

县级以上各级人民政府应当建立对实施义务教育的工作进行监督、指导、检查的制度。

70. 根据义务教育法实施细则的规定，实施义务教育的学校及其他机构，在实施义务教育工作上，应当接受哪级人民政府及其教育主管部门的管理、指导和监督？

实施义务教育的学校及其他机构，在实施义务教育工作上，接受当地人民政府及其教育主管部门的管理、指导和监督。

71. 根据义务教育法实施细则的规定，都有哪些情形由地方人民政府或者有关部门依照管理权限对有关责任人员给予行政处分？

(1) 因工作失职未能如期实现义务教育实施规划目标的；

(2) 无特殊原因，未能如期达到实施义务教育学校办学条件要求的；

(3) 对学生辍学未采取必要措施加以解决的；

(4) 无正当理由拒绝接收应当在该地区或者该学校接受义务教育的适龄儿童、少年就学的；

(5) 将学校校舍、场地出租、出让或者移作他用，妨碍义务教育实施的；

(6) 使用未经依法审定的教科书，造成不良影响的；

(7) 其他妨碍义务教育实施的。

72. 根据义务教育法实施细则的规定，都有哪些情形由地方人民政府或者有关部门依照管理权限对有关责任人员给予行政处分或依法追究刑事责任？

(1) 侵占、克扣、挪用义务教育款项的；

（2）玩忽职守致使校舍倒塌，造成师生伤亡事故的。

73. 根据义务教育法实施细则的规定，对适龄儿童、少年的父母或者其他监护人未按规定送子女或者其他被监护人就学接受义务教育的如何处理？

（1）适龄儿童、少年的父母或者其他监护人未按规定送子女或者其他被监护人就学接受义务教育的，城市由市、市辖区人民政府或者其指定机构，农村由乡级人民政府，进行批评教育；

（2）经教育仍拒不送其子女或者其他被监护人就学的，可视具体情况处以罚款，并采取其他措施使其子女或者其他被监护人就学。

74. 根据义务教育法实施细则的规定，都有哪些情形由有关部门给予行政处分；违反《中华人民共和国治安管理处罚条例》的，由公安机关给予行政处罚；构成犯罪的，依法追究刑事责任？

（1）扰乱实施义务教育学校秩序的；

（2）侮辱、殴打教师、学生的；

（3）体罚学生情节严重的；

（4）侵占或者破坏学校校舍、场地和设备的。

75. 根据中华人民共和国义务教育法实施细则的规定，当事人对行政处罚决定不服的，有那些救济途径？

（1）可以依照法律、法规的规定申请复议。

（2）当事人对复议决定不服的，可以依照法律、法规的规定向人民法院提起诉讼。

76. 根据义务教育法实施细则的规定，当事人对行政处罚决定在规定的期限内不申请复议，也不向人民法院提起诉讼，又不履行处罚决定的应如何处理？

由作出处罚决定的机关申请人民法院强制执行，或者依法强制执行。

77.《省义务教育条例》实施的时间？

1987 年 2 月 20 日。

78. 省义务教育条例规定的义务教育含义是什么？

义务教育，是依照法律规定，适龄儿童和少年必须接受的，国家、社会、学校和家庭必须予以保证的国民教育。

79. 省义务教育条例规定我省的义务教育包括那些?

(1) 义务教育分为初等教育和初级中等教育两个阶段。

(2) 初级中等教育包括普通初中教育和初级中等职业技术教育。

(3) 初等教育和初级中等教育的基本学制，按国家规定执行。

80. 省义务教育条例规定我省普及义务教育是谁的责任?

普及义务教育是各级人民政府的责任。

81. 省义务教育条例规定我省普及义务教育谁是主管部门?

各级人民政府的教育行政部门是普及义务教育的主管部门。

82. 省义务教育条例规定的义务教育的培养目标?

义务教育必须坚持四项基本原则，全面贯彻国家的教育方针，努力提高教育质量，使儿童、少年在品德、智力、体质等方面全面发展，为提高全民族的素质，培养有理想、有道德、有文化、有纪律的社会主义建设人才奠定基础。

83. 省义务教育条例规定县（区）以上教育行政部门建立健全什么制度，对义务教育的实施进行视察、督促和指导，并协同当地人民政府处理有关实施义务教育的各类问题?

基础教育督学（视导）制度。

84. 省义务教育条例对义务教育起始入学年龄是怎样规定的?

(1) 义务教育起始入学年龄为六周岁。

(2) 条件尚不具备的地区，仍可实行七周岁入学。

(3) 盲、聋、哑和弱智儿童的入学年龄，一般不得超过九周岁。

85. 省义务教育条例规定适龄儿童、少年确因疾病或特殊情况，需要延缓入学或免予入学的该怎样办理程序?

确因疾病或特殊情况，需要延缓入学或免予入学的适龄儿童、少年，应由其父母或其他监护人提出申请，经当地人民政府（城市街道办事处）批准，方可延缓入学或免予入学。

86. 省义务教育条例规定普及初级中等教育的地方，小学毕业生升入初级中等学校的原则?

就地就近。

87. 省义务教育条例对接受义务教育学生的学、杂费是如何规定的?

接受义务教育的学生免交学费。家庭经济困难的学生以及有条件的地区，可同时减免杂费，具体办法由当地人民政府制定。

88. 省义务教育条例对单位和个人招用应受义务教育和正在接受义务教育的适龄儿童、少年是如何规定的?

严禁任何单位和个人，招用应受义务教育和正在接受义务教育的适龄儿童、少年做工、经商、务农或从事其他工作。

89. 省义务教育条例对义务教育段教师的基本要求是什么?

(1) 教师必须热爱社会主义教育事业，努力提高自己的思想、文化、业务水平，忠于职责，教书育人，为人师表。

(2) 教师应爱护学生，严禁辱骂、体罚或变相体罚学生。

90. 省义务教育条例规定社会对教师的权利是怎样保护的?

(1) 全社会应当尊重中小学教师；

(2) 各级人民政府要采取有效措施，切实提高中小学教师的社会地位和生活待遇；

(3) 禁止侮辱、殴打教师。

91. 省义务教育条例要求那个机构对教师进行管理、调配?

中小学教师的管理、调配，由县级以上教育行政部门负责。

92. 省义务教育条例要求教师的学历标准?

(1) 小学教师必须具有中等师范以上文化程度或取得所任学科的专业合格证书；

(2) 初级中等学校教师必须具有高等师范专科以上文化程度或取得所任学科的专业合格证书。

93. 省义务教育条例对调入中小学任教的人员要求标准?

凡要调入中小学任教的人员，必须通过教师资格考核。

94. 省义务教育条例对于不适合做教学工作的人员如何处理?

对于不适合做教学工作的人员，应调离教学岗位，教育行政部门安排有困难

的，与有关部门协调解决。

95. 按省义务教育条例要求，应如何加强义务教育段教师的培养？

（1）各级人民政府要加强和优先发展师范教育，办好师范院校和教育（进修）院校，保证培养、培训义务教育需要的合格师资。

（2）有条件的非师范类高、中等院校应承担培养、培训义务教育师资的任务。

（3）散居的少数民族中学和小学教师的培养、培训工作，由省教育行政部门统一组织。

96. 省义务教育条例是如何规定各级人民政府设置学校保证义务教育的？

（1）各级人民政府要根据义务教育的需要，统一规划，合理布局，本着就地就近的原则，设置中小学校，保证适龄儿童、少年接受义务教育。

（2）积极为盲、聋、哑和弱智儿童、少年举办特殊教育学校（班）。

97. 省义务教育条例是如何规定小学、初级中等学校的开办、停办、裁并办理程序的？

小学、初级中等学校的开办、停办、裁并均由县级以上教育行政部门审核，报同级人民政府批准。

98. 省义务教育条例在教育教学和学生管理方面对学校是如何规定的？

（1）学校必须按照教育规律办学，严格执行教学计划，提高教育质量，保证学生健康成长。

（2）学校不得拒收应在本学区内接受义务教育的学生，不得让尚未受完义务教育的学生停学或退学。

99. 省义务教育条例对学生杂费的标准和收缴办法是如何规定的？

（1）学生杂费的标准和收缴办法，由省人民政府统一制定；

（2）任何学校不得自定标准，乱收费用。

100. 省义务教育条例规定各级人民政府及有关部门在建设发展总体规划、城市和乡镇（包括工矿区、开发新区或改造住宅小区）建设方面如何保护义务教育的？

（1）各级人民政府及有关部门必须将义务教育设施列入城市和农村建设发展

总体规划，并征得教育行政部门同意。

（2）城市和乡镇（包括工矿区、开发新区或改造住宅小区）建设，要根据义务教育的实际需要，由规划、建设部门同时建设相应规模的小学和初级中等学校。

（3）有关部门要在征地、动迁、资金、材料和施工等方面优先安排。

101. 省义务教育条例和省校园、校舍保护管理条例对学校校舍、财产及设施是如何保护的?

各级各类学校，不论所有制性质和隶属关系如何，其校园校舍、运动场、校办工厂、农场等及其它一切设备和财产均受法律保护，不允许任何单位或个人侵占或变相侵占。

102. 省义务教育条例在财产方面对学校、师生是如何保护的?

（1）各级人民政府要严格控制社会各方面向学校征收费用，禁止向学校乱摊派。

（2）禁止任何学校或教职工，向学生及家长摊派或索取财物。

103. 省义务教育条例在学校用书方面是如何保护的?

（1）出版、发行等有关部门要保证义务教育用书。

（2）禁止任何单位和个人未经有关部门批准擅自编写、出版、销售各种中小学生学习。

104. 省义务教育条例对在学生中传播淫秽书刊物品以及进行其它毒害学生思想的活动和利用封建迷信、宗教活动妨碍义务教育方面是如何规定的的?

（1）禁止在学生中传播淫秽书刊物品以及进行其它毒害学生思想的活动。

（2）禁止任何组织和个人利用封建迷信、宗教活动妨碍义务教育的实施。

105. 省义务教育条例对义务教育经费问题的基本规定?

（1）义务教育所需事业费和基本建设投资，按财政管理体制由各级人民政府负责筹措，予以保证。

（2）用于义务教育的财政拨款，应以上一年的财政拨款核定的预算数为基数，以高于当地本年度财政经常性收入增长的速度逐年增长，并使按在校学生人数平均的教育费用逐年有所增长。

（3）各级地方机动财力应安排一定比例的资金作为义务教育专项补助费，并对偏远地区、贫困地区和少数民族地区给予特殊照顾。

106. 省义务教育条例对各级教育、财政、审计部门，对实施义务教育经费的拨款、投向、效益的责任是如何规定？

各级教育、财政、审计部门，对实施义务教育经费的拨款、投向、效益要加强监督、检查和审计。

107. 省义务教育条例对免收杂费的地区，其免收的部分是如何规定的？

（1）对免收杂费的地区，其免收的金额由当地人民政府拨款，由教育行政部门分配给学校使用。

（2）各部门不得克扣、挪用。

（3）非教育部门举办的中小学校免收杂费的金额，由举办单位负责解决。

108. 省义务教育条例对单独或联合办学的单位举办的学校是如何要求的？

凡已单独或联合办学的单位，应坚持办好，不得任意撤销，停办或缩小规模。如确因需要，必须经当地县级以上教育行政部门审核同意，报同级人民政府批准。

109. 省义务教育条例规定对有哪些事迹之一的单位和个人，由各级人民政府给予表彰、奖励或授予荣誉称号？

（1）认真执行本条例，实施义务教育成绩显著的；

（2）极捐资助学，发展基础教育事业贡献突出的；

（3）长期从事教育事业，忠于职责，在教育、教学工作上取得优异成绩的。

110. 根据省义务教育条例规定，对父母或其他监护人有义务保障适龄的子女或被监护人按时入学，接受规定年限的义务教育的，如何处罚？

父母或其他监护人有义务保障适龄的子女或被监护人按时入学，接受规定年限的义务教育，由当地教育行政部门进行批评教育，屡教不改者，处一百元以下罚款，并强制其履行义务；

111. 根据省义务教育条例的规定，对招用应受义务教育和正在接受义务教育的适龄儿童、少年做工、经商、务农或从事其他工作的单位和个人如何处罚？

由教育行政部门会同工商行政管理部门和有关部门，对直接责任者或单位，给予警告、处二百元以下罚款，没收非法所得、责令其停止营业或吊销营业执照，并强令学生返回学校就读。

112. 根据省义务教育条例规定，对教师辱骂、体罚或变相体罚学生及侮辱、殴打教师如何处罚？

分别由教育行政部门或有关部门对直接责任者给予批评教育或行政处分，并责令赔偿受害者损失。

113. 根据省义务教育条例规定，对小学、初级中等学校的开办、停办、裁并未经县级以上教育行政部门审核或报同级人民政府批准如何处罚？

按审批权限由当地人民政府追究有关部门和单位主要领导的责任，并限期恢复。

114. 根据省义务教育条例规定，凡已单独或联合办学的单位，没坚持办好，任意撤销，停办或缩小规模，或未经当地县级以上教育行政部门审核同意，报同级人民政府批准撤销、停办或缩小规模的，如何处罚？

按审批权限由当地人民政府追究有关部门和单位主要领导的责任，并限期恢复。

115. 根据省义务教育条例规定，学校拒收应在本学区内接受义务教育的学生或让尚未受完义务教育的学生停学或退学的，如何处罚？

由教育行政主管部门，对直接责任者给予批评教育，并予以纠正。

116. 根据省义务教育条例规定，学校或教职工向学生及家长摊派或索取财物的，如何处罚？

由主管部门，对直接责任者给予批评教育，并予以纠正。

117. 根据省义务教育条例规定，向学校征收费用，向学校乱摊派的，如何处罚？

由当地人民政府按照省有关规定，对直接责任者和有关部门的主要领导从严处理。

118. 根据省义务教育条例规定，未经有关部门批准擅自编写、出版、销售各种中小学生学习参考资料的，如何处罚？

由教育行政部门会同工商、出版、文化部门对主要责任者及单位领导，给予警告、处二百元以下罚款，并追缴其非法所得。

119. 根据省义务教育条例规定，在学生中传播淫秽书刊物品以及进行其它毒害学生思想的活动或利用封建迷信、宗教活动妨碍义务教育的实施的，如何处罚？

由公安部门依照《中华人民共和国治安管理处罚条例》给予处罚。

120. 根据省义务教育条例规定，教师辱骂、体罚或变相体罚学生以及侮辱、殴打教师，造成严重后果构成犯罪的，如何处罚？

由司法部门依法追究刑事责任。

121. 根据省义务教育条例规定，什么款项不得以任何形式用公款核销？

个人受罚款项不得以任何形式用公款核销。

122. 根据省义务教育条例规定，对行政处罚不服的法律救济途径是？

（1）可在接到处罚决定次日起十五日内，向处罚机关的上一级机关申请复议一次；

（2）对上级机关的复议决定不服的，可向当地人民法院起诉。

123. 根据省义务教育条例规定，对发生法律效力的行政处罚如何履行？

对处罚拒不执行的，处罚机关可申请当地人民法院强制执行。

124. 根据省义务教育条例规定，实施义务教育工作的考核与监督，由哪级人民政府负责？

由各级人民政府负责。

125、国务院基础教育改革合发展决定讲教育工作中的“两基”的含义？

基本普及九年义务教育和基本扫除青壮年文盲。

126. 国务院基础教育改革和发展决定确定的农村义务教育管理体制是？

实行在国务院领导下，由地方政府负责、分级管理、以县为主的体制。

127.2002 年起，国家在贫困地区义务教育阶段实行的一种收费方式简称是什么？

“一费制”。

128.2005 年起，对农村义务教育段家庭贫困的学生实施的“两免一补”的内容？

免收杂费、免教科书费，补助寄宿生生活费。

129. 我国现行的《宪法》是中华人民共和国成立后颁布的第几部宪法？哪年颁布的？

第四部，1982年颁布。

130. 中华人民共和国国徽由什么图案组成？

中华人民共和国国徽，中间是五星照耀下的天安门，周围是谷穗和齿轮。

131. 公民最基本的人身权是什么？

生命健康权。

132. 根据我国《宪法》的规定，我国公民可享有哪些基本权利？

(1) 平等权利；(2) 政治权利和自由权利；(3) 宗教信仰自由权利；(4) 人身自由权利；(5) 社会经济权利；(6) 文化教育权利；(7) 国家保护华侨的正当权益，保护归侨和侨眷的合法权利。

133. 我国公民有那些基本义务？

维护祖国统一和民族团结；遵守宪法和法律，保守国家秘密，爱护公共财产，遵守劳动纪律，遵守公共秩序，尊重社会公德；维护祖国安全荣誉和利益；保卫祖国，依法服兵役和参加民兵组织；依法纳税。

134.《中华人民共和国未成年人保护法》中的“未成年人”是指未满多少周岁的公民？

未满18周岁的公民。

135. 警匪报警电话是什么？火警电话是什么？医疗急救电话是什么？交通事故报警电话是什么？

它们依次是：110，119，120，122。

136. 我国监护人的设立有哪三种方式？

法定监护、指定监护和委托监护。

137. 监护人的职责是什么？

(1) 保护被监护人的身体健康，照顾被监护人的生活；(2) 管理和保护被监护人的财产，代理被监护人的民事活动，在被监护人合法权益受到侵害或与人发生争执时，代理其进行诉讼；(3) 对被监护人进行管理和教育，对被监护人损害他人合法权益的行为，依法承担民事责任。

138. 中华人民共和国公民年满多少岁可以依法享有选举权和被选举权？

18 周岁。

139. 哪些未成年人属于限制民事行为能力人？哪些未成年人属于无民事行为能力人？

10 周岁以上的未成年人是限制民事行为能力人；不满 10 周岁的未成年人是无民事行为能力人。

140. 在道路上骑自行车，有年龄限制吗？

有。未满 12 岁，不准在道路上骑自行车。

141. 自行车转弯须注意什么？

减速慢行，向后瞭望，伸手示意，不准突然猛拐。

142. 2004 年 5 月 1 日起实行的《中华人民共和国道路交通安全法》中，规定的交通信号包括哪几种？

交通信号灯、交通标志、交通标线和交通警察的指挥。

143. 对违反治安管理的人处以拘留，拘留最长是几天？

15 天。

144. 证据都有哪些？请至少说出四种。

（1）书证；（2）物证；（3）视听资料；（4）证人证言；（5）当事人的陈述；（6）鉴定结论；（7）勘验笔录。

145. 诉讼可分为几种？

刑事诉讼、民事诉讼、行政诉讼三种。

146.《互联网上网服务营业场所管理条例》规定，哪些人禁止进入网吧？禁止在中小学校周围什么范围内开设网吧？对网吧营业时间有何规定？

未成年人禁止进入网吧。禁止在学校周围 200 米范围内开设网吧。网吧营业时间是 8 点到 24 点。

147. 学生应该履行的义务？

（1）遵守法律法规；（2）遵守学生行为规范，尊敬师长，养成良好的思想品德和行为习惯；（3）努力学习，完成规定的学习任务；（4）遵守所在学校或其他教育机构的管理制度。

148. 冬冬今年15岁，其父母经常外出经商，让冬冬一个人在家单独居住，冬冬父母这样做可以吗？为什么？

《预防未成年人犯罪法》规定，父母不得让未满16周岁的未成年人脱离监护，单独居住。

149. 杨某的父母平时白天经商，晚上打牌，对杨某缺少管教，致使杨某染有不良行为，初二期终考试成绩列年级最后一名，其父母认为杨某没出息，更加不管，不让杨某回家，杨某父母的做法合法吗？为什么？

不合法。《预防未成年人犯罪法》规定，父母对未成年人不得放任不管，不得迫使其离家出走，放弃监护职责。

150. 按照中华人民共和国教师法的规定，取得小学、初中教师资格分别应当具备哪些相应的学历？

（1）取得小学教师资格，应当具备中等师范学校毕业及其以上学历；

（2）取得初级中学教师、初级职业学校文化、专业课教师资格，应当具备高等师范专科学校或者其他大学专科毕业及其以上学历。

151. 按照中华人民共和国教师法的规定，教师对学校或者其他教育机构侵犯其合法权益的，或者对学校或者其他教育机构作出的处理不服的，及教师认为当地人民政府有关行政部门侵犯其根据本法规定享有的权利的如何主张权利？

（1）可以向教育行政部门提出申诉，教育行政部门应当在接到申诉的三十日内，作出处理；

（2）可以向同级人民政府或者上一级人民政府有关部门提出申诉，同级人民政府或者上一级人民政府有关部门应当作出处理。

152. 中华人民共和国教师法规定，为保障教师完成教育教学任务，各级人民政府、教育行政部门、有关部门、学校和其他教育机构应当履行哪些职责？

（1）提供符合国家安全标准的教育教学设施和设备；

（2）提供必需的图书、资料及其他教育教学用品；

（3）教师在教育教学、科学研究中的创造性工作给以鼓励和帮助；

（4）支持教师制止有害于学生的行为或者其他侵犯学生合法权益的行为。

153. 按照中华人民共和国教育法的规定，学校及其他教育机构违反国家有关规定向受教育者收取费用的，采用什么方法处罚？

（1）由教育行政部门责令退还所收费用；

（2）对直接负责的主管人员和其他直接责任人员，依法给予行政处分。

154. 按照中华人民共和国教师法的规定，教师享有哪些义务？

（1）遵守宪法、法律和职业道德，为人师表；

（2）贯彻国家的教育方针，遵守规章制度，执行学校的教学计划，履行教师聘约，完成教育教学工作任务；

（3）对学生进行宪法所确定的基本原则的教育和爱国主义、民族团结的教育，法制教育以及思想品德、文化、科学技术教育，组织、带领学生开展有益的社会活动；

（4）关心、爱护全体学生，尊重学生人格，促进学生在品德、智力、体质等方面全面发展；

（5）止有害于学生的行为或者其他侵犯学生合法权益的行为，批评和抵制有害于学生健康成长的现象；

（6）不断提高思想政治觉悟和教育教学业务水平。

155. 初二学生陈某犯抢劫罪被判处有期徒刑，陈某在刑罚执行期间还可以继续接受义务教育吗？

可以。

156. 初中学生李某犯盗窃罪，被判处有期限徒刑1年缓刑3年，李某可以回校继续读书吗？

可以。

157. 刚上初一年级的小明就被父母留在家庭工厂里做帮手，不让他继续上学，其父母有权这样做吗？

无权。根据《未保法》规定父母不得使在校接受义务教育的未成年人辍学。

158. 某乡初中学生王某在他初二时，父母就给他订了亲，其父母这种行为可以吗？

不可以，是非法行为，《未保法》规定，父母不得迫使未成年人结婚，不得为未成年人订立婚约。

159. 某初级中学为追求升学率，将年级成绩最差的三名学生除名，可以吗？

不可以。学校应当尊重未成年的学生教育权，不得随意开除学生。

160. 中华人民共和国教师法的适用范围？

适用于在各级各类学校和其他教育机构中专门从事教育教学工作的教师。

161. 某班主任经常开拆学生的信件，目的是检查学生是否有不良行为，及掌握学生思想现状，班主任的做法合法吗？

不合法，除法律规定的部门外，任何人不得开拆他人的信件。

162. 一名13岁的小学生未经父母同意，将一只价值500元的手表送给同学做生日礼物，其家长可以要求受赠的学生返还手表吗？

可以，限制民事行为能力人实施的民事行为应与其年龄、智力相适应，未征得监护人同意而实施的民事行为无效。

163. 按照中华人民共和国教师法的规定，教师享有哪些权利？

（1）进行教育教学活动，开展教育教学改革和实验；

（2）从事科学研究、学术交流，参加专业的学术团体，在学术活动中充分发表意见；

（3）指导学生的学习和发展，评定学生的品行和学业成绩；

（4）按时获取工资报酬，享受国家规定的福利待遇以及寒暑假期的带薪休假；

（5）对学校教育教学、管理工作和教育行政部门的工作提出意见和建议，通过教职工代表大会或者其他形式，参与学校的民主管理；

（6）参加进修或者其他方式的培训。

164. 金某（15周岁）在课间因小事与同学沈某发生争执，金某一拳击中沈某头部，致使沈某倒地，送医院不治死亡，问金某应当负刑事责任吗？

应负刑事责任。

165. 某中学因为学生李某未能按时缴纳相关费用，将他开除，可以吗？

不可以。学校不能随意开除学生。

166. 按照中华人民共和国教育法的规定，明知校舍或者教育教学设施有危险，而不采取措施，造成人员伤亡或者重大财产损失的，对直接负责的主管人员和其他直接责任人员采用什么方法处罚？

依法追究刑事责任。

167. 中华人民共和国教育法规定的学校及其他教育机构的基本教学语言文字是什么？

汉语言文字，少数民族学生为主的学校及其他教育机构，可以使用本民族或者当地民族通用的语言文字进行教学。学校及其他教育机构进行教学，应当推广使用全国通用的普通话和规范字。

168. 按照中华人民共和国教育法的规定，我国的学校教育制度分哪几个阶段？

国家实行学前教育、初等教育、中等教育、高等教育的学校教育制度。

169. 中华人民共和国教育法对国家实行九年制义务教育制度是如何规定的？

（1）各级人民政府采取各种措施保障适龄儿童、少年就学。

（2）适龄儿童、少年的父母或者其他监护人以及有关社会组织和个人有义务使适龄儿童、少年接受并完成规定年限的义务教育。

170. 按照中华人民共和国教育法的规定，设立学校及其他教育机构必须具备的基本条件？

（1）有组织机构和章程；

（2）有合格的教师；

（3）有符合规定标准的教学场所及设施、设备等；

（4）有必备的办学资金和稳定的经费来源。

171. 按照中华人民共和国教育法的规定，学校及其他教育机构有哪些权利？

（1）按照章程自主管理；

（2）组织实施教育教学活动；

（3）招收学生或者其他受教育者；

（4）对受教育者进行学籍管理，实施奖励或者处分；

（5）对受教育者颁发相应的学业证书；

(6) 聘任教师及其他职工，实施奖励或者处分；

(7) 管理、使用本单位的设施和经费；

(8) 拒绝任何组织和个人对教育教学活动的非法干涉；

(9) 法律、法规规定的其他权利。

172. 按照中华人民共和国教育法的规定，学校及其他教育机构应履行哪些义务？

(1) 遵守法律、法规；

(2) 贯彻国家的教育方针，执行国家教育教学标准，保证教育教学质量；

(3) 维护受教育者、教师及其他职工的合法权益；

(4) 以适当方式为受教育者及其监护人了解受教育者的学业成绩及其他有关情况提供便利；

(5) 遵照国家有关规定收取费用并公开收费项目；

(6) 依法接受监督。

173. 按照中华人民共和国教育法的规定，受教育者享有哪些权利？

(1) 参加教育教学计划安排的各种活动，使用教育教学设施、设备、图书资料；

(2) 按照国家有关规定获得奖学金、贷学金、助学金；

(3) 在学业成绩和品行上获得公正评价，完成规定的学业后获得相应的学业证书、学位证书；

(4) 对学校给予的处分不服向有关部门提出申诉，对学校、教师侵犯其人身权、财产权等合法权益，提出申诉或者依法提起诉讼；

(5) 法律、法规规定的其他权利。

174. 按照中华人民共和国教育法的规定，受教育者享有哪些义务？

(1) 遵守法律、法规；

(2) 遵守学生行为规范，尊敬师长，养成良好的思想品德和行为习惯；

(3) 努力学习，完成规定的学习任务；

(4) 遵守所在学校或者其他教育机构的管理制度。

175. 按照中华人民共和国教育法的规定，对在校园内结伙斗殴，寻衅滋事，扰乱学校及其他教育机构教育教学秩序或者破坏校舍、场地及其他财产的，采用什么方法处罚？

由公安机关给予治安管理处罚；构成犯罪的，依法追究刑事责任。

二、案例分析

176. 小学生武某上课时，起立回答问题，后排的同学陈某用脚将武某的椅子移开，结果武某重重地坐到了地上。武某当时身体没有任何异样，老师也只批评了陈某几句，就继续上课。可是三天后，武某感到腿脚发麻，后来发展为没办法正常坐着上课。父母将她送往医院诊断，经检查为尾椎受挫伤，导致下半身麻痹，需要长期治疗。对这起事故，谁应该担负责任？

学生陈某负主要责任，由其监护人负责赔偿。学校负有管理失职责任，负次要责任，应进行相应赔偿。

177. 人民法院在开庭审理 3 名十四至十六周岁少年抢劫一案前，将开庭时间、地点、被告人姓名等进行公告并允许公民旁听。这种做法符合法律规定吗？

不符合。对于已满十四周岁不满十六周岁未成年人犯罪的案件，一律不公开审理。

178. 小学生张某因为没有按时完成作业，被任课老师罚站一节课，老师这样做可以吗？

不可以，学校教职员工不得对未成年学生、儿童实施体罚或变相体罚。

179. 两名中学生星期天在居民区空地上踢足球，在争球时，不慎将球踢到邻居阳台上，不仅造成阳台玻璃破碎，而且使阳台一名儿童被玻璃划伤。问：邻居财产损失及人身被伤害的民事责任应由谁承担？

由两名学生的家长（监护人）承担民事责任。

《民法通则》规定无民事行为能力人，限制民事行为能力有造成他人损害的，由监护人承担民事责任。

180. 某电视台在新闻节目中这样报道：“今天上午公安机关破获一起入室盗窃案，2 名犯罪嫌疑人是我市南山中学初三年级学生李××、赵××并将 2 人接受警察讯问的正面图像一同播放。电视新闻这样报道可以吗？”

不可以。根据《预法》规定对未成年人罪犯案件，新闻报道、影视节目，不得披露未成年人的姓名、照片及可能推断出该未成年人的资料。

181. 某中学高一年级 2 名学生因盗窃一辆摩托车而被刑事拘留，学校因此立即作出取消这 2 名学生学籍的处分决定，学校的处分决定正确吗？

不正确，对被采取刑事强制措施的未成年学生，在人民法院判决生效以前，不得取消其学籍。

182. 小明（13 岁）在父母离婚后，跟随母亲一起生活，其父对小明仍有教育义务吗？为什么？

有，父母不得因离异而不履行教育子女的义务。

183. 初二学生郭某偷了同学的饭菜票被发现，在以后的学校、班级活动中，郭某虽有心参加，都被班主任拒之门外，郭某数学成绩是班级最好的，省是数学竞赛，郭某报名参加，且取得全校选拔赛第一名，但学校以郭某有过偷窃的不良行为，不让郭某代表学校参加竞赛。请问学校的做法合法吗？为什么？

不合法。学校对有不良行为的学生不得歧视。

184. 小芳的家住在农村，在村里的小学上五年级。一天，爸爸突然对她说：“明天你不要去上学了，到小卖部给你妈帮忙吧，你妈一个人忙不过来。”小芳听了后，伤心地哭了。她想念书，她舍不得学校的老师和同学们。但是，她又不能不听爸爸的话，只好不去学校读书了。老师了解到小芳的情况后，找到了小芳的爸爸，劝他让小芳继续上学。小芳爸爸说：“女孩子比不得男孩子，读书多了也没什么用，还不如让她在家里干点活呢。再说了小芳是我的女儿，让不让她上学得由我说了算。”请问：小芳爸爸的说法对吗？小芳的爸爸都违反了哪些规定？

不对。中华人民共和国宪法》第 46 条规定：中华人民共和国公民有受教育的权利和义务。《中华人民共和国教育法》第 9 条规定：公民不分民族、种族、性别、职业、财产状况、宗教信仰等，依法享有平等的受教育机会。《中华人民共和国义务教育法》第 5 条规定：凡年满六周岁的儿童，不分性别、民族、种族，应当入学接受规定年限的义务教育。

让孩子上学接受教育是法律规定的父母必须履行的义务．而且法律规定，女孩和男孩享有平等的权利，不能歧视女孩。小芳的爸爸让小芳中途辍学的行为是违法的。听了老师的话应当让小芳赶快回到学校继续读书。如果不改正的话，当地政府应对他进行批评教育，并责令他送小芳返回学校上学。另外，为保护儿童受教育权利，国家还禁止工厂、商店、个体户等雇用不满16周岁的儿童。

185. 王力是一个15岁的初中生，她总觉得自己不是读书的料，就想到一家餐馆去打工赚钱，可是，她又听别人说，未满16岁的未成年人是不允许被雇用的。请问，哪一种观点是正确的？为什么？

后一观点是正确的。国务院《禁止使用童工规定》第3条：国家机关、社会团体、企业事业单位、民办非企业单位或者个体工商户均不得招用不满16周岁的未成年人。禁止任何单位或者个人为不满16周岁的未成年人介绍就业。禁止不满16周岁的未成年人开业从事个体经营活动。所以，王力还暂时不能去打工。如果她还没有完成九年义务教育，那么她就应该继续她的学校生活；如果她已经完成了九年义务教育，并且不想继续升学，那么，她可以参加一些国家和社会举办的职业技能培训，为年满16周岁以后的就业做准备。

186. 涛涛爱淘气，经常在课堂上说话、做小动作，有时还不完成作业。一天，他又在课上说话、做鬼脸，被班主任老师发现了。老师非常生气，对涛涛说："你的课不要上了，回家把家长找来，什么时候你爸爸来了，你再来上课。"涛涛不敢回家，只好在教室外面站着。这时，正好校长路过，问清了原因后，把涛涛送回教室。事后，校长把涛涛的班主任老师找去，提出了批评。请回答：你认为校长批评的对吗？班主任和涛涛同学应该怎样做呢？

对。学校是少年儿童受教育的地方，为了保护中小学学生的受教育权利，法律还专门规定了在义务教育阶段学校不能随便开除学生。教育和帮助有缺点的学生是学校和老师的责任，学校、老师应当对学习有困难、品行有缺点的学生给予更多的关心和帮助，使他们改正错误、健康成长。

这位班主任应当认识到自己的错误。经过的教育，涛涛也应当认识到自己仅违反了学校纪律，而且在课堂上随便说话，也影响了别的同学听，实际上侵犯了其他同学受教育的权利。

187. 波波很贪玩，经常不完成作业。一天，波波又没做作业，班主任张老师很生气，放学后把他单独留在教室里补作业。这时，张老师突然想起家里有事要办。看见波波还没有补完作业，张老师说："补完作业才能回家，我一会儿回来检查"。为防止波波自己偷偷跑了，临走时张老师把教室的门上了锁。由于家里的事很多，后来张老师就把波波的事忘了。天越来越晚，波波一个人在教室里越来越害怕。他想出去，但是门被锁上了，窗户上有铁栏杆。他拼命地大喊，但学校里的人都走了，没人听得见。波波急得大哭了起来，天很晚了，波波的爸爸才找到学校，当他和张老师一起打开教室门的时候，波波的嗓子已经哭哑了，请问张老师的做法对吗？

不对。《中华人民共和国宪法》第37条规定：中华人民共和国公民的人身自由不受侵犯。任何公民非经人民检察院批准或者决定或者人民法院决定，并由公安机关执行，不受逮捕。禁止非法拘禁和以其他方法非法剥夺或者限制公民的人身自由，禁止非法搜查公民的身体。

少年儿童的人身自由同样受到法律的保护，无论是学校、老师，还是其他任何组织、个人都没有权利剥夺、侵犯未成年人的人身自由。张老师的行为实际上已经构成了非法拘禁，只是因为情节比较轻微，也没有造成严重后果，可以通过道歉的方式弥补，否则的话，非法拘禁他人要负刑事责任的。

188. 王洋是某中学初中一年级的学生，成绩一直不好。在数学课上他不认真听讲，所以老师经常在课堂上用教鞭抽打他。因此，王洋一想到数学课，就感到害怕。请问：我们应该怎样评价这位数学老师？

根据我国《未成年人保护法》的规定，学校、幼儿园的教职员应尊重未成年人的人格尊严，不得对未成年学生和儿童实施体罚、变相体罚或者有其他侮辱人格尊严的行为。由此可见，教师也应当尊重学生的人格尊严。如果因为学习成绩不好，上课不认真听讲而体罚王洋，无疑会对他的身心健康构成很大的伤害，影响他健全人格的形成，因而也是法律所不允许的。

对于老师违法行为，王洋可以通过他的监护人或者学校领导，要求教师纠正其体罚学生的错误做法。如果老师坚持不改的话，也可以要求对其给予行政处分，或者直接向人民法院提起诉讼，以维护学生自己的合法权益。

189. 强强是小学三年级的学生，因智力发育得较晚，尽管学习很努力，但成绩却总是很差。一次考试，他又考了全班的最后一名。班主任教师当着全班同学的面，对强强说：“你怎么那么笨，多简单的题呀还答不对，你是不是长了猪脑子啊！”同学们哄堂大笑。下课了。好几个同学围着强强叫“猪脑子”。强强羞愧极了，回家大哭了一场，说什么也不愿意再上学了。强强的父母问明原因，找到学校。校长在弄清楚情况后，严肃地批评了强强的班主任，要求他在班上给强强道歉，并教育全班同学要互相尊重，不能取笑强强。请谈谈你对这件事的看法？

《中华人民共和国宪法》第38条规定：中华人民共和国公民的人格尊严不受侵犯。禁止用任何方法对公民进行侮辱、诽谤和诬告侵害。

《中华人民共和国民法通则》第101条规定：公民、法人享有名誉权，公民的人格尊严受法律保护，禁止用侮辱、诽谤等方式损害公民、法人的荣誉。

未成年人的心理发育还不健全，因此，要更加尊重他们的人格。《中华人民共和国未成年人保护法》中明确规定，学校、幼儿园的教职员工应当尊重未成年人的人格尊严。在这件事中，强强班主任的行为已经对强强的人格构成了侵害，是一种违法行为。因为情节比较轻微，可以用赔礼道歉的方式弥补。如果情节恶劣，严重侮辱强强人格，还要负刑事责任或者民事责任

190. 小学三年级有个小姑娘叫扬扬。两年前扬扬的爸爸妈妈离了婚，扬扬与妈妈生活在一起，两年来扬扬的爸爸从不来看望扬扬，也不给扬扬抚养费。前不久，扬扬的妈妈下岗了，一个月只有300元生活费，家里生活很困难，扬扬的妈妈想让扬扬辍学，你认为扬扬该怎么办呢？

《中华人民共和国婚姻法》第36条规定：父母与子女间的关系，不因父母离婚而消除。离婚后，父母对子女仍有抚养和教育的权利和义务。

《中华人民共和国义务教育法》第11条规定：父母或者其他监护人必须使适龄的子女或者被监护人按时入学，接受规定年限的义务教育。

按照这些法律规定，尽管扬扬的爸爸妈妈已经离婚了，但扬扬和她爸爸之间的父女关系是改变不了的，扬扬的爸爸仍然有抚养扬扬的义务，必须负担扬扬义务教育的费用，并把扬扬抚养成人。扬扬的爸爸如果不给抚养费，扬扬可以请妈妈代她去法院告爸爸，法律会帮助扬扬的。

191. 李某有一女李霞14岁，系农村某镇初中二年级学生．李某认为女孩上学无用，还不如早下来赚钱。遂于2003年暑假，将李霞送到邻镇一个体户处打工。开学一周后，学校老师、领导、村干部多次上门家访，李某拒不说明其去向，有时还恶语相报："孩子读不读书是咱们自家的事，你们不要狗咬耗子—多管闲事。"请问：该案例中是否有违法行为？违反了什么法律规定？违法主体是谁？应该承担什么法律责任？

参考答案：(1) 有违法行为。(2) 违反了《中华人民共和国义务教育法》和《未成年人保护法》。《中华人民共和国义务教育法》第十一条第一款规定“父母或者其他监护人必须使适龄的子女或者被监护人按时入学，接受规定年限的义务教育。”第三款规定“禁止任何组织和个人招用应该接受义务教育的适龄儿童少年就业。”对义务教育分别家庭和社会方面做了法律保障。《未成年人保护法》第九条规定：父母或者其他监护人应当尊重未成年人接受教育的权利，必须使适龄未成年人按照规定接受义务教育，不得使在校接受义务教育的未成年人辍学。第二十八条第一款规定：任何组织和个人不得招用未满十六周岁的未成年人，国家另有规定的除外。(3) 李某及个体户。(4) 未成年人保护法第四十九条规定：企业事业组织、个体工商户非法招用未满十六周岁的未成年人，由劳动部门责令改正，处以罚款；情节严重的，由工商行政管理部门吊销执照。

192. “春蕾计划”是哪年开始实施的？其主要目的是什以？

为维护女童的受教育权益，提高中华民族的整体素质，1994 年，全国妇联、中国儿童少年积金会联合发起并组织实施的。它意在救助贫困地区失、辍学女童重返校园完成学业。

193. 我市实施“春蕾计划”的基本情况如何？

我市是以 1995 年开始实施“春蕾计划”的。到目前，共收到爱心捐款 240 多万元，使 4200 多名面临失、辍学的女童返校园继续学习。

附录二　《中华人民共和国教师法》解读与实施

日期：2007－1－5

摘要：《中华人民共和国教师法》是我国教育史上第一部关于教师的法律。本章主要介绍《教师法》的立法过程及其法律地位、教师的权利和义务、教师的资格和作用、教师的待遇等，并对《教师法》实施的效力进行案例分析。

第一节　《中华人民共和国教师法》的制定

《中华人民共和国教师法》（以下简称《教师法》）从 1986 年开始起草，后经过八年酝酿、修改，于 1993 年 10 月 31 日经第八届全国人民代表大会常务委员会第四次会议通过，1994 年 1 月 1 日起施行。教师法的制定和颁布，对于提高教师的地位，保障教师的合法权益，造就一支具有良好的思想品德和业务素质的教师队伍，促进我国社会主义教育事业的发展，有着重要的意义。

一、立法过程

1986 年 3 月，六届全国人大四次会议和六届全国政协四次会议上，许多全国人大代表和全国政协委员，提出了关于尽快制定教师法的提案和建议。此后不久，国家教委据此成立了《教师法》起草工作领导小组，着手《教师法（草案）》的起草工作。起草过程中，广泛听取和征求了教育界，法学界一些专家和广大教师的意见，经过反复修改形成了《教师法（草案送审稿）》。

1989 年 4 月《教师法（草案送审稿）》报送国务院，经多方征求意见又作了二次修改。1990 年 6 月 10 日，国务院常务会议两次对《教师法（草案送审稿）》进行讨论。国务院法制局和国家教委又根据国务院常务会议讨论提出的意见对有关问题作了进一步的修改，再次报国务院常务会议讨论，国务院常务会议原则通过，形成《教师法（草案）》，报全国人大常务会议审议。

1991 年 8 月，七届全国人大常委会第二十一次会议对《教师法（草案）》进行审议，会议对教师待遇和推行教师聘任制等有关问题提出了一些意见。1992年10月，国务院将教师法草案撤回，根据常委会的审议意见进一步调查研究、征求意见，并根据《中国教育改革和发展纲要》中关于教师队伍建设的精神对《教师法（草案）》作进一步修改，之后提交八届全国人大常委会第四次会议审议。此次会议对《草案》进行全面审议、修改，并于1993年10月31日通过，历时八年，是在总结建国四十多年特别是改革开放十五年来教师队伍建设的成功经验和广泛听取意见的基础上制定、颁行的。至此，我国第一部关于教师的法律——《中华人民共和国教师法》诞生了。

二、立法依据

（一）我国社会主义现代化建设事业的需要

社会主义现代化建设事业需要一批又一批既具有坚定、正确的政治方向，又掌握现代科学文化知识的社会主义事业的建设者和接班人。而人才的培养关键在于教师，建设一支具有良好思想品德修养和业务素质队伍，是搞好社会主义事业的关键。“振兴民族的希望在教育，振兴教育的希望在教师”。为此，我们必须制定《教师法》以加强教师队伍的建设。

（二）提高教师队伍素质的需要

长期以来，由于种种因素的影响，我国教师队伍的政治素质和业务素质都比较低。已不能适应培养人才的需要，广大教师急需提高政治素质和业务素质。为了更有效地完成这一任务，有必要通过立法，制定一整套提高教师素质的措施、制度，对教师的思想品德和业务素质作出明确的规定，以加强教师队伍的建设，提高教师的整体素质。

（三）维护教师合法权益的需要

长期以来，我国教师的地位和待遇偏低，拖欠教师工资、干扰教育教学活动等情况屡有发生。在一定程度上挫伤了教师的积极性，影响了教育事业的发展。为了稳定教师队伍，提高教师的地位和待遇，提高教师的工作积极性，吸引优秀人才从事教育，必须制定《教师法》保障教师群体的合法权益。

（四）教师队伍建设规范化的需要

新中国成立以后，教师队伍的管理主要依靠一些政策和制度。这些政策和制度缺乏法律上的效力，没有强制性，并且缺乏法律所需要的具体、明确的肯定性，缺乏稳定性和连续性。教师队伍的管理随意性很大，许多方面无法可依。通过制定《教师法》，使教师队伍的建设走上规范化、法制化的轨道。

三、立法宗旨

《教师法》以教师为立法对象，把国家尊师重教的方针上升为法律，体现了全国人民的共同愿望和意志。总则第一条对其立法宗旨作了明确规定：“为了保障教师的合法权益，建设具有良好思想品德修养和业务素质的教师队伍，促进社会主义教育事业的发展，制定本法。”具体包括以下几个方面：

（一）保障教师的合法权益

长期以来，尽管我们一直强调要尊重知识、尊重人才，但由于种种原因，这种尊重教师尊重知识的社会风气始终没有形成，在一些地方仍存在着歧视和不尊重教师的现象，教师的地位和待遇偏低，影响了教师工作的积极性和教师队伍的稳定。因此，国家通过制定《教师法》，通过法律明确确认教师的基本权利，规定教师应享有的社会地位和物质待遇，规定政府、学校，各行各业及公民的职责，规定侵害教师合法权利的法律责任，对运用法律手段有效地保护教师的合法权益具有重要的现实针对性。

（二）提高教师队伍素质

教师队伍素质决定着教育的质量高低。尽管近年来，我国教师的业务素质和思想政治素质有了较大的提高，但从总体上看，教师队伍的素质还不能完全适应教育事业发展的要求。因此，通过制定《教师法》，以法律的形式确定实行教师资格制度，对教师的任用、培养、培训、考核等作出规定，使提高教师队伍素质的工作有章可循，有法可依，严格按照法律规定的措施、标准，优化教师队伍，以尽快在我国建设一支具有良好思想品德修养和业务素质的教师队伍，适应教育事业发展的需要。

（三）促进我国社会主义教育事业的发展

振兴民族的希望在教育，振兴教育的希望在教师。把教育放在优先发展的战略地位是我国实现社会主义现代化建设的根本大计。能否培养出适应社会主义现代化建设事业的接班人，关系到社会主义现代化建设事业的成败。新中国成立以来，我国的教育事业取得了长足的发展，但改革的步伐还落后于经济和社会发展的要求，在教育内容、方法、教育管理体制等各方面都存在着问题。发展我国教育事业还有大量的工作要做。教育能否振兴和健康的发展，关键在于建设一支具有良好思想品德和业务素质的教师队伍。因此，制定《教师法》，依法加强教师队伍的建设，以促进教育事业的发展。

四、法律地位

《教师法》是我国教育史上第一部关于教师的单行法律，它的制定和颁布体现了党和国家对人民教师的重视。有利于从根本上提高教师的社会地位，保障教师的合法权益，使教师成为社会上受人尊重的职业；有利于加强教师队伍的建设，造就一批具有高素质的教师队伍，促进社会主义教育事业的发展。

第二节 《中华人民共和国教师法》主要内容解读

《教师法》共九章四十三条，重点对教师的权利和义务、教师的资格和任用、教师的培养和培训、教师的待遇、教师的考核与奖励等方面作出了规定。本节对其主要内容进行解读。

一、适用范围

《教师法》总则第 2 条规定适用范围：“本法适用于在各级各类学校和其他教育机构中专门从事教育教学工作的教师。”这里所指的“各级各类学校”是指实施学前教育、普通初中教育、普通高中教育、职业教育、普通高等教育以及特殊教育、成人教育的学校。这里所指的“其他教育机构”是特指与中小学的教育、教学工作紧密联系的少年宫、地方中小学教研室、电化教育馆等教育机构。这里所指的“教师”是指在学校中传递人类文化科学知识和技能、进行思想品德教育，把受教育者培养成社会主义社会需要的专业人员。

《教师法》关于适用范围的规定，是教师的形式特征，也是法律意义上教师概念的外延。《教师法》的适用范围仅限于各级各类学校和其他教育机构中的教师。是由教师职业的特殊性、直接肩负着培养社会接班人的职责、履行的是特殊的具有公职性质的教学职责决定的。适用范围限于教师，便于在权利、义务、资格、任用、培养、培训、考核等方面对教师作出统一的规定，有利于加强教师队伍的建设。

二、教师的权利与义务

教师的权利与义务是基于教师的特定的职业性质而产生和存在的。因此，它具有在教育活动中产生并由教育法律规范所规定的特征。教师的权利义务是统一的。《教师法》在第二章中明确规定了教师的权利和义务。

（一）教师的权利

教师的权利是指教师依照《教师法》的规定所享有有权利，表现为教师可以自主作出一定的行为，或要求他人作出相应的行为，在必要的时候可请求国家以强制力保障其权利的实现。《教师法》第 7 条对我国教师的权利作出规定具体表现在以下几个方面：

1. 教育教学权

教师有进行教育教学活动，开展教育教学改革和实验的教育教学权，这是教师为履行教育教学职责必须具备的基本权利。它主要指教师可以依据其所在学校的培养目标组织课堂教学；按照课程计划、课程标准的要求确定其教学内容和进度，并不断完善教学内容；针对不同的教育教学对象，在教育教学的形式、方法、具体内容等方面进行改革，实验和完善。非依法律规定，任何组织或个人均不得剥夺在聘教师的这项法定权利。但合法的解聘或待聘，不属于侵犯教师这一权利的行为。

2. 科学研究权

教师有从事科学研究、学术交流、参加专业的学术团体，在学术活动中发表意见的科学研究权，这是教师作为专业技术人员所享有的一项基本权利。教师在完成规定的教育教学任务的前提下，有权进行科学研究、技术开发、技术咨询、撰写成学术论文或者著书立说，依法成立或参加学术团体，发表自己的观点，开展学术争鸣等科研权。

3. 指导评价权

教师有指导学生的学习和发展，评定学生的品行和学业成绩的指导评价权，这是教师在教育教学活动中居于主导地位的基本权利。教师有权依据学生的身心发展状况和特点因材施教，针对学生的特长、就业、升学等方面的发展给予指导；教师有权对学生的思想政治、品德、学习、劳动等方面给予客观、公正和恰如其分的评价；教师有权运用正确的指导思想、科学的方式、方法，促使学生的个性和能力得到充分的发展。任何组织和个人都不行非法干预教师这项权利的行使。

4. 获取报酬权

教师有权按时获取工资报酬，享受国家规定的福利待遇以及寒暑假期的带薪休假，这是教师的基本物质保障权利，是宪法赋予公民的劳动的权利和劳动者有休息权利的具体化。它主要包括教师有权要求所在学校及其主管部门根据国家法律及教师聘用合同的规定，按时足额地支付工资报酬；教师有权享受国家规定的医疗、住房、退休等各种福利待遇和优惠，以及寒暑假期的带薪休假等权利。

5. 民主管理权

教师有权向学校教育教学、管理工作和教育行政部门的工作提出意见和建议，通过教职工代表大会或者其他形式，参与学校的民主管理的权利。这是教师参与教育民主管理的权利，是宪法赋予公民的民主权利在教育领域的具体适用。保证教师此项权利的行使，能够调动教师对教育教学工作的主动性和积极性，加强对学校和教育行政部门的监督。它主要包括教师享有对学校及其他教育行政部门工作的批评权和建议权；教师有权通过教职工代表大会、工会等组织形式及其他适当方式，参与学校的民主管理，讨论学校发展与改革等方面的重大问题；教师有权引导学生，培养学生的民主与法制意识，促进我国社会主义民主和法制建设；教师有权参与教育的民主管理。

6. 进修培训权

教师有参加进修或者其他方式的培训的权利。这是教师享有的接受继续教育，不断获得充实和发展的基本权利。它主要包括教师有权参与进修和接受其他多种形式的培训，不断更新知识，调整知识结构，提高自己的思想品德和业务素质，保障教育教学质量；教育行政部门和学校及其他教育机构应当采取多种形式，开辟多种渠道，保证教师进修培训权的顺畅行使；教师有权参加达到法定学历标准和达到高一级学历的进修或以拓宽知识为主的继续教育培训等。学校和教育行政部门应当作出规划，采取各种方式，开辟多种渠道，为教师参加进修和培训创造条件，提供机会，切实保障教师权利的实现。

（二）教师的义务

教师的义务是指教师依照《教师法》的规定所承担的必须履行的责任，表现为教师必须作出一定的行为或不得不作出一定的行为。《教师法》第 8 条对教师的义务作出了规定具体表现在以下几个方面：

1. 遵守宪法、法律和职业道德的义务

教师必须遵守宪法、法律和职业道德，为人师表。宪法和法律是国家、社会组织和公民活动的基本行为准则。教师要教书育人、为人师表，更应当模范地遵守宪法和法律，自觉培养学生的民主意识和法制观念，使其成为遵纪守法的公民。作为人类灵魂的工程师，应当遵守职业道德，以自己高尚的品质和行为在教育教学活动中对学生思想品质、道德、法律意识的形成发挥积极的影响。这不仅是教师自身的行为规范，也是法律要求教师应尽的基本义务。

2. 完成教育教学工作的义务

教学工作是教师的本职工作。所以，教师在教育教学活动中，必须贯彻国家的教育方针，遵守规章制度，遵守教育行政部门和学校其他教育机构制定的教育教学管理的各项规章制度和依据有关法律法规制定的具体的教学工作计划，履行聘任合同中约定的教育教学工作职责，完成职责范围内的教育教学任务，保证教育教学质量。

3. 进行思想品德教育的义务

教师的工作是教书育人的工作，通过教书，达到育人的目的。所以，教师在教育活动中有义务对学生进行宪法所确定的基本原则的教育和爱国主义、民族团结教育、法制教育以及思想品德、文化、科学技术教育，组织带领学生开展有益的社会活动。教师应自觉地结合自己教育教学的业务特点，将德育工作落实于教育教学工作的全过程中。对学生进行思想品德教育，不仅是政治思想品德课教师的职责，也是每一位教师的基本义务。

4. 关心爱护学生，促进学生的全面发展的义务

教师在教育教学活动中，应关心爱护全体学生，尊重学生的人格，促进学生在品德、智力、体质等方面全面发展。热爱学生是教师的天职和美德，教师应当一视同仁地对待所有的学生，尤其是尊重每一个学生的人格尊严，帮助其形成健康完善的人格，为其全面发展奠定良好的基础。特别是对于有缺点、错误的学生，更要满腔热情地帮助他们。要树立尊重学生人格尊严的法制观念，不歧视学生，更不允许侮辱、体罚学生。对于极个别屡教不改、错误性质严重、需要给予纪律处分的学生也只能以理服人，不能压服。教师违反本法规定，侮辱、体罚学生，经教育不改的，依法追究法律责任。

5. 保护学生合法权益，促进学生健康成长的义务

教师有义务制止有害于学生的行为或者其他侵犯学生合法权益的行为，批评和抵制有害于学生健康成长的现象。保护学生的合法权益和身心健康成长，是全社会的共同责任。作为教师，自然更负有保护学生合法权益和身心健康成长的义务。教师应当在学校工作和与教育教学工作相关的活动中，对侵犯其所负责教育管理的学生的合法权益的违法行为予以制止，保护学生的合法权益不受侵犯；也应当对社会上出现的有害于学生身心健康成长的不良现象进行批评和抵制，这既是全社会的责任，也是教师义不容辞的义务。

6. 不断提高思想觉悟和教育教学水平的义务

教师应不断提高自己思想政治觉悟和教育教学水平。教育教学工作是一项专业性较强的工作，担负着提高民族素质的使命。随着社会的进步，科技的发展，知识的更新速度不断加快。据美国技术预测专家詹姆斯·马丁预测，人类知识在19世纪是每五十年增长一倍，20世纪上半叶是每五年增长一倍，而目前已达到了每两年增长一倍。所以作为一名教师，要想胜任工作，跟上时代的发展步伐，就需要不断学习，加强自身的思想道德修养，提高业务水平。

三、教师的资格和任用

教师的资格和任用制度是教师管理制度的重要内容。《教师法》在第三章对教师的资格条件、认定办法、过渡办法、职务制度、聘任制度等几个方面作了规定，构成了符合教育规律、符合教师劳动特点、适应社会主义市场经济发展需要的教师资格制度和任用制度。

（一）教师资格制度

教师资格制度是国家对教师实行的一种特定的职业资格认定制度，是公民获得教师工作应具备的特定条件和身份。《教育法》、《教师法》都规定了国家实行教师资格制度。1995年12月12日国务院发布的《教师资格条例》、2000年9月23日教育部发布的《教师资格条例》实施办法，规定了教师资格的基本条件，教师资格分类与适用，教师资格考试、认定、罚则等。只有具备教师资格的人才能担任教师，否则不允许从事教师职业。教师资格一经取得，即在全国范围内普遍有效，不受时间、地点的限制，非依法律规定不得丧失。这对于加强教师队伍建设，提高教育教学质量，使我国教师资格与国际惯例接轨，具有十分重要的意义。

1. 教师资格的构成要件

《教师法》第10条第二款规定："中国公民凡遵守宪法和法律，热爱教育事业，具有良好的思想品德，具备本法规定的学历或者国家教师资格考试合格，有教育教学能力，经认定合格的，可以取得教师资格。”教师资格构成要件包括国籍、品德、业务、学历和认定五个方面，缺一不可。

（1）国籍。取得教师资格者，必须是中国公民，是成为教师的先决条件。

（2）品德。取得教师资格者必须具有良好的政治思想水平和道德修养，是成为教师的一个重要条件。

（3）学历。学历是一个人受教育的经历，一般表明其具有的文化程度。教师是种专业化的职业，需要从业者具备专门的业务知识和技能才能完成教育教学任务。因此，对取得各级教师专业技术职务有基本的学历要求。《教师法》第 10 条对取得教师资格应当具备的相应的学历进行了具体规定。

（4）业务。教育教学能力是完成教育教学任务所必备的条件，也是取得教师资格的重要的条件之一。只有具有一定的教育教学能力，才能完成教育教学任务，胜任教师工作。所以，在《教师资格条例的实施办法》中对教师的教育教学能力作了具体规定。

（5）认定。教师资格必须经过法律授权的行政机关或其委托的其他机构通过合法的程序认定。

2. 教师资格的认定程序

具备教师资格的取得要件，并不意味着一定能取得教师资格，必须经过法定机构的认定，才具备教师资格。根据《教师法》和《教师资格条例》的有关规定，幼儿园、小学、初级中学、高级中学、中等专业学校、高等学校教师资格的认定分别由不同等级的法定机构来认定。例如，幼儿园、小学和初级中学教师资格，由申请人户籍所在地或者申请人任教学校所在地的县级人民政府教育行政部门认定。高级中学教师资格，由申请人户籍所在地或者申请人任教学校所在地的县级人民政府教育行政部门审查后，报上一级教育行政部门认定。民办学校教师资格按照审批权限由相应的审批部门认定。对已具备教师资格条件的公民要求有关部门认定其教师资格的，有关部门应当依照所申请的资格条件及时予以认定，不得推诿、拖延。

教师资格的认定必须遵循一定的操作程序。首先必须有申请人的申请，即按时提交申请表及有关证明材料；然后认定机构对申请人的条件进行审查，在受理期限终止30日内将审查结果通知本人；最后对经认定合格者，颁发由国务院教育行政部门统一制作的相应的教师资格证书。该证终身有效，全国通用。

3. 教师资格的限制取得和丧失

教师的职业特点决定了对教师的思想品德、道德修养必然有很高的要求。《教师法》第十四条明确规定："受到剥夺政治权利或者故意犯罪受到有期徒刑以上刑事处罚的，不能取得教师资格；已经取得教师资格的，丧失教师资格。"《教师资格条例》中也有相应的规定。例如：对有弄虚作假，骗取教师资格的；品行不良，侮辱学生，影响恶劣的等情形者均由县级以上人民政府教育行政部门撤消其教师资格，由其资格认定机构收回其教师资格证书。

（二）教师任用制度

《教师法》第16条中规定："国家实行教师职务制度。"教师职务制度是我国教师任用的重要制度，教师职务是专业技术职务。教师任用制度的实施，从法律的高度确定了教师地位及其职业的不可替代性，促使教师队伍建设走上规范化、法制化的轨道，促进教师工资福利等待遇的改善，为优秀教师脱颖而出创造条件。这对于充分调动和发挥广大教师为社会主义教育事业服务的积极性、创造性具有巨大的推动作用。

我国教师职务根据岗位设立，即根据学校教学和科研的实际情况设置职务；教师职务与工资待遇挂钩，并有数额限制；教师职务要经过全面考核，以确定其是否称职；教师职务不适用于离退休教师，教师离退休时职务同时解聘。根据国家教育部的有关规定，目前我国教师职务系列设置：高等学校教师职务设助教、讲师、副教授、教授；中等专业学校设教员、助教、讲师、高级讲师；普通中小学及幼儿园设一、二、三级教师和高级教师；技工学校文化、技术理论课教师职务设高级讲师、讲师、助理讲师、教员；生产实习课教师职务设高级、一级、二级、三级、实习指导教师。各级成人高校执行同级学校教师职务试行条例。

（三）教师聘任制度

《教师法》第17条中规定："学校和其他教育机构应当逐步实行教师聘

任制。”

教师聘任制是学校与教师在遵循双方地位平等的原则下，签订聘任合同，明确规定双方的权利、义务和责任的一种制度，它是在当前为适应社会主义市场经济发展而进行的教师任用制度改革的重要组成部分。

长期以来，教师是作为国家正式干部进行计划分配的，造成了平均主义、大锅饭、包的过多、管得过死的弊端。这已远远不能适应社会主义市场经济发展的需要。实行聘任制，有利于打破这种状况，有利于促进人才的合理流动，改变用非所长、用非所学的人才分布和结构不合理的现象，打破教师的任用制，有利于激发教师的工作责任感，调动工作的自主性和积极性，提高教育教学质量。

教师聘任制度的基本原则与内容。《教师法》第 17 条中规定："教师的聘任应遵循双方地位平等的原则，由学校和教师签订聘任合同，明確规定双方的权利、义务和责任。"

1. 教师聘任制度必须遵循双方地位平等的原则。聘任是双方的法律行为，聘任关系基于独立而结合，基于意见一致或相互同意而成立，并在平等地位上签订聘任合同。

2. 聘任双方在平等地位上签订的聘任合同具有法律效力，对聘任双方都有约束力，它以聘书的形式明确双方的权利、义务和责任。在聘期内，教师、学校分别承担其义务、责任，行使自己的权利。根据聘任合同领取相应的工资，职务工资应反映教师的工作业绩、教育教学水平，体现按劳取酬的原则。

3. 教师聘任的基本形式。教师聘任形式依其聘任主体实施行为的不同可分为招聘、续聘、解聘、辞聘等几种形式。

4. 教师的培养与培训

教师的培养和培训，对于提高教师素质具有重要意义，是体现《教师法》立法宗旨的重要部分。为了保证教师的培养、培训工作正常而有效地进行，本法在第四章第一次用法律专门对教师培养、培训的措施作了规定。

《教师法》第四章第 18 条："各级人民政府和有关部门应当办好师范教育，并采取措施，鼓励优秀青年进入各级师范学校学习。各级教师进修学校承担培训中小学教师的任务。非师范学校应当承担培养和培训中小学教师的任务，各级师范学校的学生享受专业奖学金。”规定了中小学教师培养和培训的途径。

教师的培养主要通过师范教育渠道进行，中小学教师的培养主要由中等师范学校教育和高等师范学校教育两个正规学历教育承担。其中中等师范学校培养小学和幼儿园师资，高等师范学校负责培养中等师资。同时，国家鼓励综合、理工、农业、林业、政法、艺术等非师范高校的毕业生，根据国家需要，到中小学或职业学校任教。

另一方面，由于我国教师队伍的整体水平不高，业务水平参差不齐，还有一部分教师不能很好地胜任教育教学工作。所以，必须加强中小学教师的培训。教师的培训是加强教师队伍建设的重要方面，对此，教育行政部门和学校均负有重要的责任。培训教师又是一项长期的工作，应制定规划，使培训工作具有系统性、规范性、目的性和针对性。为此，《教育法》第 19 条规定：“各级人民政府教育行政部门、学校主管部门和学校应当制定教师培训规划，对教师进行多种形式的思想政治、业务培训。”本法第 20、21 条明确规定，国家机关、企事业单位和其他社会组织就当提供方便，给予协助，不得推诿，更不得阻挠、刁难，这是法定的责任。

（五）教师的考核与奖励

1. 教师的考核

教师的考核是指各级各类学校及其他教育机构，按照教师考核规章的考核内容、考核原则、考核程序，对教师进行的考察和评价。它具有导向功能，通过考核，能促使教师不断端正教育思想，调动教师的积极性和创造性，促进教师队伍建设管理的规范化。

教师考核的机构：《教师法》第 22 规定教师的考核机构“学校或其他教育机构”、“教育行政部门对教师的考核工作进行指导、监督。”

教师考核的内容：《教师法》第 22 条规定考核的内容是“政治思想、业务水平、工作态度、工作成绩”四个方面。

教师考核的原则：《教师法》第 23 条规定："考核应当客观、公正、准确"，即考核要遵循客观性原则、公正性原则、准确性原则，应当坚持全面考核，以工作成绩为主。程序上的基本要求："充分听取教师本人、其他教师以及学生的意见。"

教师考核的结果：《教师法》第 24 条规定："教师考核结果是受聘任教、晋升工资、实施奖惩的依据。"通过对教师的考核，给予公正、客观的评价，其结果，一是教师受聘任的重要依据；二是教师晋升工资的重要依据；三是教师奖励的重要依据。

2. 教师的奖励

教师的奖励是按照教师的工作成绩、对教育事业的贡献大小而给予的一定精神奖励和物质奖励。这是加强教师队伍建设的一个重要方面，具有很强的现实意义。有利于鼓励教师积极上进，终身从教，提高教师队伍素质；有利于尊师重教良好社会风尚的形成。

教师奖励的内容：《教师法》第 33 条规定："教师在教育教学、培养人才、科学研究、教学改革、学校建设、社会服务、勤工俭学等方面成绩优异的，由所在学校予以表彰、奖励。国务院和地方各级人民政府及其有关部门对有突出贡献的教师，应当予以表彰、奖励。对有重大贡献的教师，依照国家有关规定授予荣誉称号。"

教师奖励的基本原则：（1）奖励的层次性：规定学校、国务院和地方人民政府及其有关部门、国家三个层次的奖励，并就不同层次的受奖对象作"成绩优异"、"突出贡献"、"重大贡献"的规定；（2）奖励的多样性：主要体现在奖励的项目上；体现物质与精神奖相结合。

（六）教师的待遇

教师的待遇是指教师的工资、津贴、住房、医疗、退休等方面的总和。教师的待遇是《教师法》的一个重点问题。长期以来，我国教师的待遇偏低，不适应教育事业发展的需要，因而迫切需要提高教师的待遇。所以，《教师法》第六章专门对教师待遇作了具体规定。

1. 工资

《教师法》第25条规定："教师的平均工资水平应当不低于或者高于国家公务员的平均工资水平，并逐步提高，建立正常的晋级增薪制度。具体办法由国务院规定。"这一规定体现了教师工资应提高的目标。国家以具有较高水平的最稳定的国家公务员工资为参照的依据，可见国家对改善教师工资待遇的决心和行动。建立正常的晋级增薪制度，可以改变长期以来教师晋级增薪的不正常、不定期的状况，为提高教师待遇提供法律保障。此外，国家还规定，教师应享受教龄津贴、班主任津贴、特殊教育津贴等。

2. 住房

《教师法》第28条规定："地方各级人民政府和国务院有关部门，对城市教师住房的建设、租赁、出售实行优先、优惠。县、乡两级人民政府应当为农村中小学教师解决住房提供方便。"长期以来，由于教师职业属于低薪职业，教师的住房条件较差，而工作特点又需要安静的工作环境，《教师法》、《教育法》将解决教师住房问题的政策上升为法律，体现了国家要解决教师住房困难的决心，也为各级政府和主管部门提供了执行教师住房优惠方面的法律依据。

3. 医疗保健

《教师法》第29条规定："教师的医疗同当地国家公务员享受同等的待遇；定期对教师进行身体健康检查，并因地制宜安排教师进行休养。""医疗结构应当对当地教师的医疗提供方便。"医疗保健是教师生命健康的重要保证。法律将教师的医疗保健规定为同当地国家公务员享受同等的待遇，从而使教师的医疗保健得到法律的保障。

4. 养老保险

《教师法》第30条规定："教师退休或退职后，享受国家规定的退休或者退职待遇。""县级以上地方人民政府可以适当提高长期从事教育教学工作的中小学退休教师的退休金比例。"教师在其退休离职后，国家给予良好的安置，是社会对教师的尊敬和回报。这对稳定教师队伍、解决教师退休后的生活待遇问题提供了法律保障。

第三节　《中华人民共和国教师法》的实施

《教师法》的实施就是使教师法在实际活动中产生法律效力。下面主要通过案例分析来明确教育关系主体的法律责任，以提高教师维权意识和增强教师依法规范自己教育教学行为的能力。

一、侮辱、殴打、报复教师的法律责任认定及处理办法

《教师法》第35条规定："侮辱、殴打教师的，根据不同情况，分别给予行政处分或者行政处罚；造成损害的，责令赔偿损失；情节严重，构成犯罪的，依法追究刑事责任。"

二、地方人民政府及有关部门的法律责任认定及处理办法

《教师法》第38条规定："地方人民政府对违反本法规定，拖欠教师工资或者侵犯教师其他合法权益的，应当责令其限期改正。""违反国家财政制度、财务制度，挪用国家财政用于教育的经费，严重妨碍教育教学工作，拖欠教师工资，损害教师合法权益的，由上级机关责令限期归还被挪用的经费，并对直接责任人员给予行政处分；情节严重，构成犯罪的，依法追究刑事责任。"

三、教师的申诉权利

《教师法》第39条明确规定："教师对学校或者其他教育机构侵犯其合法权益的，或者对学校或者其他教育机构做出的处理不服的，可以向教育行政部门提出申诉，教育行政部门应当在接到申诉的30日内，做出处理。"

四、教师违反《教师法》所应承担的法律责任及处理办法

《教师法》第37条规定："教师凡有下列情形之一的，由所在学校、其他教育机构或者教育行政部门给予行政处分或者解聘：（一）故意不完成教育教学任务给教育教学工作造成损失的；（二）体罚学生，经教育不改的；（三）品行不良，侮辱学生，影响恶劣的。教师有前款第（二）项、第三项所列情形之一，情

节严重，构成犯罪的，依法追究刑事责任。”《未成年人保护法》第 15 条规定：“学校、幼儿园的教职员应当尊重未成年人的人格尊严，不得对未成年学生和儿童实施体罚、变相体罚或者其他辱人格尊严的行为。”《义务教育法》第 16 条第二款规定：“禁止侮辱、殴打教师，禁止体罚学生。”《民法通则》第 101 条规定：“公民享有生命健康权。”根据此条法律规定和相关法律规定，学生享有不被体罚及变相体罚的权利。